カール・マルクス
未来のプロジェクトを読む

植村邦彦
UEMURA Kunihiko

新泉社

カール・マルクス　未来のプロジェクトを読む ✣ 目次

◉装幀……………木下 悠

序章

マルクスの未来プロジェクト

私たちはいま、大きな歴史的転換点に立ち会っている。

二〇二二年現在も引き続く新型コロナウイルス感染症（COVID－19）の世界的流行は、これまでの新型肺炎や新型インフルエンザの流行とは比較にならないほどの影響を私たちの日常生活に及ぼした。二〇〇三年には、中国広東省を起源とした重症急性呼吸器症候群（SARS）の集団感染が起きたが、その原因も新型のコロナウイルスで、世界保健機構（WHO）によれば世界三七カ国で七七四人が死亡した。二〇〇九年の新型インフルエンザ（2009H1N1）では全世界で一万四二八六人が死亡したが、今回の新型コロナウイルス感染症による死者はそれをはるかに超えている。

ジョンズ・ホプキンス大学の統計によれば、二〇二二年七月時点で世界全体の死者総計は六三四万人に上る（https://coronavirus.jhu.edu）。

書店の新刊書売り場に行けば、「コロナ後の世界」や「コロナ後の未来」といった書名が目につく。しかし、「コロナ後」の世界はいったいいつになれば実現するのだろうか。このような新型ウイルス感染症の周期的流行は、人類が多くの家畜とともに一定の場所に集住して農耕と牧畜を営むようになったことに伴う「宿命」なのかもしれないのだから。

アメリカの人類学者ジェイムズ・C・スコット（James C. Scott, 1936–）の『反穀物の人類史——国家誕生のディープヒストリー』によれば、「現在わかっているだけで一四〇〇種あるヒトの病原菌のうち、八〇〇から九〇〇種はヒト以外の宿主を起源とする動物原性感染症」で、たとえば「麻疹はヒツジやヤギの罹る牛疫ウイルスから、天然痘はラクダの家畜化と牛痘を持ったネズミから、インフルエンザは水鳥の家畜化から、およそ四五〇〇年前に生じたのではないかと考えられている」そうだ。これはメソポタミアでの出来事である（Scott 2017, pp. 103–104. 九八—九九頁。以下、同じ文献からの引用が続く場合は、頁数のみ注記する）。

スコットはさらに、「ホモ・サピエンス、ブタ、ニワトリ、ガチョウ、アヒル、そして世界の野生生物の市場がどこよりも大規模に、どこよりも高い密度で、しかも歴史的に最も集中してきた地域」として「中国南東部、具体的には広東省」を名指ししている（p. 105. 九九頁）。今回の新型ウイルスの発生地は湖北省武漢だったが、同様なことは、同じような状況があるかぎり、今後も何度でも起こりうるということになるだろう。

今回の「コロナ禍」は、私たちの日常生活を大きく変えただけではない。それによって、私たちはこれまで気がつかなかった多くのことに気づくことができた。

＊

第一に、「グローバル・サプライ・チェーン」と呼ばれる国境を越えた経済システムの脆弱さが明らかになった。感染拡大の初期にドラッグストアの店頭から不織布マスクが姿を消してしまい、マスクを求めて探し歩いた経験は、誰の記憶にもまだ新しいことだろう。それだけでなく、自動車をはじめとする各種の工業製品、システムキッチンやトイレの便器にいたるまで、部品供給がストップして納期が大幅に遅れたことも話題になった。どんなものでも店でお金を払えば手に入るという、私たちにとって当たり前だった暮らしが、中国や東南アジアでの工場労働にどれほど依存するものだったのか、それが停止された場合に何が起きるのか、痛いほどに実感された日々だった。

第二に、感染の広がりを防ぐために「不要不急の外出自粛」が要請される中で、それでも外に働きに出るほかはない、「エッセンシャル・ワーク」と呼ばれる仕事に従事する人たちの存在が注目を集めた。医療や看護、介護や保育、さらに荷物の配達を担う運送業や、日常生活に必要な物資を販売するスーパーやドラッグストア、そしてゴミの収集などに従事する人たちである。同時に注目を集めたのは、そのような「必要不可欠の外出」をせざるをえない「エッセンシャル・ワーカー」の多くが、その社会的重要性とは不釣り合いな低賃金・重労働の労働者たちだという事実だった。

つまり、この「コロナ禍」の下で、私たちは「グローバリゼーション」という名前で推し進められてきた世界規模の新自由主義的な経済システムが抱えている問題、言い換えれば資本主義世界システムが抱えているさまざまな矛盾を改めて認識することができた、と言うことができるだろう。「資本主義の矛盾」それ自体は、二〇〇八年の世界金融恐慌や二〇一一年のヨーロッパ諸国の経済危機をきっかけに改めて指摘され、二〇一四年頃からは、「資本主義の終わりの始まり」が多くの論者によって主張されてきた。経済成長率の低下、マイナス金利の出現、累積債務の拡大、所得と資産の不平等の拡大。これらはすべて、資本主義が世界を覆い尽くした結果、世界的規模で「矛盾」が噴出し始めた兆候だと見ていい。「コロナ禍」は、そのような矛盾をさらに深化させた。それは経済格差を拡大し、生活困窮者を大量に生み出した。その結果、資本主義の矛盾と危機は今、それまで新自由主義的な政策を推し進めてきた国の首相が「新しい資本主義」というキャッチコピーを持ち出さざるをえなくなるほどに、政治的支配層にも実感されるにいたっているのである。

＊

この「資本主義の矛盾」の深化は、改めてカール・マルクス（Karl Marx, 1818–1883）を歴史の表舞台に押し出した。二〇一七年は『資本論』出版から一五〇年、二〇一八年はマルクス生誕から二〇〇年だった。二〇二二年は、ロシア革命から一〇五年、そしてソヴィエト連邦の解体と冷戦の終結から三一年になる。この間、「社会主義」は歴史的過去となり、グローバリゼーションの名の下に中国を含む世界の資本主義化が進行した。今、改めてマルクスから学ぶことがあるとすれば、それは資本主義の行方についての分析である。

『資本論』によれば、資本主義的生産様式の歴史的独自性は、生活に必要な生産物だけでなく、人間の労働能力そのものを「商品」に変え、人間自身を賃金労働者として競争的「市場」に投げ込んだことにある。

『資本論』第一巻を出版した後、マルクスは第二巻の原稿を晩年まで書き直し続けたが（結局未刊に終わる）、その中で「資本主義的生産様式の矛盾」を次のように指摘している。労働者は商品の購買者として市場にとって重要だが、資本家の側には、利潤を最大化するために賃金（労働力商品の価格）を最低限に制限する傾向がある。その結果、各企業が生産能力を最大限に発揮すると、社会の大多数を占める労働者の購買力（有効需要）に対してつねに「過剰生産」に陥るほかはない。商品が売れ残り、利潤が確保できなくなれば、企業は存立できなくなる。それが、資本主義というシステムの抱える基本的な「矛盾」だというのである。この「矛盾」が世界的規模で噴出し、その中で労働者自身も自分の「商品」を売るために同じ労働者同士の間で、職場内で、国内で、さらには国境を越えて競争に駆り立てられているのが、私たちが置かれている現状なのだ。

＊

しかし、「資本主義の終わり」が始まった今、この現状から脱出するための手探りと試行錯誤もまた始まっている。ここで、冒頭で触れたスコットに話を戻すことにしよう。定住農耕によって感染症の周期的流行が始まったことを指摘したスコットは、それに対して「今ほど狩猟採集民が、その食生活、健康、余暇の視点から、優秀だと見られたことはない」(Scott 2017, p. 10. 九頁)と述べている。多くの人類学者はさらに、狩猟採集民の徹底した「分かち合い」の暮らし方にも注目している。現代の日本にも狩猟採集で暮らす人は存在しているが(たとえば、千松[二〇一二]参照)、しかし、私たちの大半が今から改めて狩猟採集民になるのはかなり難しそうだ。

それでは、どうしたらいいのか? 私たちが今までの暮らし方を見直し、別の可能性のシミュレーションを試みることには大きな意味がある。人類が生き延びていくためにも、私たちはこれからますますさまざまな機会にさまざまな場で「協同」し「分かち合う」必要に迫られていくはずだ。人類学や民族学は、人類が進化史上の長い間、支配従属関係を作らないように周到に配慮しながら「分かち合い」を続けてきたことを明らかにしている。そのような知恵にも学びながら、「分かち合いによって生まれる対等な個人の集団」をどのように再構築することができるのか、それがこれからの課題になるだろう。

マルクスが「共産主義者=コミューン主義者」だったことはよく知られている。しかし、そのマルクスは、一八七一年のパリ・コミューンに際して英語で書いた『フランスの内乱』の中で、「共産主義(communism)」を次のように説明している。「現在おもに労働を奴隷化し搾取する手段となっている生産諸手段、すなわち土地と資本を、自由な協同的労働(free and associated labour)の純然たる道具に変えること」、つまり「協同組合的生産(co-operative production)」が実現し、「諸協同組合の連合体（united co-operative societies）が一つの共同的計画に基づいて全国の生産を調整し、こうしてそれを自分の統制の下におき、資本主義的生産の宿命である不断の無政府状態と周期的痙攣とを終わらせるべきものであるとすれば、諸君、これこそ共産主義、「可能な」共産主義でなくて何であろうか」（Marx 1871a, S. 143. 三一九―三二〇頁）、と。

協同組合の原語である〈cooperative〉という英語は、もともと「同じ目的に向かって共同で仕事をすること」を意味する〈cooperation〉の形容詞形である。『オクスフォード英語辞典』によれば、この言葉自体は一七世紀から使われているが、「生産者あるいは消費者全体の便益のために、経済的生産あるいは分配を目的として結合した一定数の人間の共同体」を指す用語としては、「協同組合の精神的父」と呼ばれるロバート・オウエン（Robert Owen, 1771–1858）が一八一七年に使ったのが最初のようだ（同年八月九日付『ロンドン・ニューズペーパー』）。その翌年の一八一八年五月に生まれたのがマルクスだった。

この「協同組合」に似た言葉に「協働（collaborative）」もある。イギリスの評論家ポール・メイスン（Paul Mason, 1960–）は、英語圏でベストセラーになった『ポスト資本主義――私たちの未来のガイド』で、資本主義に取って代わるべきものとして「協働型」ビジネスモデルを提唱したが、彼が挙げるその具体例が、金融協同組合に支援された労働者協同組合のネットワークであるスペインのモンドラゴン協同組合だった（Mason 2016, pp. 275–276. 四四八頁）。さらにジャーナリストの工藤律子によれば、スペインのカタルーニャ州でも複数の労働者協同組合が組合員となって相互金融協同組合を構成しているが、彼女はそれを「社会的連帯経済」と呼んでいる（工藤［二〇一六］一三五―一三六頁)。

日本でも二〇二〇年一二月の臨時国会で「労働者協同組合法」が成立した。現在のNPO法人は出資が認められず、行う事業も限定されているが、労働者協同組合は、三人以上の発起で、労働者派遣業を除くあらゆる業種で設立でき、組合員が出資して運営することができる。現存する企業組合またはNPO法人は、施行後三年以内に、総会の議決により組織を変更し、組合になることができることになっている。

このように、実際の生活でも学問の世界でも、「協同/協働」すること、シェアや分かち合い、贈与や互酬性などの再評価が進んでいる。それはまさに私たちの生き方や社会の仕組み自体が問われているからだ。未来のプロジェクト。ここから先は私たち自身が考える番だが、マルクスを再読することは、私たち自身の未来のプロジェクトを読み取ることなのである。

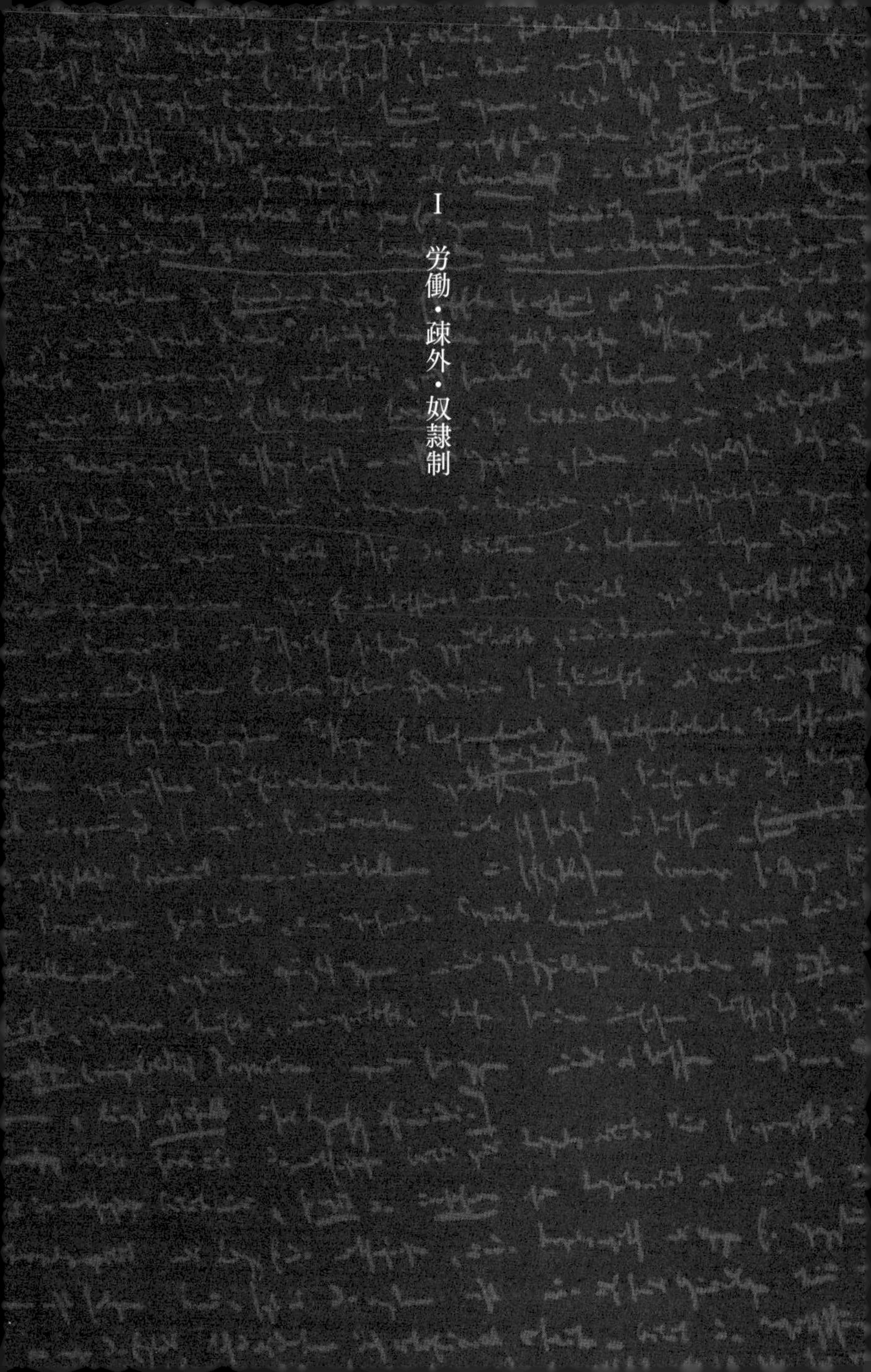

I 労働・疎外・奴隷制

第一章

ロックとマルクス
——労働が所有権を基礎づける？

はじめに

新卒一括採用という雇用慣行の下で、私のゼミの学生たちも時期が来ると一斉に髪を黒く染め直し、ゼミにも黒いスーツで参加するようになる。ひたすらまじめな彼ら彼女らの顔には、しだいに就活疲れの色が濃くなる。しかし、なぜ必死になって就職活動をしないといけないのか。それは、私たちは「働かないと生きていけない」からだ。もう少し正確に言うと、「働き口を見つけてそこから給料をもらわないと生きていけない」からだ。

しかし、本当に「働かないと生きていけない」のだろうか。実際には子供や老人や病人など「働けない」人たちだって生きている。家族という単位で見れば、一人が「働き口を見つけてそこから給料をもらう」ことで、残りの家族は支え合いながら生きている、という場合も少なくない。その場合、「働き手」は本当に一人なのだろうか。家庭の中ではみんながお互いのために「働いて」いるのだが（家事労働）、それが「働き口」（賃労働）ではないだけだ、とも言えるだろう。問題は「働く」という言葉をどう定義するかだ。

ときには家族の一人が「いったい誰が食わせてやってると思ってるんだ！」と声を荒らげることがあるかもしれない。それが、私たちの社会を根底で支えている一つの「思想」があらわになる瞬間だ。家族みんなの生活をまかなうこの給料は、自分の労働の結果として自分に帰属する「他でもないこの私のもの（private possessions）」だ、という思想である。「共働き」の場合でも、「働く」二人がそれぞれにそう考えているかもしれない。

「自分の労働に基づく私的所有」というこの思想が確立したのは、資本主義的生産様式が確立しつつある一七世紀のイングランドにおいてであり、それを宣言したのが、社会契約の理論家ジョン・ロック（John Locke, 1632–1704）だった。手強い理論家である。

1　ロックの時代と主題

ロックの思想が確立するのは、「ピューリタン革命」とも呼ばれる内乱が「イングランド共和国」

の崩壊によって終焉を迎え、一六六〇年に「王政復古」が成立した後の時代である。フランスでの亡命生活を終えて帰国したチャールズ二世は、ブルボン王朝への依存関係を強めながら絶対主義の再構築をはかり、とりわけカトリックに対する寛容政策をとることで、議会との対立を深めていった。そのような状況の中で、王権神授説を主張したロバート・フィルマー（Sir Robert Filmer, 1588–1653）の『家父長論』（一六三〇年代に書かれ、内乱期には手稿のまま回覧されていた）が一六八〇年に出版され、王政復古体制を正当化するための理論的支柱にされた。この復権した王権神授説を批判し、絶対王政を打倒する新たな政治変革を正当化する役割を担ったのが、ロックだった。

ロックの主著『統治二論』は一六七九年に書き始められ、一六九〇年に匿名で出版されたものだが、その前半（第一編）はフィルマーの『家父長論』に対する詳細な逐条的批判である。フィルマーのこの書は、「人類の自然的自由」という思想を批判し、『旧約聖書』を典拠としながら、「王たちの自然的権力の擁護」（『家父長論』の副題）を試みたものだ。フィルマーは、アダムを「自分の民の祖父として、すべての世代にわたる自分の子供たちの子供たちに対する最高権力者である、最初の父親」と位置づけ、「この子供たちの服従が、神自身の定めによって、すべての王の権威の唯一の基礎である」とみなす（Filmer 1991, pp. 6–7. 一四―一五頁）。この家父長権は、ノアの洪水やバベルの塔の後にも受け継がれて今日にいたる、というのである。

フィルマーの主張は、ほぼ次の言葉に尽きている。

「すべての王がその臣民の実の親でないことは事実であるが、しかし彼らは、人類全体の実の親であった祖先の継承者であるし、同時にそうみなされてもいるのであって、彼らの当然の資格において、至高の支配権の行使を継承しているのである。……民衆すべてに対する至高の父の自然的権利が存在するのであり、それは世の終わりまでつねに存在し続けるであろう」(pp. 10–11. 一九—二二頁)。

このような王の系譜の歴史的連続性(万世一系!)に絶対的王権の正当化根拠を求めるフィルマーの主張に対して、ロックは同じく『聖書』を引用しながら全面的に反論し、その論拠をことごとく退ける。そのうえで、著書の後半で改めて政治権力の成立を歴史的に説明するもう一つの方法を提示する。それが、歴史化された社会契約論であり、その中で重要な位置を占めるのが、所有権の成立に関する説明であった。

フィルマーの思想とそれに対するロックの批判は、アジア太平洋戦争敗戦後の日本の知識人にとっても他人事ではなかった。丸山眞男(1914–1996)は一九四九年八月の『法哲学四季報』第三号に次のように書いている。

「臣民は君主の命に絶対服従する義務をもち、之に違反する者は祖先に対する背反であると同時に神意に対する反逆であるとなす説——こうしたフィルマーの考え方は、ついさきごろまで疑うことを許されなかった日本の「国体論」に必要な変更を加えてそのまま妥当するではないか。……その意味で、フィルマーの族長権説に対するロックの微に入り細をうがった批判を精読する必要だけでなく、同時に根気をもいちばんよく具えているのは、恐らくわれわれ日本人かもしれない」(丸山[一九九五b]一八五—一八六頁)。

このような丸山のロック理解は、一九四七年八月二一日付の『帝国大学新聞』に掲載された、

「吾々は現在明治維新が果たすべくして果たしえなかった、民主主義革命の完遂という課題の前にいま一度立たせられている。吾々はいま一度人間自由の問題への対決を迫られている」(丸山［一九九五a］一六一頁)、という時代認識とも不可分なものだった。しかし、これについてはここでは指摘するだけにしておく。

それでは、ロックの社会契約論は、どのような論理構成をもつのか。その中で、労働と所有権はどのように位置づけられるのか、それを見ていくことにしよう。

2 労働と所有権

ロックは『統治二論』後半(第二編)で、一世代前の社会契約論者トマス・ホッブズ(Thomas Hobbes, 1588–1679)の『リヴァイアサン』(一六五一年)と同様に、人間の「自然の権利」と「自然状態」から話を始める。しかし、ホッブズとは異なって、ロックの自然権には最初から所有権(自分の所有物に対する処分権)が含まれている。「自然状態」はこう説明される。

「それは、人それぞれが、他人の許可を求めたり、他人の意志に依存したりすることなく、自然法の範囲内で、自分の行動を律し、自らが適当と思うままに自分の所有物や自分の身体を処理することができる完全に自由な状態である。/それはまた、平等な状態であり、そこでは、権力と統治権とは相互的であって、誰も他人以上にそれらをもつことはない」(Locke 1967, p. 287. 二九六頁)。

ここでは、個人の自由ははじめから「自然法の範囲内」に限定され、「自然法＝理性」によって支配されているのだが、まさにその自然法が所有権をも保護するのである。

「自然状態はそれを支配する自然法をもち、すべての人間がそれに拘束される。そして、その自然法たる理性は、それに耳を傾けようとしさえすれば、全人類に対して、すべての人間は平等で独立しているのだから、何人も他人の生命、健康、自由、あるいは所有物を侵害すべきではないということを教えるのである」(p. 289. 二九八頁)。

それでは、この「所有物」とは具体的には何を含むものであり、所有物の処分権とはどのようなものなのだろうか。それをロックは、『聖書』とは異なる「歴史」によって説明しようとする。彼にとって「自然状態」は論理的虚構ではなく人類史の一段階であり、その内部に歴史的発展を含むものなのである。政治社会の成立史は、『聖書』が描く歴史を離れて、自然状態以降の所有権拡張の歴史的結果として叙述されることになる。

ロックが想定する自然状態の「初期の時代」は、土地の私的所有が存在せず、狩猟採集経済が行われている生活様式であり、その例として挙げられるのが、「囲い込みを知らず、今なお共有地の借地人である未開のインディアン」(p. 305. 三二五頁) である。つまり「今日のアメリカ」は、「アジアとヨーロッパとの初期の時代、すなわち、その国土に比して住民が極度に少なく、人口と貨幣とが不足していたために、人々が土地所有を拡張したり、より広い土地を求めて争ったりしようという気を起こさなかった時代の見本」(p. 357. 四二〇頁) なのである。同時代のアメリカは人類史的過去と同一視される。

しかし、この時代にもすでに所有権は存在する。「誰にもその人自身の人格の独自性がある（every man has a property in his own person）」ことこそが、そもそも本源的な「所有権（property）」だからである。論理はそこから次のように展開する。

「たとえ、大地と、すべての下級の被造物とが万人の共有物であるとしても、人は誰でも、自分自身の身体に対する所有権をもつ。これについては、本人以外の誰もいかなる権利をももたない。彼の身体の労働（labour）と手の働き（work）とは、彼に固有のものであると言ってよい。従って、自然が供給し、自然が残しておいたものから彼が取りだすものは何であれ、彼はそれに自分の労働を混合し、それに彼自身のものである何ものかを加えたのであって、そのことにより、それを彼自身の所有物とするのである。それは、自然が設定した状態から彼によって取りだされたものであるから、それには、彼の労働によって、他人の共有権を排除する何かが賦与されたことになる。というのは、この労働は労働した人間の疑いえない所有物であって、少なくとも、共有物として他人にも十分な善きものが残されている場合には、ひとたび労働が付け加えられたものに対する権利を、彼以外の誰ももつことはできないからである」（pp. 305–306. 三二六頁）。

「労働した人間」は「労働が付け加えられたものに対する権利」を「他人の共有権を排除する」形でもつ。ロックが表明したこの思想は、これ以後、近代社会における所有の基本原理となった（このような思想を、カナダの政治学者クロフォード・B・マクファーソン（Crawford Brough Macpherson, 1911–1987）は「独占欲の強い個人主義（Possessive Individualism）」と名づけた）。この権利は、自然状態における自然権として論じられてはいるが、実際にはむしろ当時のイギリス社会の現実から抽象されたものである。そのことは、ロックの次のような補足説明からわかる。

「共有物のある部分を取り、それを自然が置いたままの状態から取り去ることによって所有権が生じるということは、契約によって共有のままになっているわれわれの入会地(commons)を見ればわかることであって、そうでなければ、入会地は何の役にも立たない。しかも、その場合、どの部分を取るかについて、すべての入会権者の明示的な同意を必要とするわけではない。こうして、私が他人と共同の権利をもっている場所で、私の馬が食む草、私の家僕(servant)が刈った芝、私が掘りだした鉱石は、他人の割り当てや同意なしに、私自身の所有物となる。それらを共有状態から取り去る私の労働が、それらに対する私の所有権を定めるのである」(p. 307. 三二七—三二八頁)。

ここで「家僕」と訳されている〈servant〉という言葉は、一七世紀のイギリスでは、賃金を受け取って雇用主のために労働する人を意味する階級的カテゴリーであって、賃金労働者、出来高払いの職人、年季奉公人を含み、一六八八年の時点で成人男子人口の約六六パーセントを占めていた(Macpherson 1962, p. 291. 三二四—三二五頁)。そのうちの最大のグループは農業労働者であり(pp. 283–284. 三一六頁)、通常は一年単位で雇用される若い独身の住み込み労働者だった(川北[二〇〇八]五八頁)。

自分自身がジェントリ(大地主)階級の出身だったロックは、そのような雇用労働者の労働生産物(「私の家僕が刈った芝」)を雇用主である「私の所有物」に含めることに、何の疑問も抱いていない。

さらにロックは、この生産物に対する所有権を、生産対象である土地に対する所有権に拡大する。彼はこう述べる。

「現在では、所有権の主要な対象は、地上の果実や地上に生存する動物ではなく、端的に、他のすべてのものを包含し随伴する土地それ自体になっているが、私は、土地の所有権も前と同じようにして獲得されることはあきらかであると思う。つまり、人が耕し、植え、改良し、開墾し、その産物を利用しうるだけの土地が、彼の所有物なのである。彼は、自らの労働によって、それを、いわば共有地から囲い込む（inclose［現代英語では enclose ――引用者注］）のである。……神と人間の理性とは、人間に、土地を征服すること、つまり、生活の便宜のために土地を改良し、そこに、彼自身のものである何ものか、すなわち労働を投下するように命じた。神のこの命令に従った者は、その土地のある部分を征服し、耕し、種を蒔いたのであって、それにより、その土地に彼の所有物である何ものかを、すなわち、他人が、それに対しては何の権原をもたず、権利侵害を犯すことなしに彼から奪うこともできない何ものかを付加したのである」（Locke 1967, p. 308. 三三〇―三三一頁）。

こうしてロックは、自然権の主体を、「家僕」を雇い「囲い込まれた土地」を所有する人間（第一次エンクロージャー後の土地経営者）へと、いわば階級的に限定しながら、「労働と労働の対象とを必要とする人間生活の条件が、必然的に私有財産（private possessions）をもたらすことになる」（p. 310. 三三四頁）、と高らかに宣言したのである。

3　所有権と社会契約

ロックはこのように「自分の労働に基づく私的所有」を「自然法」の名において正当化したが、他方では、労働という「その手段によってわれわれに所有権を与える同じ自然法が、同時に、その所有権に制限を課している」ことを認めている。

「神は、どの程度にまでわれわれに与え給うたのであろうか。それらを享受する程度にまでである。つまり、人は誰でも、腐敗する前に、自分の生活の便益のために利用しうる限りのものについては自らの労働によって所有権を定めてもよい。しかし、それを越えるものはすべて彼の分け前以上のものであり、他者に属する。腐敗させたり、破壊したりするために神が人間に向けて創造したものは何もない」(p. 308. 三二九―三三〇頁)。

しかしこの自然法的制限は、所有物の交換と貨幣の発明によって解除されてしまう。ここでも、この解除は論理的であると同時に歴史的なものとして説明される。

「もし彼が、自分が所有している間に無駄に朽ち果てないように、その［消費しきれない蓄えの］一部を他人に譲ったならば、彼はその分をも利用したことになる。またもしも彼が、一週間もすれば腐ってしまうプラムを、優に一年間は食べられる木の実と交換したならば、彼は何の権利侵害も犯さなかったことになる。彼の手のうちで無駄に腐ってしまうものがない以上、彼は、共通の貯えを浪費することもなく、また、他人に属する分け前のいかなる部分をも破壊することはないからである。更に、もし彼が、木の実を、色が気に入って一片の金属と交換し、また、自分の羊を貝殻と、あるいはまた、羊毛をきらきら光る小石やダイヤモンドと交換したうえで、それらを自分の手許で一生保存したとしても、彼は他人の権利を侵害することにはならない。彼は、それら耐久性のあるものを好きなだけ蓄積してもかまわないのである。なぜなら、彼の正当な所有権の限界を越えたかどうかは、彼の所有物の大きさの如何にあるのではなく、そのなかの何かが無駄に消滅してしまったかどうかにあるからである。／このようにして、貨幣の使用が始まった」(p. 318. 三四七―三四八頁)。

実は、ロックにおいて社会契約による政治秩序の成立が要請されるのは、「貨幣の発明」に伴って「勤労の程度が異なることによって人々に与えられる所有物の割合も異なる傾向」(p. 319. 三四九頁)が拡大すること、つまり貧富の格差が拡大することの歴史的結果としてであった。「従って、人が、政治共同体へと結合し、自らを統治の下に置く大きな、そして主たる目的は、［所有権を含む］固有権の保全ということにある」(pp. 368–369. 四四二頁)。具体的には、貨幣を蓄積し、その貨幣で労働者を雇用してさらに財産を増やすことができる人間が、自分たちの所有権を保全するために、国家を必要とするのである。

そのために、各人は自然権の執行権を放棄し、それを公共の権力に委ねる。第一に、各人は他人と合意して一つの「共同体」に加入し結合する。第二に、その際の合意は多数者の意志と決定によって行われ、多数者の決定が全体の決議として効力をもち、多数者は残りの少数者を拘束する。第三に、この合意は「明示的な取り決め、明白な約束と契約とによって政治的共同体に実際に入ること」(p. 367. 四三七頁)を意味する。

こうして社会契約の結果として、公共の権力と秩序をもった「政治社会」が成立する。この政治社会=国家の唯一の最高権力は立法権力である。しかし、「立法権力は、特定の目的のために行動する単なる信託権力にすぎないから、国民(people)の手には、立法権力が与えられた信託に反して行動していると彼らが考える場合には、それを移転させたり変更したりする最高権力が残されている」(pp. 384–385. 四七三頁)。

ここにいわゆる「人民主権」論が確立する。この人民主権論は、所有者である「人民」を主体とする市民革命を理論的に正当化するものであるが、同時にイングランド革命の階級的性格を明らかにするものだった。それは、国王とそれに結びついた特権貴族に対する、その他の貴族や地主、大商工業者、自営農民たちの革命だったのである。一六八九年の「名誉革命」によって成立した権力が実際に庶民院議員選挙の有権者、すなわち社会契約の主体である「人民」と認めたのは、土地所有者と大商工業者の成人男子のみであり、これは成人男子人口の約一五パーセント、総人口の四・七パーセントを占めるにすぎなかった(浜林[一九八三]二八八頁)。市民革命とは、「血統=身分」の支配から「財産所有=階級」の支配への転換だったのである。

自然権としての所有権をもつ個人が、その所有権を相互に保全するために政治社会を形成する、とロックは考えた。しかし、その権利主体である「人民」とは、囲い込まれた土地を所有し、さらに「家僕」を雇用してその労働生産物を自分の所有物として領有する、成人男子の「市民」にほかならなかった。「家僕」はまだ「人民」ではないのである。

4　社会的労働が基礎づけるもの

それでは、「家僕」には、なぜ自分の労働生産物に対する所有権が認められないのだろうか。ロックの時代には、他人に雇用され他人の意志と指示に従って働く労働者は、親が扶養し後見している子供と同様に、自立した人格とは認められなかった。また雇用労働者が働きかける土地そのものが、すでに雇用主の排他的所有物になっていた。ロックの想定からすれば、雇用労働者には「私的所有権」を基礎づける前提条件が欠けているのである。だから、雇用労働者の労働生産物は雇用主の所有物となるのが当然だった。

それからほぼ二〇〇年後、カール・マルクスは『資本論』で、「資本主義的な私的所有」は「諸個人自身の労働に基づいた分散的な私的所有」を歴史的に否定し、「生産者自身の労働」と彼の「私的所有」を分離することで成立したものだと説明した（Marx 1867, S. 609–610. 九九五頁）。

マルクスが「資本主義的」と名づけた生産様式の下では、時間の経過とともに「過去の不払い労働の所有が、今では、生きている不払い労働をますます大きな規模でいま取得するためのただ一つの条件として現れる。……所有は、今では、資本家の側では他人の不払い労働またはその生産物を取得する権利として現れ、労働者の側では彼自身の生産物を取得することの不可能として現れる」（S. 472–473. 七五九—七六〇頁）。

労働者が受け取り「所有」できるのは、自分の労働生産物そのものではなく、「労働力の価値」

の対価、つまり労働者（とその家族）が人並みに生活できる費用としての賃金である。賃金は、実際には労働者の労働生産物の一部分に相当する金額にすぎない。しかし、従来の古典派経済学は、「自分の労働に基づく」私的所有と「他人の労働の搾取に基づく」資本主義的私的所有を「原理的に混同し」、賃金を労働者が実際に遂行した「労働」への対価だと説明することで、資本主義的私的所有を正当化している（S. 610. 九九七頁）。だから『資本論』の副題は「経済学批判」なのである。

しかし、資本主義的生産様式の下では、労働者の「協業」と「生産手段の共有」が事実上成立しており、それを前提として、「事実上すでに社会的生産経営に基づいている資本主義的私的所有から社会的所有への転化」（S. 610. 九九五頁）を実現することができる、というのが『資本論』第一巻の結論だった。

すでに「労働の社会化」が実現しているのだから、資本主義的私的所有が否定されるならば、現にある「社会的労働」は「他人の共有権を排除する」形で所有権を基礎づけるものではなくなる。「労働と所有の同一性」は、ロックが想定したような排他的な私的個人を単位とするものではなくなり、「社会的労働」が「社会的所有」を基礎づける。それが、マルクスの未来構想だった（この議論を『資本論』ではなく『経済学批判要綱』の「社会的個人」論に依拠して拡張したのがアントニオ・ネグリの「マルチチュード」論である）。

マルクスの最終目標は、「各人はその能力に応じて、各人にはその必要に応じて！」（Marx 1875, S. 15. 三九頁）という標語に基づく社会の実現だった。私たちの「資本主義的生産様式が支配的な社会」（Marx 1867, S. 17. 四七頁）は、全体としてはもちろんそのはるか手前にある。しかし、家族を含む部分的な社会や集団（親密圏）の内部では、この標語が空語ではない場合も少なくない。たとえ「独占欲の強い個人主義」が支配的な資本主義社会の中であろうと、そもそも市場での対価を求めない「助け合い」や「支え合い」がなければ、おそらく人間の社会は存続できないからである。「働く」こととそれが基礎づける権利の意味については、もっとじっくりと考えてみる必要がある。

第二章

初期社会主義と奴隷制

はじめに

カール・マルクスはドイツのプロイセン王国西部の都市トリーアに生まれた思想家で、資本主義を批判的に分析した『資本論』の著者として知られている。一八六七年に出版された『資本論』第一巻の終わり近く、「いわゆる本源的蓄積」を論じた章で、私たちは次のような文章に出会う。

「綿工業はイングランドには児童奴隷制を持ちこんだが、それは同時に、以前は多かれ少なかれ家父長制的だった合衆国の奴隷経済を、商業的搾取制度に転化させるための原動力をも与えた。一般に、ヨーロッパにおける賃金労働者の隠された奴隷制は、新世界における文句なしの奴隷制を踏み台として必要としたのである」(Marx 1867, S. 607. 九九一頁)。

イングランドにおける児童奴隷制! ヨーロッパにおける賃金労働者の「隠された奴隷制」! しかもそれは新世界(アメリカ合衆国)の奴隷制と密接な関係があり、それを「踏み台=台座」として、その上に立ち上がっている、というのである。資本主義は奴隷制を前提とする。そして資本主義は奴隷制を必要とする!

奴隷制が一七世紀から一九世紀前半にいたるまで、イギリス資本主義を支える重要な一角だったことはよく知られている。それが、イングランドと西アフリカとアメリカ(カリブ海植民地を含む)を結ぶ大西洋三角貿易だった。トリニダード・トバゴ出身の歴史家エリック・ウィリアムズ(Eric Eustace Williams, 1911–1981)の明快な説明を引用しておこう。

「三角貿易は、このため、イギリスの産業にとり一石三鳥のはたらきをするものだった。黒人は、イギリスのマニュファクチャー製品と交換に買い取られ、プランテーションに輸送され、砂糖・綿花・インディゴ・糖蜜その他の熱帯産物を生産したが、イギリスにはこうした熱帯産物の加工処理にあたる新しい産業が造出された。他方、黒人と黒人所有主の生活圏たるプランテーションは、イギリスの工業、ニューイングランドの農業およびニューファンドランドの漁業にとって、新たな市場を形成した。一七五〇年までには、三角貿易または植民地との直接貿易になんらかの形で結びついていない商業ないし工業都市は、イギリスにはほとんどなくなった。イギリスに流入した利潤は、産業革命の資金需要をまかなう資本蓄積の主要な源泉の一つとなった」(Williams 1994, p. 52. 九〇頁)。

その中でも、イギリス領カリブ海植民地は、サトウキビ・プランテーションにおける製糖業によって大西洋三角貿易の重要な一角をなした地域だったが、イギリスの「奴隷貿易は一八〇七年、奴隷制は一八三三年、砂糖にたいする特恵待遇は一八四六年に、それぞれ廃止された」(p. 136. 二二五頁)。他方、イギリスから独立したアメリカ合衆国の南部では、一八六五年の南北戦争終結にいたるまで奴隷制が存続していた。マルクスはその同時代人である。

マルクスが使った「隠された奴隷制」という言葉の意味については、すでに別の機会に詳しく説明した(植村[二〇一九])。しかし、そこでは、紙幅の制限もあって、マルクスより前にすでに資本主義と奴隷制の関係について論じていた一九世紀の初期社会主義者たちについては、詳しく紹介することができなかった。それを補うために、そしてマルクスの「隠された奴隷制」の意義を再確認するためにも、一九世紀のイギリスとフランスの初期社会主義者たちの奴隷制論を検討すること、それが本章の課題である。

1 「奴隷制の原理」への批判——ホジスキン

イギリス領カリブ海植民地において奴隷貿易が廃止され、そして奴隷制そのものが廃止されていく時代は、イギリス本国においては産業革命を経て近代的な「工場制度」が確立されていく時期であり、イギリスの民衆が「労働者階級」としての「階級意識」を獲得していく時期でもあった。つまり、「資本家」対「労働者階級」の階級的対立が存在するという認識が成立するのである（詳しくは、Thompson 1963 を参照されたい）。

そのような状況の中で、労働者階級の状態を「奴隷制」と表現することで告発する言説が登場する。奴隷制廃止運動が活発化し、奴隷制を人間の自由を奪う道徳的悪として非難する自由主義思想が普及する中で、奴隷制という言葉の使い方に変化が生じ始めたのである。その最初の現れの一つが、一八二五年に出版されたトマス・ホジスキン（Thomas Hodgskin, 1787–1869）の『資本の請求権に対する労働の擁護』だった。

ホジスキンはイングランドのケント州出身で、一八二三年からロンドンの新聞『モーニング・クロニクル』の通信員となり、同時にロンドンの機械工と知り合う中で「ロンドン機械工学校（London Mechanics Institute）」（後にロンドン大学の一部となる）の設立に協力し、自らジェイムズ・ミル（James Mill, 1773–1836）やデヴィッド・リカード（David Ricardo, 1772–1823）の経済学を学んで、この学校で経済学を教えていた。

ホジスキンが『労働の擁護』で展開した「資本」と「資本家」に対する批判の論理は、それ自体としては、かなり単純かつ明快なものである。すなわち、「資本に帰属するとされているすべての利益は、共存する労働と熟練した労働（co-existing and skilled labour）から生じる」のであり、したがって「現在、資本に与えられている国民生産物の大きな分け前に対して、資本がなにか正当な権利（just claim）をもっている」とは言えないのであって、その「大きな分け前が、労働者の貧困の原因」だ、ということである（Hodgskin 1922, p. 19. 三四三頁）。

それでは、なぜ資本家は「正当な請求権」をもたないにもかかわらず、そのように「大きな分け前」を獲得し、労働者を「貧困」に押しとどめておくことができるのか。それを説明しようとして、ホジスキンは興味深い議論を展開する。一つは、現在のイギリスの労働者は奴隷の子孫だということ、もう一つは、イギリスの労働者階級は同時代に存在する外国の奴隷制と競合関係にある、ということである。彼はこう述べている。

「労働者は、次の点で、きわめて不運であると私は思う。すなわち、彼らは、われわれが現在置かれているよりもはるかに悪い政治状態にいる諸国民にかこまれており、そのうちの若干の国では、労働は、ここよりももっと支払いが悪いからである。労働者は、農奴や奴隷（bondsmen and serfs）の子孫であることのために、さらにもっと不幸である。人身的奴隷制や農奴制（personal slavery or villenage）が、以前イギリスに存在していた。そして、いま生きている労働者はすべて、自分たちの祖先の隷属性（bondage）の苦痛をまだ受けている。その結果、われわれの要求は、けっして、正義の原理で審理されないのである。立法者と資本家とは、いつも、われわれの賃金を、他の労働者たちの賃金と比較する。そして、われわれが生産するものには注意を向けないで、そしてそれは、われわれがそれに基づいて支払われねばならない唯一の規準であると思われるのに、もしわれわれが前の時代の奴隷（slave）が享受したよりも多くのものを要求し、また他の諸国のなかば餓死している奴隷（half-starved slave）が現在享受しているよりも多くのものを要求するならば、われわれはただちに、無礼で恩知らずだと非難される」（p. 22. 三四四頁）。

つまり、イギリスの「立法者と資本家」は、労働者の賃金を彼らの労働の成果によって評価するのではなく、かつて農奴や奴隷だった彼らの先祖の生活水準や他国の奴隷の生活水準と比較することで、不当に低く決定している、というのがホジスキンの批判なのである。言い換えれば、現在の労働者はもはや奴隷ではないのに、その賃金は依然として「奴隷並み」であり、資本家は労働者をまるで「奴隷のように」取り扱っている、ということである。

その意味で、資本家は、かつての「封建的な専制者」や「抑圧的な貴族」が農奴に対してもっていたような、「あらゆる労働階級（all the labouring classes）に対する専制者の権力を受け継いだ」のだ、ともホジスキンは指摘している（p. 67. 三六八頁）。

それに対して、労働者が実際に行っているという「共存する労働」については、ホジスキンは次のようにも説明している。

「分業が存在しているところではどこでも、また、それがさらに広くおこなわれればそれだけ、この真実、つまり、ほとんどどんな個人も、あらゆる種類の生産物をひとりで完成するのではないということが、明白になってくる。技術や熟練のほとんどどんな生産物も、共同で結合した労働の成果である」（pp. 83–84. 三七七―三七八頁）。

このようにホジスキンは、人間の労働が価値の源泉だというリカードの投下労働価値説を理論的根拠にしながら、アダム・スミス（Adam Smith, 1723–1790）が『国富論』（一七七六年）で「労働の生産力」の基礎とみなした「分業＝労働の分割（division of labour）」を、労働者の主体性を前面に押し出す形で「共同で結合した労働（joint and combined labour）」と表現し直し、そうすることによって、労働者の共同こそが「あらゆる種類の生産物」を生み出していることを強調した。したがって、「国民生産物の大きな分け前に対する正当な請求権」を主張できるのは、労働者の側のはずなのである。

このような労働者の権利を妨げているのが「労働者に対する資本の権力」(p. 98. 三八五頁)であるが、ホジスキンは、その権力に対して「立法府が労働者たちを守るために干渉する」ことは認めていない。しかし、政府や議会の介入を否定してしまうならば、後は資本家と労働者とが直接に対立する以外にないことになる。つまり、階級闘争である。

ただし、ホジスキンが考える階級闘争は、実力行使ではない。あくまでも「論争(dispute)」を通して解決を図ることであり、この著書の題名そのものが表現しているように、労働者の権利を擁護して、資本家あるいは国民全体を説得することなのである。したがって、彼の結論は次のようなものになる。

「資本家たちと労働者たちは、国民の多数派を形成し、そのため、彼らの間に介在する第三勢力は存在しない。彼らは論争を自分たちで裁決しなければならないし、またそうするだろう。最後の成功は、正義の側のものにちがいないと私は大いに期待している。しかし、労働の勝利が完全なものになるまでは、すなわち、生産的勤労だけが富裕になり、そして怠惰だけが貧しくなるまでは、「種をまく者が刈り取るだろう」という賞賛に値する格言がしっかりと確立されるまでは、すなわち、所有権が正義の原理に基づいて、奴隷制の原理に基づかなくなるまでは、人間が、彼の踏みつける土くれとか、彼の動かす機械とかよりも、ずっと尊敬されるようになるまでは、――地上の平和も人々の間の好意も存在するはずがないし、また存在してはならないのだ、と私は確信する」(pp. 104–105. 三八九頁)。

このようにホジスキンは、資本家が「奴隷制の原理(principles of slavery)」に基づいて労働者を遇し、彼らの生産物から不当な分け前を獲得していることを批判し、労働者階級が「正義の原理(principles of justice)」に基づいて正当な分け前を手に入れることを要求した。ただし、彼は労働者たち自身が「奴隷」だとは述べていない。彼らは、あくまでも「奴隷制の原理」に基づいて、「奴隷のように」取り扱われている、という言い方をしている。したがって、彼の場合には、「奴隷制」という言葉は、労働者階級が置かれている状態を表現する比喩(直喩)として使われている、と言うことができるだろう。

ホジスキンは、このように資本主義に反対する批判者ではあるのだが、しかしながら、社会のシステム全体をどのように具体的に変革していくか、という問題関心はもっていない。彼は一方で、資本家が労働者に対する「専制的な権力」を行使していることを認めながら、その権力を阻止しあるいは解体する具体的な手段や方法については、「正義」に訴えること以外には何も述べていないのである。

その意味では、ホジスキンは社会主義者というより、むしろ現代の熟議的民主主義者に近い存在だった、と言うべきかもしれない。彼はその後、一八三二年から『エコノミスト』紙の記者として働いているが、晩年には労働運動から離れてしまったからである。

このようにホジスキンが「奴隷制」という言葉を比喩として使ったのに対して、労働者階級の状態は文字どおりの「奴隷制」だと論じたのが、ジョン・フランシス・ブレイ(John Francis Bray, 1809–1897)の一八三九年の著書『労働の苦難と労働の救済』だった。

ブレイの奴隷制論の独自性は、「社会の諸階級への分割」に基づいて「労働階級」の生産した富を別の階級が我が物にすること、つまり階級的搾取が行われている状態を、一括して「奴隷制」と名指していることにある。ただし、「奴隷制」は大きく二つの種類に分けられる。同時代のアメリカ合衆国には、ブレイの表現によれば、「隠し立てのない軽蔑すべき奴隷制(the undisguised and abject slavery)」が存在している。それ以外の「すべての国に必ず存在している」奴隷制は、大きく二つに分けられる。一つは、「公然と(openly)」存在している「黒人に対する(upon black men)」奴隷制、もう一つは、「隠されて(disguisedly)」存在している「白人に対する(upon white men)」奴隷制である。原語を見ればわかるように、これは一種の対句表現である。「隠し立てのない黒人奴隷制」と「隠された白人奴隷制」。つまり、カリブ海地域や南北アメリカの黒人奴隷とイギリス(やその他ヨーロッパ)の賃金労働者が「奴隷制」の二類型として並べられているのである(Bray 1839, pp. 20–21)。

このブレイの奴隷制論の意義については、先に言及した拙著『隠された奴隷制』(植村[二〇一九])の第四章でマルクスとの関連において詳しく検討したので、そちらを参照していただきたい。

2 プロレタリアの「奴隷制」——ブランキ

イギリスが一八〇七年に奴隷貿易を廃止し、一八三三年にはカリブ海地域植民地の奴隷制も廃止したのに対して、フランスの奴隷制廃止は紆余曲折をたどった。カリブ海のハイチ島におけるフランス領サン＝ドマング植民地で黒人奴隷の反乱（ハイチ革命）が始まったのは、フランス革命勃発後の一七九一年だったが、それが革命進行中のフランス本国に与えた衝撃は大きなものだった。それを受けてさまざまな議論を経た後に、フランスの革命議会（国民公会）は一七九四年二月四日に「黒人奴隷制廃止決議」を可決した。

ハイチ史研究者の浜忠雄によれば、「一七九一年の一斉蜂起は黒人奴隷たちの独自の主体的な運動として起こったものであり、少なくともこの時点では、フランス革命からの影響は、皆無ではないにしても、ほとんど無視してよい」（浜［二〇〇三］七二頁）ものだったのに対して、それとは逆に、「もし黒人奴隷の蜂起がなかったなら［奴隷制］廃止決議はなかった」だけでなく、「サン＝ドマングがさして重要な植民地でなかったなら廃止決議はなかった、と見て大過ないであろう。黒人奴隷制廃止決議は「カリブ海の真珠」の死守という経済的・軍事的・外交的動機による窮余の策だった」（一一一頁）のである。

しかし、一七九四年のこの決議は実行に移されないまま、一八〇二年にはナポレオンの法令によってフランス領カリブ海植民地における奴隷制の存続と再建が明示された（一四六頁）。結局、フランスが黒人奴隷制を最終的に廃棄するには、一八四八年の二月革命による第二共和制の樹立を待たなければならなかったのである。

その間、一九世紀に入ると、フランスでも資本家と労働者の階級対立が鮮明に意識されるようになる。それを明瞭に言語化したのが、ルイ・オーギュスト・ブランキ（Louis Auguste Blanqui, 1805–1881）だった。彼は、一八三〇年の七月革命の武装蜂起に自ら銃を手にして参加した後、一八三二年一月に出版法違反に問われて行われた重罪裁判所での陳述で、現在行われているのは「富める者と貧しき者との戦争（guerre）」（Blanqui 2008a, p. 60. 一〇頁）であり、フランスに現存する「この政体は、もっぱら富める者による貧しき者の搾取（exploitation）を目論んで設けられたもの」（p. 62. 一四頁）だと断言したうえで、搾取される「貧しき者（les pauvres）」を「プロレタリア（les prolétaires）」（p. 59. 九頁）と命名した。この「プロレタリア」という言葉は、納税ではなく子孫（prole）を提供することでのみ国に仕える古代ローマの最下級市民（proletarius）に由来する言葉である。

さらに、その直後の二月に「人民の友協会」で行われた演説では、ブランキは「富める者（les riches）」に改めて「中流階級あるいはブルジョア階級（la classe moyenne ou bourgeoise）」（Blanqui 2008b, p. 70. 二七頁）、「ブルジョアジー（la bourgeoisie）」（p. 74. 三四頁）という名称を与えた。「ブルジョアジーによるプロレタリアの搾取」という表現は、これ以後フランスで急速に普及していくことになる。この表現が一八四〇年代のマルクスにも大きな影響を与えることになるのを、私たちは次章で見るだろう。

そして、ブランキの言う「富める者と貧しき者との戦争」が目に見える形で現実に戦われたのが、一八三二年六月のパリの労働者反乱だった。六月五日から翌日の午後にかけての民衆によるバリケード構築と軍隊との市街戦は、ヴィクトル・ユゴー（Victor-Marie Hugo, 1802–1885）の大河小説『レ・ミゼラブル』（一八六二年）で後半の山場として、いわば叙事詩的に詳細に描かれている。ユゴーが描いているように、この日、労働者街のバリケードに掲げられた反乱の象徴が「赤旗」であり、それは繰り返し鎮圧軍による「一斉射撃」の目標とされたのである（Hugo 1957, pp. 366–367. 五五五頁）。

この労働者反乱が徹底的に鎮圧された後、ブランキは一八三四年の「スープはつくった者が飲むべきである」という率直なタイトルの論説の中で、「ブルジョアジーによるプロレタリアの搾取」の状態を「奴隷制（esclavage）」と呼ぶにいたった。彼はこう書いている。

「諸資本はそれ自体としては不毛であり、労働によってしか実を結ばず、また一方、必ず社会諸力によって加工されねばならない素材である。それゆえに、その所有を拒否された大多数の人々は、所有者たる少数のために強制労働（travaux forcés）を余儀なくされている。労働の用具も成果も労働者には属さず、有閑者（oisifs）のものなのだ。寄生枝が肥えた枝を犠牲にして樹液を吸っている。……このような組織体制の論理的帰結は奴隷化（l'esclavage）である」（Blanqui 2008c, p. 80. 四三頁）。

ブランキによれば、「所有なき大多数」である労働者は、「労働の用具も成果も」奪われたまま「強制労働を余儀なくされて」いる。したがって、労働者はまさに「奴隷」なのである。このように資本による労働者の搾取のシステムを「奴隷制」と表現するブランキは、他方で植民地の黒人奴隷制についても十分な認識をもっていた。彼は、次のように続けている。

「一六世紀には、抑圧が殺人的な勢いで盛り返し、黒人の奴隷化(l'esclavage des noirs)をもたらした。今日でもなお、フランス領とみなされている土地の拓殖者たちは、人間を衣服や馬と同じ名目で所有している。それに植民地とフランスの社会状態の間には、一見そう見えるほどの差異はない。特権と平等との一八世紀間にわたる戦争の結果、この戦いの主要な舞台でもあり戦士でもあったこの国は、奴隷制(l'esclavage)をむきだしで公然と支持することはできなくなった。だがしかし、事実はそれと呼ばれずに存在しているし、それに所有権はパリではマルティニック島におけるよりずっと偽善的であるからといって、それほど因業で抑圧的なものではないとは言えないのである」(p. 80. 四三頁)。

ブランキは、ブレイと同じように(ただしブレイの著書に五年先んじて)、植民地における黒人奴隷制とパリの労働者の状態の間には「そう見えるほどの差異はない」と断言している。両者の違いは、植民地では「奴隷制をむきだしで公然と支持すること」ができるが、本国フランスではそうできなくなったことにある。しかし、「事実はそれと呼ばれずに存在している」。したがって、本国に存在しているのは「偽善的」な奴隷制なのである。

ブレイはイギリスの賃金労働者の現状を、「奴隷制」とは呼ばれない偽名の奴隷制という意味で、「隠された奴隷制」と表現していた。ブランキがここで述べているのも、ほぼ同じことだ。プロレタリアが従事している「強制労働」は、「それとは呼ばれずに存在している」奴隷制なのである。そして、そのような奴隷制に取って代わる社会システムについては、ブランキはこう書いている。

「人類は前進するか、後退するか、いずれかだ。その前進は人類を平等へ導く。その後退は特権の全段階を通って、所有権の極地である個人の奴隷化(l'esclavage personnel)にまでさかのぼる。そこまで戻る前に、確実にヨーロッパ文明は滅ぶであろう。……個人の所有に取って代わる協同体(association)のみが、平等による正義の支配を確立するだろう。かくて、協同体の諸要素を引き出し、明らかにしようとする未来の人々の、ますますふくれあがっていく熱意が生まれる。もちろんわれわれも、この共同の任務に喜んで参加するであろう」(p. 83. 四八頁)。

ただし、ブランキがホジスキンやブレイと異なるのは、このような「平等による正義の支配を確立する」ために、自ら銃を取って革命的武装蜂起を繰り返し試みたことである。彼は一八三九年に秘密結社「季節協会(Société des Saisons)」(四季協会とも訳される)を率いてパリの市庁舎を占拠するが、蜂起が崩壊して逮捕され、一八四七年まで獄中にあった。一八四八年には二月革命に参加するが、五月に臨時政府に反対するデモを組織して憲法制定議会に乱入し、逮捕されて懲役一〇年の判決を受け、さらにアフリカに流刑されたうえで一八五九年に釈放された。一八六一年には秘密結社取締法により逮捕され、四年の懲役刑を受けるが、一八六五年に脱獄した。一八七〇年にはナポレオン三世の政府に対する抗議デモに参加して逮捕され、死刑判決を受けて要塞監獄の土牢に「幽閉」されることになる。

こうして人生の半分近くを獄中と流刑地で過ごした革命家ブランキは、一八七九年にようやく釈放されるが、それからまもなく一八八一年一月に亡くなった。ギュスターヴ・ジェフロワ(Gustave Geffroy, 1855–1926)による古典的なブランキ伝『幽閉者』(一八九七年)によれば、その遺骸は赤旗に包まれて埋葬された。「労働者街のむさくるしい家でひっそりと死んだ病人――赤旗に包まれ、無限の深淵である狭い穴に永久に降ろされた死者――こうしたものとして、この世を去ったブランキは今なおそこにいた」(Geffroy 1919, p. 439. 三七一―三七二頁)。そして、ブランキとほぼ同時代を生きたマルクスは、ブランキを「革命的共産主義者」(Marx 1852, S. 104. 二七頁）と呼んで生涯敬意を失わなかった。

3　「労働者の奴隷化」――プルードン

ピエール゠ジョセフ・プルードン（Pierre-Joseph Proudhon, 1809–1865）はアナキズムの歴史に位置づけられることが多いが、むしろ独創的な社会主義者と言ったほうがいいかもしれない。彼は、一八四〇年に出版した『所有とは何か』の第一章冒頭で、最初に「奴隷制（l'esclavage）とは何か？」という問いを提起し、それに対して「それは殺人（l'assassinat）だ」と答えた。それに続く「所有(la propriété)とは何か？」という問いに対しては、「それは盗み（le vol）だ」と答えて（Proudhon 1840, pp. 1–2. 三九頁)、読者に大きな衝撃を与えていた。

『所有とは何か』は、副題の「法と統治の原理に関する探求」が示すように、私的所有をめぐる法的な議論が中心だったが、それに対してプルードンが経済的現実に踏み込んで研究を重ね、満を持して出版したのが、大著『経済的諸矛盾の体系、または貧困の哲学』だった。一八四六年、ブランキが「季節協会」の蜂起の結果まだ獄中にあった年である。

この本でプルードンは、「経済発展」の第一段階を「分業」、第二段階を「機械」と位置づけ、以後、第四段階の「独占」、第八段階の「所有」などを経て、第一〇段階の「人口」にいたる資本主義経済の全体像とそれが抱える諸矛盾を描き出そうとした。第一段階の「分業」について、プルードンは早速次のように述べている。

「細分化された労働は奴隷のしごと（une occupation d'esclave）であるが、そういう労働のみが豊かさをもたらす。分割されない労働は自由人（l'homme libre）のものだが、そういう労働はかかった費用もカバーできない。……いたるところで経験されているように、またこの点では理論的にもそう言えるように、分業が進めば進むほど賃金は下がっていく。だから、われわれは細分化された奴隷労働（l'esclavage parcellaire）に従事しても、そのおかげで豊かになれるわけではないことは明白だ。分業は人間を機械に変えてしまうだけである。ヨーロッパやアメリカの労働者のありさまを見るがよい」（Proudhon 1846, vol. 1, pp. 120–121. 上・一九二―一九三頁）。

つまり、「分割されない労働」を行う独立手工業職人は「自由人」だが、かかった費用も回収できないほど貧しく、他方、「細分化された労働」に従事する労働者は、スミスが『国富論』で主張したとおりに社会全体の豊かさを生み出すが、彼が行っているのは「奴隷労働」であって、労働者本人が豊かになるわけではない、というのである。このような事態が、「分業がもたらす矛盾」である。ここでプルードンが「奴隷／奴隷制」という言葉で指示しているのは、細分化された労働の内容であって、分業に従事する労働者自身はむしろ「機械」に変えられてしまうのだという。しかし、人間が実際に「機械」になるわけではないので、これはあくまでも比喩的表現である。そうだとすれば、ここでの「奴隷労働」という表現もやはり比喩（隠喩）として使われていると見ていいかもしれない。

それでは、その次の「機械制（les machines）」の段階になると人間はどうなるのか。

「機械はわれわれに富の増大を約束した。約束は守られたが、機械はそれと同時にわれわれに貧困の増大をもたらした。――機械はわれわれに自由を約束した。しかし、機械がわれわれにもたらしたのは隷従（l'esclavage）であった。……さて、われわれがいまたどっている段階、すなわち機械の段階はまた独自の性格によって特徴づけられる。それは賃労働（le saraliat）である。／賃労働は、機械が用いられるようになったことから直線的に生じた。……最初の機械制、そのもっともシンプルでもっとも力強いシステムは工場（l'atelier）である」（pp. 160–161. 上・二三八頁）。

機械制が労働者にもたらしたのは、またしても「隷従＝奴隷制」だという。人間が機械を使いこなすのではなく、人間が機械のリズムやスピードに従うほかなくなる、ということである。またプルードンは、「分業」の段階ではなく「機械制」の段階になってはじめて「工場」が成立し、「賃労働」が成立するのだという。彼の先ほどの表現では、分業に従事する労働者はすでに「奴隷」であり「機械」だったはずだが、機械制工場で働く「賃金労働者」は改めて機械の「奴隷」になる。

プルードンは、一八世紀の啓蒙思想家たちと同じように、「自由人」と「奴隷」、「自由」と「隷従＝奴隷制」をつねに対比させている。しかし、賃金労働者がなぜどのような意味で「奴隷」なのか、という明確な説明は見当たらない。彼はさらにこのように続けている。

「ひとつの機械は砲兵隊をしたがえるひとつの大砲のようなもので、隊長以下の兵隊はみんなその下僕（servants）、奴隷（esclaves）なのである。……しかし、まさにこうした現象の一般性が労働者の奴隷化（l'asservissement）を生むのである。機械が産業の主役となり、人間は脇役となる。天才は労働をとおして花を開かせたが、その天才がプロレタリアートを愚鈍化させるものに転ずる」（pp. 164–165. 上・二四二—二四三頁）。

「機械制」工場の中で、労働者が「機械の奴隷」となることで、「労働者の奴隷化」が完成する。それが「プロレタリアートを愚鈍化させる」というのである。さらに経済発展の第四段階である「独占」を論じた箇所では、プルードンは次のようにも述べている。

「こうして病気、身体障害、退化、愚鈍化その他、産業奴隷であることのしるしがことごとく無限にあらわれ続ける。こうした災厄はすべて独占から、そして悲しいことに、それに先行する競争や機械制や分業から生まれたものである」（p. 261. 上・三五三頁）。

ここでもプルードンは「プロレタリアート」を「産業奴隷（l'esclavage industriel）」と言い換えているが、彼らが「奴隷」である理由は、機械に隷従していることだけではなく、さらに長時間労働を強いられていることにも求められる。彼は、「パリ、リヨン、リール、ルーアンといった工業都市において、平均の労働時間は、持続時間だけでも一三～一四時間である」ことを指摘して、それを「奴隷的な労働（labeur d'esclave）」と表現しているからである（vol. 2, p. 473. 下・五五四頁）。

このように機械制工場で働く賃金労働者の置かれた状況を「奴隷制」として厳しく告発するこの著作は、二冊で総計九〇〇頁を超える（翻訳では約一二〇〇頁になる）大著だが、フランスの労働者に大きな影響を与え、多くの支持者を獲得した。その後のフランスの労働運動と革命運動の中で、さらには一八六〇年代以降の国際的な労働運動の中で、プルードン派は重要な役割を演じることになる。

しかしながら、私たちの問題関心からすれば、興味深いのはむしろ次のことである。一八四六年のこの大著では、プルードンは植民地の黒人奴隷制には一言も言及していない。つまり、彼には植民地問題への関心が見られないのである。したがって、そもそも「奴隷制」という言葉が何を意味しているのか、ということについても、この本にはいっさい説明がない。その結果、「奴隷／奴隷制」という言葉が多用されているにもかかわらず、それはほとんど比喩（隠喩）としてしか機能していないように思われる。

実際に、プルードンは、この本の中で「民衆にたいしてなら、自由を擁護するには隷従の悲惨さ(misères de l'esclavage)を列挙するのが一番良い方法だ」(vol. 2, p. 5. 下・一七頁）と書いている。これはむしろ、そのような方法を批判する文脈で書かれているのだが、しかし、彼自身の「奴隷制」という言葉の使い方もまさにこのようなものだった。

それに対して、ブレイもブランキも、植民地の奴隷制に言及し、それと比較したうえで、ヨーロッパの本国における賃金労働者の状態は「奴隷制と呼ばれることのない奴隷制」だと論じていた。それが「奴隷制」である理由は、労働の実態が植民地とほとんど差異のない「強制労働」であることに求められていた。しかしながら、そのように植民地と本国を関係づける視点は、プルードンには見られない。

4　おわりに——残された課題

ブレイやブランキは、植民地の黒人奴隷制と比べながら、資本主義的「奴隷制」の実態を告発した。それは、「奴隷制と呼ばれていない奴隷制」だった。しかしながら、彼らは、もう一歩踏み込んで、それがなぜ「奴隷制と呼ばれていない」のかを問うことはしなかった。当時の自由主義者や奴隷解放論者が強調していた「奴隷」と「自由な労働者」との区別の根拠を問い直すことを、ブレイもブランキも明示的には行うことができなかったのである。

アメリカの政治哲学者スーザン・バック＝モース（Susan Buck-Morss）は、当時の「自由な労働」論について次のように論じている。

「そこで問題となったのは労働の搾取ではなく、その労働に自発的に服従させるためのフィクションを維持することであった。……というのも、「労働者はたとえ実際上永続的な従属状態にとどまろうとも、わずかな賃金であれ承諾したのであれば自由人と定義されうる」からである。自由労働というイデオロギーは、……イギリスの労働者階級にとっては敗北であった」(Buck-Morss 2009, p. 100. 九〇頁)。

そうだとすれば、「自由な労働者」がなぜ「自由」ではなく「奴隷」であるのかを明らかにしないかぎり、言い換えれば、賃金労働者は「自由な労働者」だという言説を正面から批判しないかぎり、労働者階級の側が、あるいは労働者階級を支援する側が、支配的なイデオロギーとしての自由主義のヘゲモニーに対抗することは難しいだろう。そして、そのような自由主義イデオロギー批判を試みることが、マルクスに残された課題だったのである。

第三章

労働と所有の不正義

——貧困・疎外・奴隷制

はじめに

カール・マルクスの名を冠した思想体系としての「マルクス主義」は、一九世紀末以降ヨーロッパの労働運動や社会運動に大きな影響を与えただけでなく、一九一七年のロシア革命の成功をもたらし、以後一九九一年にソヴィエト連邦が解体するまでの間、二〇世紀の「社会主義」国家群の大義として掲げられていた。

マルクスの著作が日本で最初に紹介されたのは、一九〇四年の『平民新聞』第五三号に発表された幸徳秋水（1871–1911）と堺利彦（1871–1933）による『共産党宣言』第一章・第二章の翻訳であり、その後一九九〇年代までにマルクスの著作のほぼすべてが翻訳されている。また、アジア太平洋戦争の敗戦後から冷戦体制終了までの期間、日本の多くの大学で「マルクス経済学」の授業が行われ、マルクスの思想は大きな知的影響力を持ち続けた。

本章のテーマは、マルクスは資本主義を「不正なもの」と考えていたかどうか、考えていたとすれば、どのような意味で「不正」だとみなしていたのか、ということである。このテーマに関しては、すでに膨大な研究の蓄積がある（青木［二〇〇八］、松井［二〇一二］参照）。英語圏での多様な議論を整理し総括したイギリスの政治学者ノーマン・ジェラス（Norman Geras, 1943–2013）は、こう結論づけている。「マルクスはたしかに資本主義を不正（unjust）だと考えたが、自分がそう考えているとは考えていなかった」（Geras 1985, p. 70）。

気の利いた文章だが、私の見解は異なる。マルクスは資本主義を不正だと考えたが、不正という概念が歴史的に規定された重層的なものであることに気づき、単純に不正だと批判して済ますことができなくなった。その結果、資本主義がどのような意味で不正であるかの論証に苦心したのである。まずはマルクスの思想形成史をたどることにしよう。

1 「不正そのもの」としての「貧困」

マルクスは法律家の家に生まれ、父の期待に添ってボン大学とベルリン大学の法学部で法律学を学んだ後、父の意に反して哲学の研究者として大学で職を得ることを志す。しかし、一八四〇年代に大学における言論統制が強化されていく状況を見て、ジャーナリストの道に進んだ。ケルンの自由主義系新聞『ライン新聞』の編集部に職を得て最初に遭遇した社会的問題の一つが、ライン州議会における木材窃盗取締法をめぐる議論であった。

州議会で議論になったのは、立木の盗伐だけでなく、貴族の所有する森林に入り込んで枯れ枝を集める貧しい民衆の行為をも窃盗とみなすかどうか、ということだった。つまり、入会地（コモンズ）はすでに失われたが、入会権は慣習的権利としてかろうじて残存しているという状況の中で、その慣習が改めて所有権侵害として問題視されたのである。この問題に対するマルクスの立場は、その後の思想の出発点として重要である。彼はここで「政治的にも社会的にも何ももたない貧しい大衆」の「慣習的権利」という形を取った生存権を、法的権利としての私的所有権に優先するものとして擁護しているからである。

マルクスは一八四二年秋の『ライン新聞』の論説で、次のように主張する。

「われわれは貧民の手への慣習法の返還を、しかも地方的でない慣習法、あらゆる国々の貧民の慣習法であるような慣習法の返還を要求する。われわれは、さらにすすんで、慣習法あるいは慣習上の権利というものは、その本性上、このような無産で、根源的な、最下層の大衆の権利以外ではありえないのだ、と言いたいのである」(Marx 1842, S. 204–205. 一三三頁)。

マルクスによれば、「貧民階級（die armen Klasse）のこれらの慣習のなかには本能的な権利感覚が生きており、その慣習の根源は確固として正当なもの（legitim）である」(S. 209. 一三八頁)。さらに重要なのは、マルクスがこの「貧民階級の慣習」に対立する「私的所有」を批判していることである。彼はこう言い切る。

「もし、所有権侵害行為がそれぞれ区別されることもなく、またより立ち入った規定づけも与えられないで、すべて窃盗だとされるのならば、あらゆる私有財産は窃盗だということにならないだろうか？　私は、自分の私有財産をもつことによって、いっさいの第三者をこれに対する所有権から閉め出しているのではなかろうか？　したがって私は、第三者の所有権を侵害していることにはならないか？」(S. 203. 一三〇―一三一頁)

すでにジョン・ロックが明言していたように、近代社会が神聖不可侵なものとして前提する私的所有権とは、自分の身体と自分自身の労働とに対する所有を根拠として、その労働の対象と生産物に対して「他人の共有権を排除する」(Locke 1967, p. 306. 三二六頁) 排他的権利であった。マルクスはそれに対して、「他人の共有権を排除する」こと自体が「権利侵害」ではないのか、と問い直しているのである。

もう一つ重要なのが「貧民階級」の意味づけである。当時の法哲学の権威、ゲオルク・ヴィルヘルム・フリードリヒ・ヘーゲル (Georg Wilhelm Friedrich Hegel, 1770–1831) は、一八二〇年に出版した『法の哲学』の中で、「市民社会」における貧民問題をこう指摘していた。

「社会の成員にとって必要な生計様式としておのずと調整されるとはいえ、そのような一定の生計様式の水準以下に多数の人びとが陥ることは――そしてそれにともなって、法の感情や遵法の感情、また自分自身のふるまい方と労働とによって生きるという誇りの感情が失われるまでにいたることは――、浮浪者（Pöbel）の出現を引き起こす。……社会状態にあっては、欠乏は、ただちに、いずれかの階級に加えられる不法（Unrecht）の形式をとる。いかにしたら貧困が除去されうるかという重大な問題は、とりわけ今日の社会を動かし苦しめている問題である」（Hegel 1970, S. 389–390. 下・一六四―一六五頁）。

ただしヘーゲルは、労働者に「一定の生活水準」が保証されているかぎり、「個人の資産と技量の不平等」そのものは市民社会の「必然的な結果」だとみなし、これに「平等の要求を対置すること」は「空虚な悟性」だと批判した（S. 354. 下・一〇二頁）。彼にとって「自分のものという意味での所有」は「一個の個別的な人格の自由」の定在であり（S. 98. 上・一三七頁）、「私的所有が許されないことは「人格に対する不法」（S. 108. 上・一五一頁）にほかならないからである。

これに対してマルクスは、既存の社会秩序を前提にして「貧困」問題の解決をはかろうとするヘーゲルの態度を批判する。一八四三年に『ライン新聞』がプロイセン政府から発行禁止処分を受け、そのために職を失った後、マルクスはヘーゲルの『法の哲学』の批判的読解に本格的に取り組み、パリに移住して自ら編集発行した一八四四年の『ドイツ・フランス年誌』に論説「ヘーゲル法哲学批判序説」を発表する。そこでは、先の「貧民階級」は、一八三〇年代のフランスの流行語にならって「プロレタリアート」と言い換えられ、その存在意味は次のように表現されている。

「その普遍的な苦難のゆえに普遍的な性格をもち、なにか特別の不正ではなく不正そのもの（das Unrecht schlechthin）を被っているがゆえにいかなる特別の権利をも要求しない一領域、もはや歴史的な権原ではなく、ただなお人間的な権原だけを拠点にすることができる一領域、……一言でいえば、人間の完全な喪失であり、それゆえにただ人間の完全な再獲得によってのみ自分自身を獲得することができる一領域、……それがプロレタリアートなのである」(Marx 1844a, S. 181–182. 九四頁)。

自分自身は裕福な法律家の息子であり、この時点ではすでに貴族の令嬢と結婚して家政婦付きの生活を享受していたマルクスが、なぜどのようにして「プロレタリアート」は「不正そのものを被っている」と考えるようになったのか。貧民階級の実態を具体的にどれほど知っていたのか、また「人間的な権原」をどのようなものと考えていたのか、それについては判断の材料が乏しく実はよくわからない。しかし、いずれにしても彼はこれ以後、何かに駆り立てられるように経済学の研究にのめり込む。その最初の成果が、一八四四年の夏、二六歳のマルクスがパリで書き上げた『経済学・哲学草稿』である。

2 「疎外された労働」――「不正」の再定義

この『草稿』で、マルクスは改めて「プロレタリア」を「資本も地代ももたず、もっぱら労働によって、しかも一面的、抽象的な労働によって生活する人」(Marx 1844c, S. 208. 二七―二八頁)と定義している。つまり、単純作業の繰り返しのような労働に(しかも低賃金で)従事する労働者のことである。彼らが置かれた「国民経済上の現に存在する事実」は、次のようなものとして描かれる。

「労働者は、彼が富をより多く生産すればするほど、彼の生産の力と範囲とがより増大すればするほど、それだけますます貧しくなる。労働者は商品をより多く作れば作るほど、それだけますます彼はより安価な商品となる。事物世界の価値増大にぴったり比例して、人間世界の価値低下がひどくなる」(S. 235. 八六頁)。

このような事態を、マルクスは「疎外(Entfremdung)=自分に対して疎遠なものになること」という言葉で要約する。

「この事実は、労働が生産する対象、つまり労働の生産物が、[商品となることで]一つの疎遠な存在として、生産者から独立した力として、労働に対立するということを表現するものにほかならない。……国民経済的状態の中では、労働のこの実現が労働者の現実性剝奪として現れ、[労働の]対象化が対象の喪失および対象への隷属として、[対象の]獲得が疎外として、外化として現れる」(S. 236. 八七頁)。

「疎外」という言葉はもともとヘーゲルの用語で、ルートヴィヒ・フォイエルバッハ(Ludwig Feuerbach, 1804–1872)などの哲学者も使用していたものだが、マルクスはそれを労働者が置かれた経済的状況を表現するものとして応用したのである。彼はまず労働生産物が労働者から「疎外」される状況を指摘したのだが、事態はそれだけではない。「疎外は、たんに生産の結果においてだけでなく、生産の行為のうちにも、生産的活動そのものの内部においても現れる」。つまり、「彼の労働は自発的なものではなくて強いられたものであり、強制労働である。そのため労働は、ある欲求の満足ではなく、労働以外のところで諸欲求を満足させるための手段であるにすぎない」。言い換えれば、「労働者にとっての労働の外在性は、労働が彼自身のものではなくて他人のものであること、それが彼に属していないこと、彼が労働において自己自身にではなく他人に従属するということに現れる」(S. 238. 九二頁)。

ここでマルクスが指摘している事態は、先に「不正そのものを被っている」とされた「プロレタリアート」の状態にほかならない。それを「不正」とみなす「人間的な権原」に当たるのが、ここでは「人間的本質」である。「疎外された労働」が問題なのは、それが「人間から彼自身の身体を、同様に彼の外にある自然を、また彼の精神的本質を、要するに彼の人間的本質を疎外する」(S. 242. 九八頁)ことに求められる。なぜなら「自由な意識的活動」という「生命活動の様式」こそ、他の動物とは異なる「人間の類的性格」(S. 240. 九五頁)、「人間の類的存在」(S. 241. 九八頁)にほかならないからである。

このような「疎外」が生じるのは、労働者にとって疎遠な他人である資本家による、労働生産物と労働諸条件の「私的所有」(S. 244. 一〇二頁)が存在するからである。そこからマルクスは、「私有財産等々からの、隷属状態からの、社会の解放が、労働者の解放という政治的な形で表明される」という結論を引き出す。なぜなら、「労働者の解放の中にこそ人間全体の解放が含まれているからなのである。そして人間全体の解放が労働者の解放の中へ含まれているというのは、生産に対する労働者の関係の中に、人間的な全隷属状態が内包されており、またすべての隷属関係は、この関係のたんなる変形であり帰結であるにすぎないからである」(S. 245. 一〇四頁。訳文一部変更)。

したがって、プロレタリアートが被っている「不正そのもの」とは、たんなる貧困や欠乏ではなく、「自由な意識的活動」を本来のあり方としてもつ人間が、雇用労働という形で他人の意志に従属し、資本家の私的所有によって自分の労働の生産物に対する所有権からも排除されるという「隷属関係」のうちにあることだ、ということになる。「不正」の内容は、そのような意味での「疎外」として、ここで再定義されたのである。

マルクスがこのように書きつづっていた最中の一八四四年六月、プロイセン王国東部のシュレージェン地方（現ポーランドのシロンスク地方）で、問屋制家内工業に従事していた織布工の反乱が起きる。ドイツで最初の労働者反乱である。マルクスは同年八月に早速この「シュレージェンの労働者蜂起」についての論説をパリのドイツ語雑誌『フォアヴェルツ（前進）』に発表する。彼はその中で、「蜂起というものは、すべて例外なく、人間が共同体からひどく孤立しているところで起きるのではないか？」と問いかけたうえで、次のように述べている。「労働者自身の労働によって彼らから切り離されているこの共同体は、生活そのものである。つまり、肉体的および精神的生活、人間の倫理、人間の活動、人間の楽しみ、人間的本質である」（Marx 1844d, S. 462. 四四五頁）。

ここで「共同体」と訳されている〈Gemeinwesen〉とは、「共同的存在」としての人間が形づくる共同生活組織のことである。マルクスは、労働者階級が置かれた資本家への隷属状態を、人間の本質としての共同的存在からの「疎外」として把握したのであった。

3 「不正」の歴史的規定性

一八四五年にパリを追われてブリュッセルに移住したマルクスは、一八四八年にドイツ三月革命が勃発するとすぐさま帰国するが、革命が挫折した一八四九年にロンドンに脱出し、そこで生涯にわたる亡命生活を送ることになる。その後、大英博物館図書室で集中的に行われた経済学の批判的研究を通して、マルクスの思想は変化していく。労働者の「疎外」という批判対象が変化するわけではないが、批判の論理がいわば歴史化されるのである。

一八五七年から五八年にかけて書かれた『経済学批判要綱』でも、資本の下では人間の「普遍的対象化」が「総体的疎外」(Marx 1857–58, S. 392. ②一三八頁)として現れる、という考えは維持されている。しかし、他方でマルクスは、そのような「疎外の極度の形態は、一つの必然的な通過点である」(S. 417. ②一八〇頁)ことを指摘し、いずれは「諸個人の活動が、直接的に一般的な、すなわち社会的な活動として措定されるとともに、生産の対象的な諸契機からこうした疎外の形態が拭い去られる」(S. 698. ②七〇七頁)ことを強調する。

ここで注目すべきは、その際にマルクスが、労働者自身による「疎外」の「不当性」の自覚を、「資本に基づく生産様式」自体が生み出す歴史的産物とみなしていることである。彼は次のように述べている。

「労働能力が生産物を自分自身のものだと見抜くこと、そして自己の実現の諸条件からの分離を不埒な強制された分離だと判断すること、それは並外れた意識であり、それ自身が資本に基づく生産様式の産物である。そしてそれがこの生産様式の滅亡への前兆であるのは、ちょうど奴隷が、自分はだれか第三者の所有であるはずがないのだ、という意識をもち、自分が人間であるという意識をもつようになると、奴隷制はもはや、かろうじてその人為的な定在を維持することしかできず、生産の土台として存続することができなくなってしまったのと同じである」(S. 371. ②一〇三―一〇四頁)。

ここで「不埒な」と訳されている〈ungehörig〉は、「不適当」あるいは「不相応」と訳すこともできる。労働者が自分の置かれた「疎外」状況を、自分にはふさわしくない、不当なものと判断する、ということである。マルクスはそれを「並外れた(enorm)」意識、つまり「標準的規範(norm)」を超えた意識だというのである。

奴隷制に即して言えば、たとえばカリブ海に浮かぶハイチ島の砂糖プランテーションで働く黒人奴隷が反乱を起こしたのは、宗主国フランスでの革命が一七八九年八月に「人間と市民の権利の宣言」を行ってからちょうど二年後の一七九一年八月のことだった。マルクスの想定に従えば、封建的な身分の違いを超越した「人間の権利」の発見と宣言が、ハイチの黒人奴隷に「自分が人間であるという意識」を生み出し、それが植民地の奴隷制を掘り崩したことになる。

マルクスはそれと同じように、資本主義社会の労働者が「疎外」の状態を自分にふさわしくないものだと見抜く、そのような「並外れた意識」そのものが、「資本に基づく生産様式の産物」として歴史的に形成されるものだ、と言うのである。しかし、そのような批判的自覚は、いったいどのようにしてこの生産様式から生まれてくるのだろうか。

マルクスによれば、機械制大工業が発展するにつれて、生産は科学技術の進歩とその生産への応用に依存するようになり、「労働が生産過程のなかに内包されたものとして現れるというよりは、むしろ人間が生産過程それ自体に対して監視者ならびに規制者として関わるようになる」。そして最終的には「労働者は生産過程の主作用因であることをやめ、生産過程と並んで現れる」。その結果、「この変換のなかで、生産と富との大黒柱として現れるのは、人間自身が行う直接的労働でも、彼が労働する時間でもなくて、彼自身の一般的生産力の取得、自然に対する彼の理解、そして社会体としての彼の定在を通じての自然の支配、一言でいえば社会的個人の発展である」(S. 582. ②四八九—四九〇頁)。

つまり、資本主義の下での生産過程が一方では協業や分業という形態で集団化され社会化され、他方では科学技術の応用によって機械化され自動化されることを通して、個々の労働者の「直接的労働」を超えた、人間の社会的な協働の仕方と社会的な意識とが生み出される、と言うのである。そこに成立する「社会的個人」という人間存在の想定そのものが、一つの歴史的産物なのである。そのような歴史的展望からすれば、資本主義社会における「公正／不正」の意識もまた歴史的に特殊な一形態として相対化されることになる。

一八六四年から翌年にかけて書かれた『資本論』第三部草稿で、マルクスは、「取引の公正」を「自然的正義(natural justice)」だとみなす経済学者を批判し、次のように論じている。

「生産当事者たちの間で行われる取引の公正(die justice der transactions)は、これらの取引が生産関係から自然的帰結として現れ、彼らの共通の意志の発現として、また個々の当事者に対して国家によって強制されうる契約として現れるのであるが、このような法律的諸形態は、単なる形態として、この内容そのものを規定することはできない。このような形態はただこの内容を表現するだけである。この内容は、それが生産様式に対応し適合していさえすれば、公正

(gerecht) なのである。生産様式と矛盾していれば、それは不正(ungerecht)である。たとえば、奴隷を使うこと[奴隷制](Sklaverei)は資本主義的生産様式の基礎の上では不正である」(Marx 1863-65, S. 351-352. 四二三―四二四頁)。

つまり、時代を超越した普遍的な「自然的正義」があるのではなく、「公正」か「不正」かは、あくまでもその時代の生産様式に対応した、歴史的に相対的な価値判断だということである。「奴隷を使うことは資本主義的生産様式の基礎の上では不正である」ということは、逆に言えば、賃金労働者を雇用するのは「公正」だということである。

青年マルクスにとって「不正そのもの」と見えた事態は、資本主義社会では「公正」なものになる。彼は、改めてこの問題に取り組まなければならない。

4 「領有法則の転回」と「隠された奴隷制」

一八六七年に出版された『資本論』は、資本家と労働者との雇用関係を、商品の私的所有者同士の契約関係という「自由で対等な関係」だとみなすところから出発する。マルクスが試みたのは、資本主義社会における「公正」概念を前提としながら、資本主義的生産様式が労働者の労働を「搾取」することを通して、いかにその前提に反するものに転回していくか、を論証することだった。

マルクスはまず「商品交換に内在する諸法則」、つまり「等価物同士の交換」を出発点とみなす。これは「労働力を商品として売る」場合にも妥当する。「労働力の所持者と貨幣所持者とは、市場で出会って互いに対等な商品所持者として関係を結ぶのであり、……両方とも法律上では平等な人である」(Marx 1867, S. 120–121. 二二〇頁)。

そのためには、労働者は奴隷ではなく「自由な労働者」でなければならない。

「自由というのは、二重の意味でそうなのであって、自由な人として自分の労働力を自分の商品として処分できるという意味と、他方では労働力のほかには商品として売る物をもっていなくて、自分の労働力の実現のために必要なすべての物から解き放たれており、すべての物から自由であるという意味で、自由なのである」(S. 122. 二二二頁)。

しかし、生産現場に入るとどうなるか。「労働力の買い手は、労働力の売り手に労働をさせることによって、労働力を消費する」(S. 129. 二三三頁) のだが、「労働者は資本家の監督の下に労働し、彼の労働はこの資本家に属している。……また、第二に、生産物は資本家の所有物であって、直接生産者である労働者のものではない」(S. 136. 二四三頁)。

したがって生産現場の実態は、青年マルクスが「不正そのもの」とみなした「疎外」の状態である。しかし、資本主義社会の「公正」観念に従えば、ここには何の不正もない。

「貨幣所持者は労働力の日価値を支払った。だから、一日の労働力の使用、一日中の労働は、彼のものである。労働力は丸一日活動し労働できるにもかかわらず、労働力の一日の維持には半労働日しかかからないという事情、したがって、労働力の使用が一日につくりだす価値が労働力自身の日価値の二倍だという事情は、買い手にとっての特別の幸運ではあるが、けっして売り手に対する不法 (Unrecht) ではないのである」(S. 143–144. 二五四頁)。

マルクスは、労働者の一日の労働時間のうち、「資本家によってすでに支払われた労働力の価値の等価を生産する」部分を「必要労働時間」、労働者がそれを超えて労働する時間を「剰余労働時間」と呼ぶ。後者は、労働者が資本家のために「剰余価値」を生み出す時間である。必要労働時間に対する剰余労働時間の割合を価値の割合として表すのが「剰余価値率」であるが、「それゆえ、剰余価値率は、資本による労働力の搾取度、または資本家による労働者の搾取度の正確な表現なのである」(S. 163. 二八三頁)。

ここでは、マルクスの批判対象は明確に限定されている。ここで問題にされているのは、労働力商品の「公正な取引」の後に行われる「搾取」、つまり、「すでに支払われた労働力の価値」を超えて労働させられることであって、労働者の労働が資本家に従属しており、彼の生産物も資本家の所有となる、という「疎外」そのものではない。

ただし、ここが重要なのだが、マルクスは「搾取」そのものが「不正」だとは言わない。資本主義社会では、資本家が労働者をできるだけ長く働かせようとするのは、労働力商品の買い手としての資本家の正当な権利（Recht）であり、逆に、労働時間の外部で自らの生活時間を確保しようとするのは売り手としての労働者の権利である。

「つまり、どちらも等しく商品交換の法則によって保証されている権利対権利である。同等な権利と権利との間では力（die Gewalt）がことを決する。こういうわけで、資本主義的生産の歴史では、労働日の標準化は、労働日の限界をめぐる闘争——総資本家すなわち資本家階級と総労働者すなわち労働者階級との間の闘争——として現れるのである」(S. 181. 三〇五頁)。

しかしながら、この「階級闘争」は資本主義社会を前提として、その土俵の上で行われる闘争であって、労働時間の短縮を要求する労働者は、賃金に見合わない長時間労働を「不当」とみなしてはいるが、雇用労働そのものを「不正」とみなしているわけではない。そのためにはまだ論理的媒介項が必要なのである。それが「領有法則の転回」であった。

資本家は「貨幣所持者」として労働者の前に現れる。その貨幣所有を正当化するのは、ロックの言う「自己の労働に基づく所有」の権利である。資本家はその貨幣を資本として投下して労働者を「搾取」し、労働者が生み出した剰余価値を「利潤」として獲得する。そこまでは「不正」ではない。しかし、資本家は通常、回収した投下資本額に加えて、獲得した剰余価値の一部を「追加資本」とし、拡大した規模で再生産を行う。この追加資本は、資本家の自己労働の成果ではなく、労働者の剰余労働の成果である。つまり、資本家が労働者に対して支払いを行っていない労働部分の成果である。

そして、このような追加資本の投入による拡大再生産が一定期間繰り返されるうちに、追加資本の総額が、最初に投下された資本額を上回ることになる。つまり、資本家の投下する資本がすべて「過去の不払い労働」の成果の蓄積である時点が来る。その結果、「明らかに、商品生産と商品流通とに基づく取得の法則または私有の法則は、この法則自身の、内的な、不可避的な弁証法によって、その正反対物に一変するのである」(S. 472. 七五九頁)。

要するに、こういうことである。

「最初は、所有権は自分の労働に基づくものとしてわれわれの前に現れた。……所有は、今では、資本家の側では他人の不払い労働またはその生産物を取得する権利として現れ、労働者の側では彼自身の生産物を取得することの不可能として現れる。所有と労働の分離は、外見上両者の同一性から出発した一法則の必然的な帰結になるのである」(S. 473. 七六〇頁)。

マルクスが指摘するのは、労働者に対する「搾取」の繰り返しの中で、拡大再生産の過程を通して、資本家の貨幣所有を正当化していた根拠が消滅すること、それと同時に、他方では労働者にとって「労働と所有の分離」が構造的に再生産されること、である。搾取の反復が労働者からの所有剝奪を永遠化し、他方では所有剝奪が搾取を可能にする。これこそまさに、青年マルクスが「不正そのもの」と呼んだ事態にほかならない。

このことを論証した後、マルクスの口調は明らかに変化する。ここで改めて「疎外」という言葉が登場する。

「資本主義システムのもとでは労働の社会的生産力を高くするための方法はすべて個々の労働者の犠牲において行われるということ、生産の発展のための手段は、すべて、生産者を支配し搾取するための手段に一変し、労働者を不具にして部分人間となし、彼を機械の付属物に引き下げ、彼の労働の苦痛で労働の内容を破壊し、独立の力としての科学が労働過程に合体されるにつれて労働過程の精神的な諸力を彼から疎外するということ、……これらのことをわれわれは知ったのである」(S. 587–588. 八四〇頁)。

それだけではない。マルクスはさらに労働者の置かれた状態を「奴隷状態（Sklaverei）」とも呼んでいる。

「最後に、相対的過剰人口または産業予備軍をいつでも蓄積の規模およびエネルギーと均衡を保たせておくという法則は、……資本の蓄積に対応する貧困の蓄積を必然的にする。だから、一方の極での富の蓄積は、同時に反対の極での、すなわち自分の生産物を資本として生産する階級の側での、貧困、労働苦、奴隷状態、無知、粗暴、道徳的堕落の蓄積なのである」(S. 588. 八四〇頁)。

ここでの「奴隷状態」という言葉はたんなる比喩ではない。すでに見たように、マルクスは、「奴隷を使うこと(Sklaverei)は資本主義的生産様式の基礎の上では不正である」と明言していた。「領有法則の転回」が明らかになり、前提とされていた資本家の貨幣所有の正当性が崩れたいまとなっては、労働者が置かれた「疎外」の状態は「奴隷状態=奴隷制」に等しいものであり、したがって「不正」なものにほかならない、という強い主張なのである。

マルクスにとって「奴隷制(Sklaverei)」は何もアフリカやアメリカ南部に限った話ではない。「綿工業はイングランドには児童奴隷制を持ちこんだが、それは同時に、以前は多かれ少なかれ家父長制的[温情主義的]だった合衆国の奴隷経済を、商業的搾取制度に転化させるための原動力をも与えた。一般に、ヨーロッパにおける賃金労働者の隠された奴隷制は、新世界における文句なしの奴隷制を踏み台として必要としたのである」(S. 607. 九九一頁)。

こうしてマルクスは、資本主義的生産様式を「賃金労働者の隠された奴隷制」と断定するにいたった。彼は、「領有法則の転回」を論じることによって、資本家による「他人の不払い労働の私的所有」が「自己の労働に基づく私的所有」という貨幣所有の正当化原理と矛盾するものであることを明らかにし、それをもって、労働者からの「収奪（Raub）」（＝所有剝奪）を「不正」で「不当」なものだと指し示すことができたのである。

5　結　論——共同的存在の再獲得

それでは、マルクスにとって、資本主義社会が前提としてきた「自己の労働に基づく私的所有」それ自体は今でも「公正な」原理なのだろうか。彼は、独立自営農民や独立手工業職人の「自己の労働に基づく私的所有」がヨーロッパに存在したことは認める。しかし、資本主義の成立に伴って、「自分の労働によって得た、いわば個々独立の労働個体とその労働諸条件との癒合に基づく私的所有は、他人の労働ではあるが形式的には自由な労働の搾取に基づく資本主義的私的所有によって駆逐されるのである」（Marx 1867, S. 608–609. 九九四頁）。

したがって、「自己の労働に基づく私的所有」は、独立生産者の生産様式に適合していた限りで歴史的に「公正な」ものであった。問題は、資本主義が自ら駆逐した（そして今でも世界各地で日々駆逐しつつある）この古い私的所有原理を、自分自身の正当化のために掲げることにある（それを正当化しているのは、もちろん経済学者と法学者である）。

『資本論』第一巻の末尾で、マルクスは改めてこう指摘する。

「経済学は二つのひじょうに種類の違う私的所有を原理的に混同している。その一方は生産者自身の労働に基づくものであり、他方は他人の労働の搾取に基づくものである。後者は単に前者の正反対であるだけではなく、ただ前者の墳墓の上でのみ成長するものだということを、経済学は忘れているのである」(S. 610. 九九七頁)。

だからこそ、マルクスは『資本論』に「経済学批判」という副題を付けた。マルクスの理論の核心は、他人の労働の搾取に基づく資本主義的私的所有を正当化するイデオロギーとしての「経済学」に対する批判なのである。

それでは、到来するはずの新しい生産様式の下では、所有はどうなるのか。

「資本主義的生産様式から生まれる資本主義的取得様式は、したがってまた資本主義的私的所有も、自分の労働に基づく個人的な私的所有の第一の否定である。しかし、資本主義的生産は、一つの自然過程の必然性をもって、それ自身の否定を生み出す。それは否定の否定である。それは個人的所有を再建するが、資本主義時代の成果を基礎として、である。すなわち、自由な労働者の協業と、土地の共有と、労働そのものによって生産される生産手段の共有とを基礎として、個人的所有を再建するのである」(S. 609–610. 九九五頁)。

この「生産手段の共有を基礎とする個人的所有」は、他者の共有権を排除するという意味での私的所有ではない。それは同時に「社会的所有」(S. 610. 九九五頁) である。なぜなら、所有の権原となる労働はもはやたんなる「自己の労働」ではなく、「協業」だからである。『要綱』の言葉を使えば、これは「社会的個人」の労働であり、所有なのである。

マルクスにとって人間はもともと「共同的存在 (Gemeinwesen)」なのであり、「個人を一人の労働者、この身一つの状態にあるものとして措定することは、それ自体が歴史的所産なのである」

(Marx 1857–58, S. 379. ②一一九頁)。資本主義は、労働者を「この身一つの状態」にして搾取するが、同時に労働者の協業を組織することによって、新たな時代の可能性を形成する。『資本論』のマルクスは、資本主義に代わるものとして、「共同の生産手段で労働し、自分たち多数の個人的労働力を自分で意識して一つの社会的労働力として支出する、自由な人間の結合体〔協同組織〕(ein Verein freier Menschen)」(Marx 1867, S. 45. 一〇五頁)を想像した。青年マルクスが「人間的本質」と呼んだ人間の「共同的存在」は、これから到来する未来のプロジェクトへと変換されたのである。

第四章

贈与と分かち合い
——グレーバー『負債論』をめぐって

はじめに

アメリカの人類学者デヴィッド・グレーバー（David Rolfe Graeber, 1961–2020）の『負債論』の中におもしろい話が出てくる。グリーンランドの先住民イヌイットの集落で、狩人からセイウチの肉をもらったデンマークの探検家がその狩人にお礼を述べたところ、狩人は憤然と抗議して次のように語ったというのである。

「この国では、われわれは人間である。そして人間だから、われわれは助け合うのだ。それに対して礼を言われるのは好まない。今日わたしが得るものを、明日はあなたが得るかもしれない。この地でわれわれがよく言うのは、贈与は奴隷をつくり、鞭が犬をつくる、ということだ」(Graeber 2011, p. 79. 一一九頁)。

この話にグレーバーはこうコメントしている。

「これに似た貸しと借りの計算の拒絶は平等主義的な(egalitarian)狩猟社会についての人類学文献全般にみいだされる。狩猟民は経済的計算の能力ゆえにみずからを人間であると考えるかわりに、そのような打算の拒絶、誰が何を誰に与えたか計算したり記憶したりすることの拒絶に真に人間であることのしるしがあると主張した」(*ibid.*)。

この逸話は示唆的である。「資本主義の終わり」が始まった現在、「贈与経済」の再評価は一種の知的流行になっていて、贈与経済は市場経済あるいは商品交換と対比される形で肯定的に評価されることが多い。しかし、「贈与は奴隷をつくる」という言葉が意味しているのは、贈与はそれを受け取った側に「お礼」を述べることを強いるのであり、そのような「負債=負い目」の感情が支配従属関係をも生み出すことになる、ということである。

つまり、少なくともグリーンランドのイヌイットにとって、「贈与」と「助け合い」は厳格に区別しなければならないのであり、「助け合い」を維持するためには、贈与に対してお礼を述べるような関係そのものを拒否しなければならないのである。

グレーバー自身は、このイヌイットの事例について、それ以上の立ち入った分析をしているわけではないが、この問題はもう少し詳しく見てみる価値がある。

1　狩猟社会における「分かち合い」と贈与

「奴隷」を作らないようにするために、お礼を言うこと自体を拒否するというイヌイットの社会関係には、実はその前提として、人間に肉を与えてくれる野生動物とそれを受け取る人間との「互恵的な関係」が外部に想定されていて、それが人間同士の関係を拘束するという、もう少し複雑な仕組みがあるようだ。カナダのイヌイットを研究する文化人類学者の大村敬一（1966–）は、彼らの食物の「分かち合い」について、次のように述べている。

「この野生生物の「魂」は不滅だが、その「魂」が新たな身体に再生するためには、適切な意図と態度をもつ人間にその身体を食べ尽くされてしまわねばならないとされる。／そのため、人間が生きるために野生生物の身体を捕獲して食べることは、野生生物から見れば、自らの「魂」が新たな身体に再生することであり、この意味で、人間と野生生物は生業を通して相互に助け合う互恵的な関係にあることになる。……／ここで重要なのは、こうした人間と野生生物の互恵的な関係が成立するためには、ハンターが適切な態度と意図をもって生業に臨まねばならないと考えられている点である。ハンターの適切な態度と意図とは、ひとつには、野生生物に対して敬意を払うこと、二つには、その身体を食べ物として利用する意図をもつこと、最後には、その食べ物を独り占めすることなく、他の人びとと分かち合う意図をもつことである」（大村［二〇〇九］一〇四—一〇六頁）。

ここで重要な論点は、「他の人びとと分かち合う」ことが、「人間と野生動物の互恵的な関係」という想像上の関係によって命じられた「適切な態度と意図」の表現だと理解されていることである。このような倫理的行動規範を逆から言えば、「他の人びととの分かち合い」が行われないと、人間と野生動物との関係は「互恵的」なものではなくなってしまい、野生動物の「再生」(つまり食物の再獲得)が保証されなくなる、ということである。そのような循環論的な思考の構造について、大村は次のように説明している。

「イヌイトの生業は生存に必要な資源を確保するための技術的な過程であるだけでなく、イヌイトがイヌイトどうしと野生生物との関係を取り結ぶ社交の過程でもあるのである。しかも、この社交の過程では、人間どうしの関係と野生生物との関係は相互に循環的に依存し合っている。「真なる食べ物」を分かち合って人間どうしの社会関係を調整して維持するためには、野生生物からその食べ物が贈られねばならず、その食べ物が野生生物から贈られるためには、人間どうしで食べ物を分かち合って、野生生物の「魂」が新たな身体に再生するのを助けねばならない。イヌイトの社会関係の成り立ちは同時にイヌイトと野生生物の互恵的な関係の成り立ちであり、生業の実践という循環的な社交の過程は、人間の社会集団を野生生物と関係づけながら絶え間なく生成する装置になっているのである」(一〇七頁)。

ここで大村が、野生動物が自らの身体を人間に「贈る」と表現していることに改めて注意したい。野生動物は人間に「贈与」を行うのである。そうだとすると、野生動物と人間の間には支配従属関係が生まれるのだろうか。人間は「奴隷」になるのだろうか。

観念の上では、実際にそうなのだ。大村によれば、この「贈与」によって「野生生物が再生するために人間に命令するという非対称的な互恵的関係が成立する」。そして、それが人間同士の「分かち合い」を保証することになる。というのは、「この非対称的な互恵的関係が循環することによって、イヌイトは野生生物からの命令を媒介に、自分たちの間に支配的な立場の者が誰もいない対等な信頼の関係を成立させることができるからである。イヌイトは野生生物と非対称的な関係に入り、支配的な立場から命令することを野生生物に託してしまうことで、自分たちの間で誰かが誰かに命令することを徹底的に禁止し、自分たちの間から支配と従属の関係を追放しているのである」（二〇九頁）。

つまり、グレーバーの言う「平等主義的な狩猟社会」は、その「内部」における平等を維持するために、「外部」との「非対称的」な、言い換えれば「不平等」な関係を必要とする、ということになる。その関係を生み出すのが贈与なのだ。

大村はこの事態を次のように結論づける。

「食べ物の分かち合いによって生み出される対等に信頼し合う個人の集団は、集団の生成のはじめの契機から自らの外部を求めており、決して孤立した閉じた集団ではなく、外部とのコミュニケーションを常に求めている。イヌイトの生業のメカニズムは、贈与という集団間のコミュニケーションが、分かち合いによって生まれる対等な個人の集団にはじめから組み込まれており、食べ物の分かち合いこそが集団間のコミュニケーションを駆動していることを教えてくれる」（二一七頁）。

集団の「外部」との「贈与関係」、それに対して、集団の「内部」での「分かち合い」、というこの二重構造の意味をもう少し探る必要がある。

2 「第三項排除」

そもそも「贈与」は「集団間」の財の交換だと明言したのは、フランスの人類学者マルセル・モース(Marcel Mauss, 1872–1950)である。彼は「贈与論」の冒頭でこう述べている。

「わたしたちの経済組織や法体系に先だって存在してきたあらゆる経済組織・法体系においては、財や富や生産物が、個人と個人とが交わす取引のなかでただ単純に交換されるなどということは、ほとんど一度として認めることはできない。第一に、お互いに義務を負い、交換をおこない、契約を交わすのは、個人ではなく集団である。契約当事者となるのは、権利義務の主体となる資格が認められた集団である。対峙し合い、対立し合うのは、クランや部族や家族なのだ」(Mauss 1925, p. 36. 六七頁)。

現在の私たちが実際に行っているのとは異なって、贈与は本来、集団間の関係であり、集団内部の個人間の関係ではそもそもなかった、ということである。それでは、贈与の主体となる集団そのものは、どのような原理に基づいて形成されているのか。

食物としての身体を「贈与」してくれる野生動物の「霊=神格」をアイヌの人々が「カムイ」と呼ぶことはよく知られている。「犠牲」が「神」となって共同体の形成を可能にする行為を「第三項排除」と名づけたのは今村仁司（1942–2007）だった。彼は一九八九年の『排除の構造』で、ヴァルター・ベンヤミンの『暴力批判論』（野村修訳、晶文社、一九六九年）とエリアス・カネッティの『群衆と権力』（岩田行一訳、法政大学出版局、一九七一年）に依拠しながら、「犠牲を要求する暴力」によって「人間の組織化に働くスケープゴート・メカニズム」を「第三項排除」として一括した（今村［一九九二］二七―二八頁）。

今村は、この「スケープゴート・メカニズム」が「神」という観念を生み出すことの意味を、次のように説明している。

「「神」観念は、社会形成の論理に即して考えるかぎり、共同体の起源にある犠牲者の肉と霊にある。……スケープゴートが全員一致と全員参加の下にいけにえにされることが、原初的な「神格」の発生のメカニズムであり、スケープゴートが「神」となり、それを喰うことで人も聖なる空間に関与することが可能になる。現実的な起源の具体的証拠は、日本史のなかで見つけることはもはや不可能であろうが、「一味神水」の儀礼の身振りを見れば、スケープゴート儀礼の筋道だけはみごとに保存されている」（二八九頁）。

先ほどのイヌイットの例で言えば、野生動物が「スケープゴート」として「神」となり、それを共に食することで共犯者となったイヌイットの人々の内部では、「平等主義」と「助け合い」が神から与えられた規範として機能する、ということである。

今村が例に挙げる「一味神水」というのは、中世の日本で「一揆」や「惣結合」などの一致団結（「一味同心」）を行う際に参加者が行った誓約の儀式のことである。一味同心に参加する人々は神社の境内などに集まり、誓約を記した「起請文」に全員で署名し、それを神前に捧げる。その後、起請文を焼いて灰にして、やはり神に捧げた「神水」(あるいは代用品として神酒)に混ぜ、それを全員で回し飲みした。これが「一味神水」である。神前での神水の回し飲みは、神と人、そして「一味同心」の仲間との共同飲食を通した一体化を促し、また神前での誓約は、約束を違えた場合には神罰を受ける、という意識を参加者にもたらした(勝俣[一九九二]参照)。

再びイヌイットの例で言えば、「分かち合い」をせずに野生動物=神を独り占めする人間が出た場合には、神との約束に違反した「神罰」として、野生動物の「再生=再来」が途絶えることになるわけである。したがって、そのような独り占め(所有的個人主義)は抑止されなければならない。このように見てくれれば、イヌイットの社会の「平等主義」と「分かち合い」は、まさに倫理的規範を強いる「命令者=神」を社会の外部に排除すること(今村の言う「第三項排除」)によって成立していることが確認できるだろう。

しかし、このような「第三項排除」が行われるのは、狩猟社会や歴史的過去(中世の日本)に限られるわけではない。今村によれば、「第三項排除」は「どんな社会形態も必ず通過する」(今村[一九九二]一〇九頁)ものであり、近代社会も同じ論理に支えられているのである。「極端な図式化をあえておこなうなら、人類の経済活動は二つの対照的構図をもつ。ひとつは、スケープゴート効果を贈与経済形式で処理する構図であり、もうひとつは、スケープゴート効果を商品・貨幣・資本の形式で処理する構図である。贈与(ドン)と交換(エシャンジェ)とは、根本的に異質の経済形式である。したがって、第三項排除=スケープゴート効果の発現形態も全く異なる」(一九〇頁)。

今村は、「近代貨幣が、ほとんど結晶化された形での第三項排除効果を実現している」(一〇九頁)と述べている。しかし、グリーンランドの野生動物や北海道の「カムイ」とは違って、近代の「神」である貨幣が私たちに「分かち合い」を命じているわけではない。それが助長しているのは、むしろ「所有的個人主義」である。それでは、私たちが互いに分かち合い、助け合う社会を再構築するためには、何が必要なのだろうか。

3 共同体に先行するもの

ここでもう一度、イヌイットの例に戻ることにしよう。彼らは、「外部」との贈与関係を想定することで、支配従属関係を周到に回避し、共同体内部の対等な「分かち合い」を維持していた。そのような共同体の形成が「第三項排除」の効果であることは、今村の言うとおりかもしれない。しかし、そのような共同体に先行するものはないのだろうか。

マルクス主義歴史学は、人類史の出発点に「原始共同体」の存在を想定してきた。日本史学も例外ではない。しかし、中国史家の足立啓二(1948–)によれば、「こうした見解は、ムラ・イエを始めとする共同体が中世以降の産物であったという認識が一般的に共有されるに至って、もはや過去のものになったと言える」(足立[二〇一八]九一頁)。

さまざまな人類学の成果に依拠しながら足立が人類史の出発点に位置づけるのが、共同体よりも緩やかな家族の集りとしての「バンド」である。

「バンドは周知の通り、一部複婚を含む単婚的家族が幾つか集まって作る父方居住の集団で、バンドをこえる上位の集団を持たない。特定のバンド間には婚姻関係からする親近性が存在しているが、組織を形成してはいない。バンド社会の特色は、集団の固定性が著しく低いことである。夫婦の結合も固定性に乏しく、多くは夫または妻が同居生活を離脱すれば、夫婦は解消したものと見做される。しかし家族結合以上に、家族間結合は不安定である」(一〇三頁)。

このようにして狩猟採集生活を送るバンドを支えているのは「相互依存状態」だという。

「獲物は狩猟参加者の間で一定の習慣に基づいて第一次的に分配され、キャンプに持ち帰られた第一次分配物は、血縁者・近隣者等に行きつ戻りつ徹底して二次分配され、特殊な部位を除いては、結果的にキャンプの隅々まで、まんべんなく分配されてしまうという。さらに各家庭に持ち帰られた肉は、女たちによって調理され、キャンプ広場の中心に集まる男たちの所にもたらされ、この似たり寄ったりの調理品を、男たちは廻しながら、いわば再度分配して食べるのである。合理的感覚からは不必要なまでに徹底した互酬原理に基づく分配が、集団を成り立たせている。同時にこれは、全くストックを持たず、したがって家族員の働き手に故障のある時には直ちに危機に瀕する家族経済に、不可欠の安全装置を準備している」(一〇三―一〇四頁)。

このような「徹底した互酬原理」に基づいた「相互依存状態」を維持するには、やはり「外部」との贈与関係が必要なのだろうか。しかし、このバンド社会では「強制」や「命令」そのものが忌避されている、という研究もある。そうだとすれば、バンド社会は「第三項排除」以前の人類の生活のあり方を表現しているのかもしれない。文化人類学者の寺嶋秀明(1951-)は、バンド社会における「個人的自由と主体性」について次のように述べている。

「狩猟採集民の特性として明らかになってきたのは、個人と家族の自立や行動の自由、そして個人間の平等性の強調である。狩猟採集社会では「強制」ということがない。人は基本的には他人の意志に左右されることなく行動することができる。他人に命令されることを嫌い、他人に命令することも避ける。これは狩猟採集民の代表的な価値観である平等主義（egalitarianism）の現れのひとつであるが、バンドの流動性もそこを源泉としている。あるバンドに所属するのも、また、そこから出て行くのも個人の選択であり、個人の決断である。そのような個人的自由と主体性に支えられた選択の結果としてバンドの流動性が生まれている」（寺嶋［二〇〇九］一九二頁）。

先に引用した足立の文章から想像されるのは、「家族員の働き手に故障のある時には直ちに危機に瀕する」バンド社会の生存条件の厳しさだが、寺嶋の描くバンドは印象が異なる。その「流動性」を可能にするのは、むしろ生存の容易さだというのである。

「狩猟採集社会では、拘束が苦痛となる場合には、かなり自由にそこを抜け出すことができる。個々人の絆のネットワークがそれを可能にしている。狩猟採集民の自立や自由の根本には、必要とあればしばらくの間は一人あるいは一家族でも、なんとか生きていけるという狩猟採集生活の生態学的特性が存在していることはまちがいない。そして、たぐられるべき絆のネットワークが存在する。狩猟採集民の自在な離合集散性は、絆における受容と拘束のパラドックスを解決するひとつの有効な手段であるとみることができるだろう」（一九九頁）。

そうだとすれば、このような「共同体」以前の人間の「絆のネットワーク」を可能にするものは何なのだろうか。日本の中世史家の桜井英治（1961–）は、人類の歴史の中に「互酬性の原理」が繰り返し表れることを指摘したうえで、「互酬性原理自体の根強さと普遍性」の根拠について、次のように述べている。

「この原理がなぜ世界のあらゆる地域、あらゆる時代にくりかえしあらわれるのかといえば、それが人類のきわめて原始的な部分に由来しているからなのではないだろうか」（桜井［二〇一七］二二四頁）。

互酬性が「人類のきわめて原始的な部分に由来している」ということは、つまり「本能的」だということである。桜井は次のような脳科学の最新研究を紹介している。

「脳科学者である春野雅彦とクリストファー・D・フリスの研究によって、人間が不平等を感じるのは、大脳のうち、進化的に新しい領域である大脳皮質ではなく、原始的な領域である皮質下の扁桃体においてであることが解明されている。……この研究の衝撃的なところは、ひとつには社会性や公平性のような人類特有の思考と考えられていたものが、思慮深い自己制御の結果ではなく、じつは原始的、動物的な反応にすぎないことを浮き彫りにした点である。本研究の最大の成果がこの発見にあることはいうまでもないが、ただ私の関心からいうと次の点もこれに劣らず衝撃的である。それは、不平等には、自分が損をしているばあいだけでなく、得をしているばあいも含まれるということ、つまり向社会的な人は損をしても得をしてもストレスを感じるという点である。これによれば、唯一平等だけがストレスのない状態ということになろう」（二五頁）。

人間は不平等にストレスを感じる動物であり、本来的に平等を指向する動物なのだとしたら、「分かち合い」や「助け合い」こそが「人間的な」行動だということになる。ただし、食物の分かち合いをするのは人間だけではないらしい。

サル類の集団との比較を通して、人類社会の進化史的研究を行っている人類学者の北村光二（1949–）によれば、「食物分配を、親が子に餌を与えることという場合も含めて考えると、それは動物界に広く認められる現象だということになるが、チンパンジー属（チンパンジーとボノボ）の食物分配は、オトナの間で日常的に行われる相互行為であるという点で、それらとは一線を画する現象だといえる。そしてそれは、系統的に近縁なサル類でほとんど認められないという背景のもとで、ある種唐突に成立し、人間社会における食物分配や贈与という現象に直接繋がっているものなのである」（北村［二〇一三］二五〇頁）。

このような脳科学や霊長類学の成果に従えば、「平等主義」や「分かち合い」として表現される「互酬性原理」は、霊長類のチンパンジー属とヒトとに本能的に備わった心的状態であり行動規範だ、ということになるだろう。したがって、現に存在する資本主義やそれを支える所有的個人主義は、人間の本源的な社会性からは逸脱した、ストレスの強い社会状態だということになる。そうだとすれば、私たちがそれを修復して、人間にとっての本来的なあり方を回復することも不可能ではないはずである。

4　本源的社会性としてのコミュニズム

ここで再びグレーバーの『負債論』に戻ることにしよう。人間の本源的社会性に基づく社会構築について考えるうえで、もう一つのヒントになるのが、グレーバーの言う「コミュニズム」である。彼はそれを、「〈各人はその能力に応じて［貢献し］、各人にはその必要に応じて［与えられる］〉という原理に基づいて機能する、あらゆる人間関係」と定義している。彼によれば、それは「程度の差こそあれあらゆる人間社会に存在するもの」であって、「あらゆる社会システムは、資本主義のような経済システムさえ、現に存在するコミュニズムの基盤のうえに築かれているのだ」(Graeber 2011, pp. 94–95. 一四二―一四三頁)。

グレーバーの挙げる例がわかりやすいので、そのまま引用してみる。

「なんらかの共通のプロジェクトのもとに協働しているとき、ほとんどだれもがこの原理にしたがっている。水道を修理しているだれかが「スパナを取ってくれないか」と依頼するとき、その同僚が「そのかわりになにをくれる?」などと応答することはない。……その理由はたんに効率にある（これを「コミュニズムは端的にうまくいかない」という旧来の思考に照らして考えると実に皮肉である）。真剣になにごとかを達成することを考えているなら、最も効率的な方法はあきらかに、能力にしたがって任務を分配し、それを遂行するため必要なものを与え合うことである。ほとんどの資本主義企業がその内側ではコミュニズム的に操業していることこそ、資本主義のスキャンダルのひとつである、ということさえできる」(pp. 95–96. 一四三―一四四頁)。したがって、グレーバーの言う「コミュニズム」は、食物の「分かち合い」としてよりも、まずはその前提となる労働の現場での「協働＝助け合い」という形で表現される人間関係なのである。グレーバー自身の表現によれば、「実に、コミュニズムこそが、あらゆる人間の社交性［社会的交通可能性］(sociability) の基盤なのだ。コミュニズムこそ、社会を可能にするものなのである」(p. 96. 一四四頁)。したがって、これもまた人間の本源的社会性の一表現だということになる。

そのような意味で、グレーバーはこれを社会体制としての「共産主義社会」と区別して、「基盤的コミュニズム (baseline communism)」(p. 98. 一四六頁) あるいは「日常的コミュニズム (everyday communism)」(p. 326. 四八二頁) と呼んでいる。彼は、「わたしたちはみな、親しい友人のあいだではコミュニスト」だと言うのだが、問題は、それを「親しい友人」の範囲を超えた何らかの「共同体」にまで広げることができるかどうか、ということだろう。

ここでもう一度イヌイットの「分かち合い」に戻ってみよう。大村敬一は、実は次のように言葉を続けていた。

「これまで検討してきたように、イヌイトは当然のこととして食べ物を分かち合っているのではない。そうしなければ、その食べ物を贈らないという野生生物からの厳しい命令のもとで分かち合っているのである。そして、少なくともひとつでも、このように分かち合いに命令を必要とする社会があるということは、分かち合いが人類にとって当たり前の必然ではなく、何らかの規範を必要とすることを雄弁に物語っている」(大村［二〇〇九］一一四頁)。

私たちにとっての問題は、大村の言うように「人類が対等な関係で結ばれた集団を生み出すためには、その対等な関係から外れた外部が必要である」(二一六頁)のかどうか、ということになるだろう。つまり、人間には本源的な社会性があるとしても、一定の大きさをもつ共同体を形成するためには「第三項排除」は不可避なのか、ということだ。

グレーバーもまた、「共同体(community)」はつねに他の共同体との対立関係において存在することを認めている。そのうえで彼は、「だがそれらが共同体である以上、必然的に相互扶助(mutual aid)に基づいて成り立っている」(Graeber 2011, p. 326. 四八二頁)とも述べている。さらに足立啓二も、現在の資本主義が人間の共同性を急速に蝕みつつあることを指摘しながら、次のように述べている。

「社会を越えて自己運動を始めた資本を、再度社会の管理の中に埋め込むことが必要である。もしもそれが可能であるとするならば、現在までのところ、それをなしうる最も強い力は発達した共同体的規範能力を除いてはない」(足立［二〇一八］二九五頁)。

いずれにしても人類学や歴史学は、人類が長い間、種としての動物的本性に従って、あるいはむしろ周到に配慮しながら、平等主義的な「共同体」を形成して「分かち合い」を続けてきたことを明らかにしている。そのような経験に学びながら、新しい「共同体」をこれからどのように再構築することができるのか、まだまだ考える余地がありそうだ。

II 未来社会の構想

第五章

アソシアシオン・個体的所有・貨幣

1 「アソシアシオン」との出会い

私が「アソシアシオン」という概念に関心を抱くようになった直接のきっかけは、一九七六年に一九世紀ドイツの思想家、革命運動家ヴィルヘルム・シュルツ（Wilhelm Schulz, 1797–1861）の『生産の運動』（一八四三年）を読んだことだが、動機としては、これはほとんど偶然に近い。

そもそもシュルツへの私の関心は、廣松渉や良知力、山中隆次といった人たちの研究成果が次々に出版されて熱気を帯びていた初期マルクス研究に、自分も参加したいという無謀な野心を抱いたことから来ている。当時の流行に乗ってマルクスの『経済学・哲学草稿』を主対象として修士論文を書こうとしていた大学院生にとって、この草稿でたびたび引用されながら長い間稀覯本にとどまり（廣松渉もオーギュスト・コルニュからの孫引きで済ませていた）、一九七四年にようやく復刻版が刊行されたばかりの『生産の運動』は、先行研究に対して自分の論文の独自性を主張するための絶好の素材だと思われたのである。

この書を読み、さらに、当時はまだ大学院生が直接に書庫内で本を検索することが許されていた一橋大学のメンガー文庫に入り浸って、一八四〇年代の雑誌などに掲載されたシュルツの論文を探して読んでいるうちに、「アソシアシオン」という言葉が、ドイツのこの時代の一つのキーワードとして私の中で形を整えてきた。この言葉は、早くはフランスのシャルル・フーリエ（Francois Marie Charles Fourier, 1772–1837）によって一八〇八年に社会変革のヴィジョンとして唱えられ、一八三〇年代にはサン＝シモン派が「社会主義」という新造語とともに社会変革のスローガンとして掲げたフランス語であるが、シュルツはすでに一八三七年に「フーリエの社会理論——オウエンおよびサン＝シモン派の学説との比較」という論文で「アソシアシオン」の思想をドイツに紹介していたのである。このことを知ると同時に、マルクス研究の副次的材料という当初の位置づけを超えて、シュルツの思想のおもしろさと重要性に、私自身がいわばはまりこんでいった。こうして私の修士論文のテーマは、初期マルクス研究からシュルツ研究へとシフトする。それは同時に「疎外論」から「アソシアシオン論」へのシフトでもあった。

2 共産主義か社会主義か

『生産の運動』は、シュルツをヘーゲル左派の理論家モーゼス・ヘス（Moses Hess, 1812–1875）との論争に巻き込むことになった書である。論争の直接のきっかけは、ヘスが主張していた「行為の哲学」をシュルツが批判したことにあるが、それが後に「貨幣の廃棄」をめぐる論争へと発展し、その結果、生産＝交通様式の在り方をめぐる、シュルツとヘスそれぞれの社会変革の構想の全体像の全面的対立を必然化する。一八四三年に始まって一八四七年まで続くこの論争において、シュルツが同時代人に突きつけたのは、資本主義の弊害を克服しうる「新しい社会」は「労働者のアソシアシオン」か「財産共同体」か、という二者択一であった。

この論争とそこで示されたシュルツの思想を、私は一九八五年の論文「W・シュルツの所有の歴史理論」と一九八八年の論文「ヘスとシュルツ」（ともに『熊本大学文学部論叢』に掲載）で明らかにし、これらはほぼそのままの形で私の最初の著書『シュルツとマルクス――「近代」の自己認識』（新評論、一九九〇年）に第七章と第八章として収録した。一九八九年の共著『アソシアシオンの想像力』（平凡社）の第五章は、『シュルツとマルクス』全体の序論的要約である。

ヘスとシュルツとの論争は、思想史の文脈でいえば、ドイツ初期社会主義の内部での共産主義と社会民主主義との対立であるが、それは実は、一八四〇年前後にフランスで開始された共産主義と社会主義との対立のドイツ語版である。これは、ともに目の前にある資本主義社会を批判し告発しながら、それに取って代わる社会において「自由」と「平等」とをどのように調和させるか、という問題をめぐる思想的原理の対立であった。

それは、①社会形成の原理においては、「いっさいの生活の絶対的統一」を前提としての共同体＝コミューンへの帰属か（ヘス）、それとも「個性」ないし個人の自発性を重視する自由な協同体＝アソシアシオン形成か（シュルツ）、という対立を意味し、②その内部での生産と享受に関しては、共同体への帰属を要件とする「各人には必要に応じて」という原理か（ヘス）、それとも個体性に立脚した「各人にはその能力（ないし労働）に応じて」という「個体的所有」の原理か（シュルツ）、という対立を伴い、③生産＝交通の全社会的編成をめぐっては、貨幣を廃棄した一つの中心（中央管理機関）による直接的「再分配」か（ヘス）、それとも市場での貨幣を媒介とする「交換」と国家による「再分配」との組み合わせか（シュルツ）、という対立を意味するものであった。

対立するこの二つの思想、二つの原理のどちらに加担するか、あるいは対立をどのように「止揚」するか、ということは、一九世紀を通して一つの思想的課題であり続けたのであり、マルクスもまた、生涯を通してこのような課題の前に立ち続けていた。マルクス以後もなお、マルクス主義をはじめとする二〇世紀の革命諸思想を悩ませた問題は、問題としてはすでにここで出尽くしている、と言ってもいい。

3　マルクスの「アソシアシオン」論

それでは、ほぼ一世紀にわたってその名が「社会主義」と結びつけられてきたマルクス自身は、この外来の概念をどのように理解し、受け入れていったのだろうか。それを了解することが、私の次の課題となった。一九九四年の論文「マルクスのアソシアシオン論」（岡村東洋光他編『制度・市場の展望』昭和堂、所収。後に、植村［二〇〇一］に第三章として収録）が、それに対する私なりの答えである。

マルクスが自分の言葉としてはじめて「土地や地所に適用されるアソシアシオン」に言及したのは一八四四年の『経済学・哲学草稿』であり、そこで彼は、農業生産協同組合の生産力的優位を論じたシュルツのアソシアシオン論と、「真の個体的所有の再建」を繰り返し主張していたヘスの所有論との思想的接合をはかっている。彼は、思想的原理の二者択一を迫る対立の鋭さをまだ切実には感じ取っていないように見えるが、ともあれ、従来の「共産主義」と「社会主義」とをどのように総合し、批判的に乗りこえるかが、ここで自覚された問題意識であった。そして、この両者の間での揺れ動きの過程がその後のマルクスの思想的生涯だった、と言ってもいい。

詳細については私の著書（植村［二〇〇一］）を参照していただきたいが、一八四八年のヨーロッパ革命の勃発と挫折を挟む一八四〇―五〇年代に「アソシアシオン」評価の大きな揺れ動きを見せた後、マルクスにとって重要な思想的対立点は、ビュシェ派の「労働者生産協同組合」やオウエン派の「協同組合工場」が重視する労働者の自発性・自主管理と、ヘスやフリードリヒ・エンゲルス（Friedrich Engels, 1820–1895）たちの「財産共同体」論が想定する、「国家が自ら総体的所有者」となり「管理当局が社会生活の全体をそのすべての面にわたって管理する」（エンゲルス）ような中央集権的システムの構想との間にあった。そして、マルクスにとって最終的な解決の鍵となったのは、一八四〇年代半ばにその思想を知り、『共産党宣言』で高く掲げられた「一つの［普遍的］アソシアシオン」というサン＝シモン派的な社会変革の理念であった。

一八六〇―七〇年代に書かれた経済学批判諸草稿や国際労働者協会関係の諸文書から判断するかぎり、マルクスは、労働者が自発的に形成する個々の協同組合工場や農業生産協同組合そのものを、社会変革の過渡期における「一つのアソシアシオン」として積極的に評価している。この場合、国民的社会全体では、具体的な生産の組織形態としての「複数のアソシアシオン」が存在することになる。しかしながら、他方で彼は、社会全体が「一つの意識的で計画的なアソシアシオン」となるというサン＝シモン派的理念を決して放棄しなかった。したがって、「複数のアソシアシオンからなる一つのアソシアシオン」こそ、変革された社会の構想となる。それは、いったいなぜなのか。

マルクスには、『経済学・哲学草稿』から『資本論』にいたるまで一貫して、「個体的所有の再建」が「個人の全面的で自由な発達」を保証するものとして不可欠だ、という思想がある。そしてシュルツと同様に、マルクスにとっても、「アソシアシオン」こそ「個体的所有の再建」を保証する社会形成と生産組織の原理であった。そうだとすれば、ヘスやエンゲルスらが唱える中央集権的な全面的国有化は、個人の自由の抑圧を結果するものにしかならないであろう。しかし、他方では、たとえ個々の生産協同組合が「労働者が自主的に創設したもの」であっても、現在の社会と国家が資本制生産に基づき資本家階級が支配するものであるかぎり、個々の孤立した試みは全般的な社会変革にはつながらず、敗北を重ね続けるか、そうでなければ再び資本制生産に逆戻りするほかはない。これが、資本主義の批判的分析を通して得られたマルクスの現実認識であった。

とするならば、マルクスにとって、社会形成の原理は全般的「財産共同体」ではなく自発的「アソシアシオン」でなければならないが、ただしそれは国家権力の掌握を通して、国民的規模で計画的なものにならなければならなかったのである。これは分権と集権、あるいは個人と国家との微妙で危ういバランスの上に立つ構想であった。こうして国家権力の掌握による現在の生産諸条件の変革、土地の国有化と生産手段の国民的集中による「一つのアソシアシオン」の最終的な実現、これがマルクスの結論となったのである。

4 「ユートピアン」マルクス

マルクスは、このような意味において「アソシアシオン」論者であった。しかしながら、一八四〇年代のフランスやドイツの「アソシアシオン」論者が反・共産主義者であったのに対して、マルクスは『共産党宣言』の著者であり、パリ・コミューンに際しても、コミューンが目指したとされる「一つの共同的計画に基づいて全国の生産を調整する諸協同組合の連合体（united co-operative societies)」、すなわち「複数のアソシアシオンからなる一つのアソシアシオン」を、「可能な共産主義」と呼んではばからなかった。それでは、「アソシアシオン」論者マルクスは、なぜ「共産主義者」と自称し続けたのだろうか。その鍵は、マルクスが一八五〇年代から使うようになる「アソシアシオンを形成した＝直接に社会的＝共同体的」という「新しい生産様式」の内容を示す等式にある。

一八四〇年代の「社会主義者」と「共産主義者」とを分かつ重要な論点の一つは、貨幣の廃棄にある。貨幣は人間を一定の量＝数字に還元するものであり、人間的本性の疎外である、という認識は、共産主義者の共通認識であった。社会的分業に基づく商品交換それ自体が、交換価値と貨幣を生み出すことによって疎外と物象化を必然化するのであれば、それらを廃棄するためには、原因である商品交換関係そのものを廃棄しなければならない。「財産共同体」と中央集権的計画経済の構想も、「各人にはその必要に応じて」という分配原理も、すべては商品交換と貨幣の廃棄を可能にするはずの手段であり、その結果であった。貨幣の廃棄は、当時の共産主義者の共通の目的だったのである。

マルクスも、「愛をただ愛とだけ、信頼をただ信頼とだけ交換する」ことを夢見た一八四四年から、「個人的な労働は、もはや間接にではなく直接に総労働の構成部分として存在する」がゆえに「生産物に費やされた労働は、これらの生産物の価値として、すなわちその生産物が有する一つの物象的属性として現れることもない」はずの「協同組合的社会＝共産主義社会」について語る一八七五年にいたるまで、価値と貨幣が不要になる世界を希求する「ユートピア的意識」を手放すことはなかった。この意識こそが、「アソシアシオン」を、価値と貨幣の媒介のない「直接に社会的＝

共同体的」な生産様式、すなわち「共産主義」と同一視することを、いわば要請したのである。

たしかに、貨幣の廃棄は即座に実行できるし実行すべきだ、と考えた初期の共産主義者とマルクスとの決定的な違いは、自らの究極的目標への時間的距離感覚にあった。しかしながら、「アソシアシオン」と「共産主義」とを「直接に社会的＝共同体的な生産様式」という一語でもって総合＝止揚しようとするかぎりで、マルクスの思想は間違いなく「ユートピア的」であった。

5 「アソシアシオン」の可能性

東欧「社会主義」体制崩壊から三〇年後の現在、この間「アソシアシオン」論研究はマルクスの救出と社会主義思想の再活性化の一つの切り札であるかのように活況を呈した。私自身もかつてそう考えて「アソシアシオン」思想研究の流れに棹さしたし、いっそうの研究の深化が望ましいと思う。一九九四年に出版された田畑稔の先駆的な業績である『マルクスとアソシエーション』(新泉社)は版を重ねて大きな影響力をもち、二〇一五年にはその増補新版が出版されるにいたった。二〇二一年には、柄谷行人が『ニュー・アソシエーショニスト宣言』(作品社)を出版している。

しかし「アソシアシオン」は、具体的な組合組織から抽象的なユートピア理念まで十人十色の多様な意味を含み、その多様性の究明こそが研究対象となるべき思想である。したがって、今ここで変革の理念として、あるいは運動結集の旗印として、この言葉を掲げることの有効性については、私には疑問がある。かつての「市民社会」論の場合もそうだったが、重要なのはむしろ具体的な構想と実践的課題の設定・提示そのものだろう。つまり、自由と平等を、あるいは公正と効率を、両立させる社会形成の具体的展望である。つまり、未来のプロジェクトの具体的な肉づけである。名づけるのは、その後でいい。

第六章
「ファーガスンとマルクス」再考

はじめに――ファーガスンは「スミスの教師」？

よく知られているようにマルクスは『資本論』第一篇第三章の脚注六二で次のように述べている。

「A・スミスは彼の著書を職務上では分業の礼賛で始めている。後になって、国家収入の源泉を論じている最後の篇〔第五篇〕では、彼は折にふれて、彼の師（sein Lehrer）であるA・ファーガソンの分業の非難を再生産している」(Marx 1867, S. 82. 一六一頁)。

マルクスは『資本論』第四篇第一二章でも、「A・スミスの師（der Lehrer A. Smiths）のA・ファーガソン」(S. 288. 四六四頁)、「分業の不利な結果を説いたA・ファーガソンの弟子として(als Schüler A. Fergusons)、スミスはこの点についてはまったく明瞭だった」(S. 296. 四七六頁)、と同じような表現を繰り返している。

マルクスはなぜ、一八世紀スコットランドの啓蒙思想家アダム・ファーガスン(Adam Ferguson, 1723–1816)を「スミスの教師」だと考えたのか。彼はファーガスンからどのような影響を受けたのか。この問題は、百年近くにわたって多くの研究者によって論じられてきたが、必ずしも説得力のある答えが提出されたわけではない。

その間、特に一九八〇年代以降、国際版『マルクス・エンゲルス全集』(MEGA)によってマルクスの草稿群やノート類が出版され、マルクスに関する新しい情報が開示されてきた。それらを踏まえて、ここ一〇年の間にファーガスンとマルクスの関係を論じる新しい研究がいくつか現れた。本章の目的は、それらの研究の意味を問うことである。

1　マルクスのスミス読解

そもそもマルクスはいつどのようにアダム・スミスを読んだのか。彼が一八四四年の春にパリで一八〇二年出版のジェルマン・ガルニエ(Germain Garnier, 1754–1821)訳フランス語版『国富論』を購入して読みながら作成した抜粋ノートが、MEGA第四部第二巻に収められた(Marx 1844b, S. 332–386)。抜粋は、フランス語原文のままとマルクスによるドイツ語訳とが混在しているが、内容は、フランス語版第三巻にあたる『国富論』第四篇「政治経済学の諸体型について」までで、第四巻に収められた第五篇は表題をメモしただけで本文からの引用はない。マルクスはその後、一八四四年の五月末ないし六月初めから八月までの間に『経済学・哲学草稿』を執筆し、その第一草稿「労賃」欄と「資本」欄で、この『国富論』抜粋ノートを利用した。ただし、引用・言及されているのはガルニエ訳の第一巻と第二巻（『国富論』第一篇と第二篇）だけである（Marx 1844c, S. 190. 一八頁、S. 202–203. 二四頁）。

マルクスはその後、一八四四年夏ないし秋に執筆された「ミル評注」でも、スミスの「商業社会」概念に批判的に言及している（Marx 1844e, S. 453. 三七〇頁）。

ロンドン移住後の一八五一年、マルクスは改めて二種類の『国富論』英語原書からの抜粋ノートを作成した（MEGA第四部第八巻所収）。抜粋は一八三六年のウェイクフィールド版の第一篇から（Marx 1851, S. 272–284）と一八二八年のマカロック版の第二篇から（S. 284–288）で、分量的にはあわせてノート一六頁分程度とわずかである。英語の原文を確認することが目的だったのかもしれない。

その後、マルクスは一八六一―六三年に執筆した『経済学批判草稿』中の「分業論」草稿（MEGA第二部第三巻第一分冊）で再度『国富論』と本格的に取り組む。その際、彼はスミスの分業論を検討するために改めて第五篇を含む『国富論』全体を読み直し、かなりな分量の抜粋を作成し、これにコメントを加えているが、使われたのは再びガルニエ訳のフランス語版だった。たとえば、次のような箇所では、ガルニエ訳のフランス語の文章がそのまま引用されている。

「A・スミスは二つの意味の分業を区別しない。したがって彼の場合、後者の意味の分業も資本主義的生産に特有なものとしては現れない。／彼がその著作の冒頭においている、分業についての章（第一巻第一章）（分業について［De la Division du travail］）は、次の文章で始まる。／「社会の仕事全体のなかでの分業の効果は、いくつかの特定の製造業でそれがどのように作用しているかを考察することによって、いっそう容易に理解されるだろう」［Smith 1802, tome I, p. 11. 岩波文庫版『国富論』の翻訳では第一分冊二三頁にあたる］」（Marx 1861–63, S. 243. 四二八頁）。この『国富論』からの抜粋とスミスに対する評価は、ほぼそのまま『資本論』の「分業とマニュファクチュア」章で再利用されている（Marx 1867, S. 283–284. 四五七―四五八頁）。

2　マルクスのファーガスン読解

他方、マルクスがファーガスンに初めて言及するのは一八四七年の『哲学の貧困』であり、その第二章第二節で彼は、「ファーガソンの弟子（élève）であるアダム・スミスよりも一七年前に、このファーガソンが、特に分業を論じている一章で、分業の弊害をはっきり説明している」と書いている（Marx 1847, p. 123. 一五一頁）。そして、マルクスはそれに続いて、一七八三年に出版されたファーガスンの『市民社会史論』のN・ベルジエ（Nicolas-Sylvestre Bergier, 1718–1790）訳のフランス語版から、次のような文章を引用している。

「製造業が最も繁栄するのは、精神の働く余地が最も少ないところであり、また、作業場が、想像力を大いに働かせなくとも、人間を部品としている一つの機械（une machine dont les parties sont des hommes〔an engine, the parts of which are men〕）のようにみえるところである」（Ferguson 1783, tome II, p. 135〔英語原文は Ferguson 1966, p. 183. 二六七頁〕）。

スミスの『国富論』出版は一七七六年なので、その「アダム・スミスよりも一七年前」というのは一七五九年にあたる。しかし、ファーガスンの『市民社会史論』原書の出版は一七六七年なので、一七年前ではない。マルクスはいったい何を根拠にして「一七年前」と書いたのだろうか。

水田洋（1919–）は、「ヒュームが一七五九年にスミスにあてた手紙」で言及している「ファーガスンの論文が、『市民社会史論』の原型ではなかったか」（Mizuta 1980, p. 813. 一五八頁）と推測している。しかし、マルクスが利用した『市民社会史論』フランス語訳の「訳者まえがき〔Avant-propos du traducteur〕」にはそもそも英語原書の出版年そのものを含む書誌情報がなく（Ferguson 1783, tome I, pp. iii–xxii）、その原型論文についての記述もないので、マルクスが「一七年前」とした根拠は謎のままである。一七五九年というのはスミスの『道徳感情論』が出版された年なので、マルクスが『市民社会史論』と『道徳感情論』の出版年を混同したのだとすれば説明はつくが、どうだろうか。

その次にマルクスがファーガスンに言及するのは一八六一―六三年の「分業論」草稿であり、そこでは『国富論』と比較対照させる形で『市民社会史論』からの詳細な抜粋が行われている（Marx 1861–63, S. 248–280. 四三六―四九五頁）。ただし、そこで利用されているのも、『国富論』はガルニエ訳のフランス語版であり、『市民社会史論』はベルジエ訳のフランス語版である。ロンドンに移住して一〇年以上が経っているが、マルクスは依然としてスミスもファーガスンもフランス語訳で読んでいるのである。

この一八六一―六三年草稿には、本章冒頭で紹介した『資本論』でのスミスについてのコメントとほぼ同じ文章が現れる。

「A・スミスは分業のもたらすもろもろの（悪い）結果について、彼が意識的に分業をテーマにしている第一篇第一章ではごく軽くふれているにすぎないが、これにたいして国家の収入を論じている第五篇では、ファーガスンにならってあからさまに語っている。そこ、第五巻［第四巻の間違い］では、次のように書かれている」（Marx 1861–63, S. 279–280. 四九四―四九五頁）。

これに続けてマルクスは、ガルニエ訳のフランス語版第四巻から、第五篇の次のような文章を引用している。

「大半の人びとの理解力は、必然的に、彼らのふつうの仕事によって形成される。一生を少数の単純な作業の遂行に費やし、その作業の結果もまたおそらくつねに同一あるいはほとんど同一であるような人は、……自分の理解力を働かせたり、創意を働かせたりする必要がない。……そのため彼は自然に、そのような努力の習慣を失い、一般に、およそ人間としてなりうるかぎり愚かで無知になる」（Smith 1802, tome IV, pp. 181–184. cf. Smith 1976, pp. 781–782. ④四九―五〇頁）。

マルクスは、この同じ文章を『資本論』第四篇第一二章では自らドイツ語訳して引用している（Marx 1867, S. 295. 四七五頁）。すでに説明したように、マルクスは一八四四年の時点では『国富論』第五篇を読んでいないので、分業の否定的側面についてのスミスの議論の詳細を知らず、その結果、一八四七年以前に『市民社会史論』を初めて読んだ時点で、ファーガスンの分業批判を高く評価し、相対的にスミス評価が低くなった、という可能性は考えられる。その第一印象が『資本論』まで続いていたのではないか。

3 「ファーガスンとマルクス」についての新しい研究

二一世紀に入っても、「ファーガスンとマルクス」というテーマの人気は衰えていない。オーストラリアの政治思想史研究者リサ・ヒル（Lisa Hill, 1961–）は、「ファーガスンによる、専門特化が労働者の人間性を奪うような諸結果の概略は、同じ主題についてのマルクスの論じ方を先取りしているように思われる」と述べて、『市民社会史論』の『ドイツ・イデオロギー』への影響を論じている。彼女によれば、「分業から解放された個人」という「ファーガスンの理想」は「マルクスによって反復され発展させられた」のである（Hill 2007, pp. 350–351）。

しかし、そもそもマルクスは『市民社会史論』をいつ読んだのか。アメリカ出身でベルリン在住のマルクス研究者ダンガ・フィライシス（Danga Vileisis）は、マルクスの「一八四四年から一八四七年のノート」（MEGA第四部第三巻）とマルクスの蔵書目録（MEGA第四部第三二巻）の書誌データに基づいて、マルクスは一八四四年一二月中旬から翌年二月までの時期にパリのカペル書店で『市民社会史論』のフランス語版を購入したと推定している（Vileisis 2010, S. 16. 一七〇頁）。そして、それを読むことでマルクスの「唯物論的歴史観」が成立したと主張する。

フィライシスは、ファーガスンが〈basis〉と〈superstructure〉という言葉を使っている箇所の英語原文と、『ドイツ・イデオロギー』の中で〈Basis〉と〈Superstruktur〉という言葉が使われている箇所のドイツ語原文を並べて提示しながら、次のように述べている。

「マルクスは、英語のSuperstrukturという表記を用いて、ドイツ語でBasis（土台）に対応するÜberbau（上部構造）の意味に対応するものを特徴づけた。このSuperstrukturは、階級としてのブルジョアジーが、初期ブルジョア社会から生まれてくることに何よりも密接に関連する。……一方で、ファーガソンの上部構造superstructureという表現は、マルクスの場合と類似した意味で、諸々の構造をもつ国家の正当化、すなわち分業や私有財産の区々なる配分の結果として「様々な階層や職業」成立の正当化に関連づけられているのだが、superstructureという概念がbasisという概念の用法とどのような関連にあるのかは必ずしも明瞭ではない。他面では、この関連では、マルクスのBasisの用法もまた一義的ではない。／しかしながら、立ち入って分析することができなくとも、両者間にはある種の一致が見出されるようである」（Vileisis 2010, S. 44–45. 一九一頁）。

しかしながら、フィライシスが失念していることがある。彼女自身が指摘したように、マルクスが購入して読んだのは、『市民社会史論』の英語原書ではなく、ベルジエ訳のフランス語版なのだ。マルクスはまだ英語の原文を知らないのである。ベルジエは〈basis〉を〈un fondement à la sûreté〉、〈superstructure〉を〈un édifice politique〉と訳している（Ferguson 1783, tome II, p. 152）。このフランス語の訳語から、まだ英語が得意ではない一八四五年当時のマルクスが、〈basis〉と

〈superstructure〉という英語の原語を推測して自分の文章に採用したとは、とても考えられない。

同様にマルクスのファーガスン読解を論じたアメリカの宗教哲学者ジャック・ヒル（Jack Hill）にいたっては、「マルクスはエディンバラで出版された『市民社会史論』の一七八三年版の第二巻から引用している」（Hill 2013, p. 188, note 4）と記している。しかし、エディンバラで出版された英語版は、第二版と第三版が初版翌年の一七六八年、第四版が一七七三年、第五版は一七八二年、第六版は一七九三年であり、しかもすべて一巻本である。ヒルは、マルクスがファーガスンを引用する際に注記している「Ferguson 1783, tome II, p. 135」のような表記から、一七八三年の英語版が存在し、しかもそれには第二巻がある、と思い込んだのだろう。ヒルは、そもそも一七八三年のフランス語訳（二巻本）の存在そのものを知らないようである。

このように、マルクスが読んだベルジエ訳では〈basis〉や〈superstructure〉という言葉は使われていない。したがって、これらの用語の類似性を根拠にして、ファーガスンからマルクスへの直接の影響を推定するのは無理がある。しかも、マルクス研究者なら誰でも知っているはずなのだが、問題になっている『ドイツ・イデオロギー』草稿の筆跡はエンゲルスのものなのである。

念のために、そして参考のために、問題になっている『市民社会史論』の文章と『ドイツ・イデオロギー』の文章を示しておくことにしよう。まずは、ファーガスンの原文。

「あらゆる統治形態の下で政治家たちは、国外から迫ってくる危険や、国内で彼らを悩ます騒乱を取り除こうと努力する。このことに成功した場合、その行動によって彼らはしばらくの間、自国での支配力を獲得する。彼らは首都から遠く離れたところに国境を定める。彼らは、人類の間に浸透しつつある平穏への共通の願望と、社会の平和の維持を意図した公共の制度に、外国との戦争の休止と、国内の無秩序からの脱出の糸口を見出す。彼らはあらゆる争いを動乱なしに解決することを学び、また、法の権威によって全市民に対して個人としての権利を保障することを学ぶ。／このような状態は、繁栄しつつある諸国民（thriving nations）が希求するものであり、また、ある程度まで到達できるものである。そして、このような状態の中で、人類は安全の基礎（the basis of safety [un fondement à la sûreté]）を築き、自らの目的に適合する上部構造（superstructure [un édifice politique]）を築き始めるのである。その帰結は、国によって様々であり、同じ社会の人々であっても階級（orders）によってすら異なる。そして各個人にもたらされる帰結は、その地位（station）に対応する。政治家と兵士は、彼らの様々な行為の形式を確定することができるようになる。あらゆる職業の従事者が、それぞれの利益を追求できるようになる。道楽者には工夫を凝らすための時間を、思索家は学問的な会話や研究のための閑暇を持てるようになる」(Ferguson 1966, pp. 188–189. 二七五―二七六頁［フランス語訳は Ferguson 1783, tome II, p. 152］)。

次にマルクスとエンゲルスの共著である『ドイツ・イデオロギー』を見てみよう。

「市民社会（die bürgerliche Gesellschaft）は、生産諸力の一定の発展段階の内部における諸個人の物質的交通全体を包括する。それは、ある段階の商業的および工業的な生活全体を包括し、そのかぎりで国家と国民を越える。とはいえ、それは、他方でまたもや外に向かっては国民性（Nationalität）として現れ、うちに向かっては国家（Staat）として編成されざるをえないのであるが。市民社会という言葉は、所有諸関係がすでに古代的および中世的な共同体（Gemein-wesen）から抜けだしていた一八世紀に現れた。市民社会としての市民社会（die bürgerliche Gesellschaft als solche）は、ようやくブルジョアジーとともに発展するが、しかし、あらゆる時代に国家およびその他の観念論的上部構造の土台（die Basis des Staats & der sonstigen idealistischen Superstruktur）をなしていて、生産および交通から直接に発展する社会的組織（gesellschaftliche Organisation）は、たえず同じ名前でよばれてきた」（Marx/Engels 1845–46, S. 114–115. 一七〇頁）。

4　暫定的結論

リサ・ヒルもフィライシスも見落としているのは、『ドイツ・イデオロギー』第一章の草稿の筆跡がエンゲルスのものだということである。つまり、一八四五年頃に『市民社会史論』を英語原書で読んで影響を受け、「土台（Basis）」と「上部構造（Superstruktur）」という用語を採用した可能性があるのは、エンゲルスの方なのである。MEGA第四部第三二巻を見るかぎり、エンゲルスの蔵書に『市民社会史論』は見当たらないが、彼がこの本を英語で読んだことを示唆する状況証拠は存在する。

第一に、エンゲルスは一度だけファーガスンに言及しているが、それは『市民社会史論』についてだった。これは、「いかにマルクスを翻訳してはならないか」と題された一八八五年の論説で、イギリスの社会主義系の月刊誌『トゥデイ』（*To-day*, Vol. 4, No. 22, October 1885）に掲載された『資本論』冒頭の数頁分の英訳に対してエンゲルスがコメントしたものである。英訳者はジョン・ブロードハウス（John Broadhouse）という名前になっているが、これはイギリスの社会民主連盟の指導者へンリー・ハインドマン（Henry Mayers Hyndman, 1842–1921）の筆名である。エンゲルスは次のように述べている。

「マルクスは言う。「市民社会では、各人は商品の買い手として百科事典的な商品知識をもっているという擬制が一般的である（In civil society, the *fictio juris* prevails that everybody, in his capacity as a buyer of commodities, possesses an encyclopædical knowledge of all such commodities.）」［括弧内はエンゲルス自身による『資本論』冒頭部分の英訳。マルクスの原文は Marx 1867, S. 18. 四九頁］。さて、市民社会という表現（the expression, Civil Society）は徹頭徹尾イギリスふう（English）であり、ファーガソンの『市民社会史』は一〇〇年以上も前のものであるとはいえ、この用語（this term）はブロードハウス氏にとっては手にあまる。彼はそれを、「庶民のあいだでは（amongst ordinary people）」と訳出し、こうしてこの文章を無意味なものに変えてしまう」（Engels 1885, S. 87. 二四〇頁）。

第二に、問題の『ドイツ・イデオロギー』第一章の草稿についてのエンゲルスの回想（一八八八年二月の『フォイエルバッハ論』校訂単行本「まえがき」）はかなり謙虚で自己批判的であり、それが自分の責任で執筆した原稿であることを示唆している。

まずは、一八五九年の『経済学批判』序言に見られるマルクス自身の回想を見てみよう。

「一八四五年の春、彼［エンゲルス］もまたブリュッセルに腰を落ち着けたときに、われわれは、ドイツ哲学のイデオロギー的見解に対するわれわれの見解の対立を共同してつくりあげること、事実上はわれわれの以前の哲学的意識を清算することを決意した。この企てはヘーゲル以後の哲学の批判というかたちで実行された。分厚い八つ折版二冊の原稿〔『ドイツ・イデオロギー』第二章「聖ブルーノ」と第三章「聖マックス」の完成原稿〕がヴェストファーレンにある出版所に届いてからかなり後になって、われわれは、事情が変わったので出版できないという知らせを受け取った。われわれはすでに自分のために問題を解明するという主な目的を達していたので、それだけに快く原稿を鼠どもがかじって批判するままにさせた」(Marx 1859, S. 101-102. 七―八頁)。

このように、マルクスの回想は、第一章「フォイエルバッハ」の原稿の運命には一言も言及していないことがわかる。それに対して、エンゲルスの回想は以下のとおりである。

「私はこれを印刷にまわす前に、一八四五年から四六年にかけてわれわれが書いた古い原稿をもう一度探し出してざっと目を通した。フォイエルバッハに関する章〔エンゲルスの筆跡で書かれた『ドイツ・イデオロギー』第一章草稿〕は完成されていない。できあがっている部分は唯物論的歴史観の叙述であるが、それは、経済史についての当時のわれわれの知識がまだどんなに不完全なものであったかを証明しているにすぎない。フォイエルバッハの学説そのものの批判はその中にはない。したがって、当面の目的にはこの古い原稿は役に立たなかった」(Engels 1888, S. 123. 二六八頁)。

二人のこの回想のニュアンスの違いに関する指摘は、実はすでに廣松渉が行っていた(廣松〔一九六八b」三〇九―三一一頁)。以上のことから判断すると、エンゲルスが一八四五年頃に『市民社会史論』を英語原書で読んで影響を受け(ただし、先にも述べたように、エンゲルスの蔵書に『市民社会史論』は見当たらない)、〈basis〉と〈superstructure〉という用語を採用した可能性がある。マルクスもエンゲルスの影響を受け、この比喩が気に入って、それ以後〈Basis〉と〈Überbau〉を使うようになったと考えることができるのではないか(一七世紀以降、英語圏で使われた「土台basis」と「上部構造superstructure」という比喩の思想史については、植村[二〇〇六b]第四章「社会の建築術――「土台と上部構造」という隠喩の系譜」を参照されたい)。

したがって、『ドイツ・イデオロギー』の「土台/上部構造」論に関して改めて設定されるべき最初の問題は「ファーガスンとエンゲルス」の関係であり、エンゲルスのファーガスン評価がマルクスに影響を与えた可能性なのである。

第七章

『経済学批判』序言

——人間の社会と歴史についての一考察

1 「唯物史観の定式」？

一八五九年に出版されたマルクスの著作『経済学批判』の「序言」は、マルクス主義の基礎をなす「唯物史観の定式」を表明したものとして、長い間マルクスの著作の中でも特権的な扱いを受けてきた。その典拠となったのが、一八五九年六月にこの本が出版されてまもなく、ロンドンのドイツ語週刊誌『人民（Das Volk）』に二回に分けて連載されたエンゲルスの書評である。彼はそこでこう述べている。

「この［ドイツのプロレタリア］党の理論体系は経済学の研究から生まれたのであり、科学的で独立したドイツ経済学もまたこの党の登場の瞬間に始まるのである。このドイツ経済学は、根本において唯物史観に基づいており、この史観の綱要は前掲の著作の序文のうちで簡潔に述べられている」(Engels 1859, S. 247. 四七二頁)。

エンゲルスは「唯物史観＝唯物論的な歴史把握（die materialistische Auffassung der Geschichte)」の「綱要＝基本的特徴（Grundzüge)」という言葉を使っているが、「定式（formula)」という言い方を普及させたのはレーニン（Lenin＝Vladimir Ilyich Ulyanov, 1870–1924）である。彼は一九一四年に執筆した百科事典の項目論文「カール・マルクス」で、『経済学批判』「序言」は「人間社会とその歴史とに適用された唯物論の基本的諸命題の完全な定式を与えている」（レーニン［一九五七］四三頁。訳文変更）と述べた。これ以後、この「序言」はマルクス主義者にとって「唯物史観（あるいは史的唯物論）の定式」を学習するための素材となったのである。

しかしながら、私たちは「定式」にとらわれる必要はない。まずは素直に、マルクスがこの「序言」でいったい何を言おうとしたのか、一八五九年の時代状況の中で読み直してみることにしよう。この「序言」(Marx 1859, S. 99–101. 五―七頁）には多くの翻訳があるが、ここでは、最も新しい訳（木前利秋訳「経済学批判 序言」、『マルクス・コレクションⅢ』筑摩書房、二〇〇五年）で読んでみることにしよう。「序言」は次のように始まる。

「わたしはブルジョア経済の体制を以下のような順序で考察する。資本、土地所有、賃労働――国家、外国貿易、世界市場。初めの三つの項で、わたしは三大階級（近代市民社会はこの三つの階級に分かれる）の経済的な生活条件を分析する。後の三項の関連は一目見れば明らかだろう。資本をあつかう第一巻の第一部は、次の諸章からなる。㈠商品、㈡貨幣または単純流通、㈢資本一般。このうち初めの二章が本書〔『経済学批判』〕の内容をなしている。材料の全体は個別の論考のかたちでわたしのもとにある。ただし各論考は、かなり長い間をおいた別々の時期に、それも自身の自己了解のために書いたもので、印刷に付すためではない。また右に挙げたプランにしたがって、それらを関連づけ整理できるかどうかは、外部の事情次第ということになろう」（木前訳、二五五頁）。

マルクスがこの本を書いたのは、「近代市民社会」における「三大階級の経済的な生活条件を分析する」ためであった。最終目標は「世界市場」をも含む「ブルジョア〔＝市民的〕経済の体制」の全容を明らかにすることである。現代の用語で言えば、「資本主義世界システム」の構造の解明ということになるだろう。

ここからわかるように、この時点ではマルクスはまだ「資本主義的」という言葉を使っていない。資本主義の概念がまだないのである。ここでは「ブルジョア〔＝市民的〕経済」や「近代市民社会」のように、「市民的」という形容詞が階級社会を指示するために使われている。それが「資本主義的」という用語に置き換えられ、「資本主義社会」という言葉が使われるようになるのは、一八六七年の『資本論』以降である。それだけでも、『経済学批判』以後の八年間にマルクスの社会認識には大きな変化があったことが推測できる。この意味でも、『経済学批判』の「序言」を完成された思想の表明であるかのように受け取ることには、慎重でなければならない。

2 「経済学研究の歩み」

『経済学批判』が自分の著述プランの中でどのような位置づけにあるのかを簡潔に述べた後、マルクスはこの「序言」の大半を「わたし自身の経済学研究の歩み」について語ることに費やしている。いわゆる「唯物史観の定式」は、その「歩み」の回顧の途中に現れる。まずは、その「歩み」をたどることにしよう。

マルクスは、法学を専攻した自分が「経済問題に取り組む最初の機縁となった」いくつかの時事問題を紹介した後で、次のように続けている。

「わたしの最初の研究は、わたしを悩ませていた疑問を解消するためのもので、ヘーゲル法哲学の批判的検討をおこなうことだった。その序説は一八四四年にパリで刊行された『独仏年誌』に載った。研究の結果、わたしが到った結論は次のようなものである。国家の諸々の形態と同じく法の上での諸関係［法的諸関係］は、それ自体から捉えるべきものでもなければ、人間精神のいわゆる普遍的発展から捉えるべきものでもない。むしろそれは物質的生活の諸関係・諸事情に根ざしているのである。ヘーゲルは、一八世紀のイギリス人やフランス人の先例に倣って、この物質的生活の諸事情・諸関係の全体を「市民社会」の名で括っている。この市民社会の解剖は経済学［政治経済学］に求めなければならない。この経済学の研究をわたしはパリで始めた。ギゾー氏の退去命令が出た後はブリュッセルに移り、そこで研究を続けた。わたしに明らかになった一般的結論は、ひとたび結論として得た後には、わたしの研究の導きの糸となった。簡潔にいえばそれは次のように定式化できる」（木前訳、二五六―二五八頁。［ ］内は訳者による補足、以下同じ）。

マルクス自身がここで「定式化」と述べていることになるが、原語の〈formulieren〉は普通に訳せば「言葉で表現する」「まとめて述べる」という意味である。この後に有名な「定式」の文章が続くのだが、それについては後で詳しく見ることにしよう。ここでは、その「一般的結論」が一八四四年から一八四七年にかけての経済学研究の成果だということを確認しておけばいい。「定式」の叙述の後、マルクスは、エンゲルスが「別の道を経てわたしと同じ結論に達した」こと、「ドイツ哲学のイデオロギー的見解に対立するわたしたちの見解を共同でまとめ上げることにした」がその原稿は出版できなかったことを記したうえで、こう続けている。「論争という体裁だけは取りながらも、わたしたちの見解の決定的な諸点を、学問的なかたちで最初に表したのは『哲学の貧困』であった」（木前訳、二六〇頁）。

この後、一八四八年革命の勃発によって「わたしの経済学研究は中断された」こと、「ロンドンで研究を再開することができるようになったのは、ようやく一八五〇年になってから」だったことを説明したマルクスは、最後の段落でこう書いている。「経済学分野でのわたしの研究の歩みに関するこの概略は、わたしの見解が長年の綿密な研究の成果だということだけは、証明してくれることだろう。たとえその見解がどう評価され、支配階級の打算ずくの先入見とどれほど一致しにくいものだとしても」（木前訳、二六二頁）。

これだけのことなら、自分の研究史を振り返りながら自分の見解が「長年の綿密な研究の成果」であることを主張して、読者にその学問的正当性を訴えるという、よくあるタイプの「まえがき」にすぎない。マルクスという人物に特に関心も予備知識もない普通の読者にとっては、アダム・スミスの導入に始まる当時の主流派ドイツ国民経済学ではなく、ヘーゲル法哲学の「市民社会」論の影響を受けて経済学研究を志したアマチュア経済学者の本か、というのが最初の印象だったかもしれない。

ちなみにヘーゲルは、スミスの『国富論』を批判的に解読し、「市民社会」(=スミスのいう「文明的商業社会」)における社会的分業と商品交換に基づく「富の蓄積」の裏面を、次のように指摘していた。

「他面においては、特殊的労働の個別化と制限とが、そしてそれとともに、このような労働に拘束された階級の依存性と困窮とが増大する。この階級には、広範な自由の感得と享受が不可能になること、そしてことに、市民社会の精神的長所の感得と享受が不可能になることが結びついている。……ここにおいて、富の過剰にもかかわらず、市民社会が十分には富んでいないこと、すなわち、市民社会がその固有の資産において、貧困の過剰と浮浪者の出現を妨げるのに十分なほどのものを具えていないということが露見してくる」(Hegel 1970, S. 389–390. 下・一六四、一六六頁)。

いずれにしてもこの「序言」の全体からわかるのは、ヘーゲル自身が十分には「解剖」できなかった「市民社会」の階級的存立構造を明らかにすること、それがマルクスの問題設定だったということである（ヘーゲルの「市民社会」論の歴史的意味については、植村［二〇一〇］第三章・第四章を参照されたい）。

それでは、マルクスの「研究の導きの糸」となった「一般的結論」とはいったい何だったのか。それを改めて見てみることにしよう。

3　人間の社会とその歴史

よく知られた文章ではあるが、いわゆる「定式」の全文を引用しておこう（木前訳、二五八―二六〇頁）。原文はひとつながりの長い段落だが、内容のまとまりに応じて五つの部分に区分し、原文にはない番号を振って改行してある。

「［1］　人間たちは、自らの生活を社会的に生産するさいに、彼らの意志から独立した、一定の［その生産に］必要な関係を受け容れる。人間の物質的生産諸力の一定の発展段階に対応する生産諸関係が、その関係である。この生産諸関係の総体が社会の経済的構造を形成している。この社会の経済的構造こそ、法的および政治的な上部構造がその上にそびえたつ現実的な土台であり、さらに一定の社会的意識形態が対応する現実的な土台である。物質的生活の生産様式が社会的、政治的および精神的な生活のプロセス一般を制約しているわけである。人間の意識が人間の存在を規定するのではない。逆に人間の社会的存在が人間の意識を規定する。

［2］　社会の物質的な生産諸力は、その発展のある段階に到るまでは、既存の生産諸関係の

内部で拡大を続ける。しかしその発展のある段階に達すると、既存の生産諸関係と矛盾するようになる。あるいはまた生産諸関係を法的な表現に代えただけだが、所有諸関係と矛盾するようになる。この諸関係は、生産力を発展させる形式から、これを束縛するものに転じる。社会革命の時代（Epoche）はこの時に始まるのである。経済的土台の変化にともない、巨大な上部構造の全体が徐々に、でなければ急激に転換する。

［3］こうした転換を考察する上では、つねに次の二つを区別しなければならない。一つは、経済的な生産条件における転換で、これは自然科学並みの正確さで確認すべき物質的な転換である。もう一つは、法的、政治的、宗教的、芸術的および哲学的形態、つづめていえばイデオロギー的形態で、人間はこうしたかたちでこの対立に気づき、この対立に決着を付ける。こうした転換の時代を、この転換の時代の意識から判断することはできない［今がこうした転換の時代であるかどうかは、人々が今をそうした転換の時代だと意識しているかどうかで判断することはできない］。それはちょうど、ある個人が何であるかを、この個人が自分を何ものだと思い込んでいるかによって判断することができないのに等しい。むしろ［今こそ転換の時代だという］この意識こそ物質的生活の矛盾から説明されねばならない。つまり、社会的な生産諸力と生産諸関係との間に現存している対立から説明されねばならないのである。

［4］［一つの地層群に喩えうる］ある社会構成（Gesellschaftsformation）は、それが十分に包み込むことのできる生産力がことごとく発展してしまうまで、没落することは決してない。より高度の新しい生産関係は、その物質的な存在条件が古い社会自身の胎内で孵化してしまうまで、

古いものに取って代わることは決してない。この点から見るなら、人間が立てる課題はいつも彼が解決できる課題だけである。なぜなら、もっと立ち入って見れば、課題自身が生じるのは、それを解決するための物質的な条件が存在し、あるいはすくなくともその条件が生まれつつあるプロセスにあると理解される場合だけだということが、いつでも明らかになるからである。

［5］ 大まかにいえば、アジア的、古典古代的、封建的および近代市民的な生産様式が、経済的な社会構成のなかに累積してきた［積み重なってきた］時代（progressive Epochen）としてあげることができる。市民的生産様式は社会的生産過程の最後の対立的な形態である。ただし対立的といっても、個人的な対立という意味ではない。諸個人の社会的な生活条件から生じてきた対立という意味での対立である。だがしかし、市民社会の胎内で発展しつつある生産力は、同時にこの対立を解決するための物質的条件をも創りだす。したがって、この社会構成とともに人間社会の前史が幕を閉じるのである」。

以下では、この五つの部分の内容について補足的な説明を加えていくことにしよう。

4　建築物としての社会

［1］の部分で述べられているのは、社会を建物に喩えれば、人間の生産諸関係の総体からなる経済的構造が建物の「土台＝基礎」であり、法律や政治体制などは「上部構造＝うわもの」で、人間の社会的意識もこの「土台」に対応している、ということである。

社会の仕組みを説明するために「土台と上部構造」という建築用語を隠喩（メタファー）として使うのは、英語圏では珍しいことではない。たとえば一七世紀のイングランド革命期の共和主義者ジェイムズ・ハリントン（James Harrington, 1611–1677）は一六五六年の著書『オシアナ共和国』で、独立自営農民の土地所有を保証する農地法が民主的農業国の「基礎（foundation）」（Harrington 1992, p. 11）であり、農民の政治参加を保証する官職ローテーション法が「上部構造（superstructure）」（p. 33）だと述べている（詳しくは、植村［二〇〇六b］第四章を参照されたい）。

また、前章でも見たように、一八世紀スコットランドの啓蒙思想家アダム・ファーガスンは主著『市民社会史論』（一七六七年）で、「法の権威によって全市民に対して個人としての権利を保障すること」が確立された法治社会としての「市民社会」が「土台（basis）」であり、「あらゆる職業の従事者が、それぞれの利益を追求できるようになる」経済的活動が「上部構造（superstructure）」だと述べている（Ferguson 1966, pp. 188–189. 二七五—二七六頁）。

マルクスは、一八四五年から四七年にかけてのブリュッセル時代に『市民社会史論』を読んでおり、マルクスとエンゲルスの共著『ドイツ・イデオロギー』では、これも前章で見たように、ファーガスンの用語がそのまま英語からの外来語の形で使われている。

「市民社会という言葉は、所有諸関係がすでに古代的および中世的な共同体から抜けだしていた一八世紀に現れた。市民社会としての市民社会は、ようやくブルジョアジーとともに発展するが、しかし、あらゆる時代に国家およびその他の観念論的上部構造の土台（die Basis des Staats & der sonstigen idealistischen Superstruktur）をなしていて、生産および交通から直接に発展する社会的組織は、たえず同じ名前でよばれてきた」(Marx/Engels 1845-46, S. 114-115. 一七〇頁)。

ハリントンの場合もファーガスンの場合も、「土台と上部構造」という隠喩が意味するのは、建物を建てるにはまず土台を造成し、その次にそれにふさわしい上部構造を構築しなければならない、という問題解決の優先順位(アジェンダ)にほかならない。そこに示されているのは、最初に「なにをなすべきか」という実践的な思考であり、土台の方が先決問題(あるいは前提条件)だという認識である。

マルクス自身も、一八六九年の「相続権についての[国際労働者協会]総評議会の報告」という英語での報告文書で、次のように述べている。

「相続法は、他のすべての民事立法がそうであるように、生産手段の私的所有、すなわち土地、原料、機械などの私的所有に基礎をおく社会の現存の経済的組織の原因ではなく、その結果であり、法的帰結である。奴隷を相続する権利が奴隷制の原因なのではなく、その反対に奴隷制が奴隷相続の原因であるのとちょうど同じように。/われわれが取り組まなければならないのは原因であって結果ではなく、経済的土台(basis)であってその法的上部構造(superstructure)ではない。……だから、われわれの大目的は、多くの人々の労働の果実を自分のものとする経済的な力をある人々に存命中に与えるような諸制度、を廃止することでなければならない」(Marx 1869, S. 132. 三六〇頁)。

労働者階級はまず何に取り組まなければならないのか、「土台と上部構造」という隠喩はまさに問題解決の優先順位を指示する。「建築」は実践的な技術なのである。

5　イデオロギーの社会的意味

［2］の部分では、「社会革命」の客観的条件が説明される。経済的構造の内部で物質的な生産諸力と生産諸関係の対応関係が失われ、両者が矛盾するようになると、経済的土台が変化し、それに伴って上部構造の転換が起きる、ということである。具体性に乏しい大まかな見取り図だが、目に見える結果として引き起こされるのが「所有諸関係」の変化だということは推測できる。この客観的条件を補足する形で、［3］の部分では「社会革命の時代」におけるイデオロギーの意味が論じられる。この部分を見ると、マルクスは、イデオロギーあるいは人間の自己意識はその人間の客観的な社会的存在をつねに認識し損なう、と考えていることがわかる。「人間の社会的存在が人間の意識を規定する」はずなのに、意識から社会的存在を「判断することはできない」と言うのである。

すでに一八五二年にマルクスは、この箇所とほぼ同じ言い回しで、一八四八年革命期のフランスの正統王朝（ブルボン）派とオルレアン派との対立を説明していた。

「所有の、生存条件の異なる形態の上に、独自に形づくられた異なる感性、幻想、思考様式、人生観といった上部構造（Ueberbau）全体がそびえ立つ。階級全体が、自らの物質的基礎（Grundlage）から、そしてこの基礎に対応する社会的諸関係から、それらを創造し、形づくる。それらは伝統と教育を通して個々人に注ぎ込まれるので、彼は、それらが自分の行為の本来の動因であり出発点をなすものだと思いこむこともありうる。……私生活においては、ある人間が自分について考えたり言ったりすることと、彼が現実にどういう人間で何をするかということとは、区別されるのと同じように、歴史的闘争においてはそれ以上に、諸党派の決まり文句や思い込みと、彼らの現実の組織や現実の利害とは区別されなければならないし、彼らの想像と彼らの現実とは区別されなければならない」(Marx 1852a, S. 121–122. 六二―六三頁)。

この頃のマルクスは、アメリカの新聞『ニューヨーク・デイリー・トリビューン』のロンドン特派員として論説記事を書くことで生活の糧を得ていたのだが、同じ一八五二年の新聞論説「イギリスの選挙――トーリ党とウィッグ党」では、イギリス議会における政党政治の意味を次のように説明している。

「彼ら［ウィッグ党］がかつて何を信じていたか、また彼らが自分の性格について現在他の人たちにどう信じてもらいたく思っているか、ではなく、歴史的な事実として彼らは何者なのか、彼らは何をやっているのか、ということの方が、われわれにはより合点がいく」(Marx 1852b, S. 320. 三三一頁)。

これは実は、普通の人々が日常生活の中で実践していることとそれほど違うことではない。自分のことは自分が一番よくわかっているとは限らない。自分は親切な人間だと言いながら、平気でひどいことをする人間は珍しくない。口先できれいごとを言う人間をそのまま信用しないのは、普通の人々の生活の知恵だが、政治家や思想家についてもそれと同じことなのだ。人間が主観的に望むことや思い込むこととは別に、彼や彼女の実際の行動を制約する現実の仕組みというものがあるのだ、とマルクスは言うのである。

階級的意識についても同じことがいえる。一八七一年の『フランスの内乱』初稿では、マルクスは労働者と農民の政治的見解の違いをこう説明している。

「プロレタリアートのなすべき仕事は、この組織された労働およびこの集中された労働手段が現在もっている資本主義的な性格を変え、それらを、階級支配と階級搾取の手段から、自由な協同労働の形態と社会的生産手段とに転化することである。他方、農民の労働は孤立した労働であり、その生産手段は細分され、分散している。こうした経済的差異のうえに、相異なる社会的・政治的見解からなる一つの世界が上部構築されている (superconstructed)」(Marx 1871a, S. 62. 五二〇頁)。

これらの文章からわかるように、マルクスがほぼ一貫して持ち続けたのは、イデオロギーを社会の経済的構造の側から「説明」しなければならないという問題意識なのである。『資本論』でもマルクスは、『経済学批判』「序言」に言及した脚注の中でこう述べている。

「中世もカトリック教によって生きていくことはできなかったし、古代世界も政治によって生きていくことはできなかったということだけは、明らかである。逆に、これらの世界がその生活を維持した仕方こそは、なぜ、あちらでは政治が、こちらではカトリック教が主役を演じたのか、を説明するのである」(Marx 1867, S. 50. 一一〇頁)。

しかし、なぜ個人や階級が自らについて抱く「想像」は「彼らの現実」とずれたものになるのか。なぜ「現実の利害」は当事者の意識から隠されたものになるのか。それについては、マルクスにも明確な説明があるわけではない。だから、たとえばルイ・アルチュセール (Louis Althusser, 1918–

1990）のように、イデオロギー論を「無意識」という問題設定と結びつけようとする試みには、それなりの根拠があるのだ（cf. Althusser 1993）。

6　生産様式の歴史

［4］の部分では、新しい生産関係が古い社会の胎内で準備されている場合にしか生産関係の交替は起こらない、という社会革命の前提条件が述べられる。そして［5］の部分では、これまでの人類史に存在してきた四つの「生産様式」が列挙され、現在の「近代市民的生産様式」（『資本論』では「資本主義的生産様式」と言い換えられる）が「社会的生産過程の最後の対立的な形態」であり、ここまでが「人間社会の前史」であることが断言される。これは、いわば遂行的予言である。つまり、社会革命を担う労働者の運動は、「対立的」ではない社会的生産様式を作り上げることで「本来あるべき人間の歴史」を開始させられるはずだし、そうしなければならない、という決意表明である。

しかし、「課題が生じるのは、それを解決するための物質的な条件が存在」しているかぎりでだとマルクス自身が［4］で述べているのだから、彼は「古い社会自身の胎内で」新しい生産関係の物質的存在条件がすでに「孵化」していることを証明しなければならない。しかし、それはこの『経済学批判』ではまだ論じられなかった。その解答を期待する読者は『資本論』の出版まで待たされることになる。

『経済学批判』の「序言」が未解決のまま残した問題はもう一つある。人類史の四つの生産様式のうち、地理的固有名が付いているのは「アジア的生産様式」だけだが、それがどのような生産様式なのか、そしてそれがどのような意味で「アジア的」なのかということは説明されていない。しかも、これ以後マルクスは「アジア的生産様式」という言葉を一切使わなかった。これは、生涯でただ一度だけ使われた謎の概念なのである。

理解の手がかりは『経済学批判』の第一章本文の中にある。

「自然生的な共同所有の形態は、特にスラヴ的な、しかももっぱらロシア的な形態だというのは、近ごろ広まっている笑うべき偏見である。それは、われわれがローマ人、ゲルマン人、ケルト人の間で指摘することのできる原初形態であるが、これについては、様々な見本を備えた立派な見本帳が、一部は廃墟としてではあるが、今でもなおインド人の間に見出される。アジア的な、特にインド的な共同所有の諸形態のいっそう詳しい研究は、原生的共同所有の様々な形態からどのようにしてその解体の様々な形態が出てくるかを示すであろう」（Marx 1859, S. 113. 一九頁）。

マルクスは、太古における土地の「自然生的／原生的な共同所有」を想定し、それはヨーロッパ各地でも広く見られたが、今もなお「スラヴ的、ロシア的」あるいは「アジア的、特にインド的」形態として残存している、と考えている。しかし、それがどのような生産様式なのかということは、ここでも説明されていない。その結果、一九二〇年代の中国共産党の内部論争に始まり一九六〇年代のフランスや日本の論壇にいたるまで、マルクス主義者の間では繰り返し「アジア的生産様式」の解釈論争が行われることになった。

この長年にわたる論争は、一九七三年にエジプト出身の経済学者サミール・アミン（Samir Amin, 1931–2018）が「アジア的」という形容詞の「不適切さ」を批判し、それを「貢納制生産様式（le mode de production tributaire）」（Amin 1973, p. 11. 九頁）という概念に置き換えるよう主張したことで、マルクス主義の内部ではひとまず決着した。

その後、マルクスの思考だけでなく、この解釈論争そのものにも含まれていた西欧中心主義を批判的に総括したものとして、インド史家の小谷汪之（1942– ）の『マルクスとアジア――アジア的生産様式論争批判』（小谷［一九七九］）、インド出身の脱構築派の文学理論家ガーヤットリー・チャクラヴォルティ・スピヴァク（Gayatri Chakravorty Spivak, 1942– ）の『ポストコロニアル理性批判』（Spivak 1999）がある（詳しくは、植村［二〇〇六ａ］を参照されたい）。

奇しくもロシア革命の年に生まれた、二〇世紀のイギリスを代表するマルクス主義者エリック・ホブズボーム（Eric John Ernest Hobsbawm, 1917–2012）もまた、生前最後の著作で、「生産様式の歴史」について次のように述べていた。

「それらは――『諸形態』ではとくにそうではないにせよ、『経済学批判』の「序言」では――、一見継起的な歴史的諸段階として提示されているようにみえる。まったくのところそれは明白に事実に反している。というのは、アジア的生産様式がすべての他の生産様式と共存していたからであるが、それだけではない。『諸形態』でも、その他のどこでも、古代的様式がアジア的生産様式から進化したといったことは示唆されていないからである。それゆえ、マルクスがいおうとしていたのは、年代順の継起でもなく、あるいはある体制がその先行体制から進化してきたということ(ただし資本主義と封建制の場合は明らかにそうなのだが)でもなく、むしろより一般的な意味での進化についてなのだと理解しなければならない」(Hobsbawm 2011, p. 150. 一九五―一九六頁)。

今の私たちにとっては、「進化」という概念そのものが再検討の対象かもしれない。しかし、いずれにしても、西洋中心主義からの脱却は、したがってまた「アジア的特殊性」論からの脱却は、いまだに私たちにとっての思想的課題なのである。

Ⅲ　資本主義の「終わりの始まり」

第八章

資本主義の終わり方
──『資本論』のポリフォニー

1　資本主義は終わりつつある

資本主義はいま終わりを迎えようとしている。それは確かだ。

二〇一三年に出版された『時間かせぎの資本主義』で日本でも広く知られるようになったドイツの経済社会学者ヴォルフガング・シュトレーク（Wolfgang Streeck, 1946–）は、その後二〇一四年に「資本主義はどのように終わるか」という論文を発表した。そこで彼は、「資本主義が第二次世界大戦後最大の危機的状況にある」ことの「兆候」として、主導的な資本主義諸国全体に見られる経済成長率の低下、累積債務の増大、所得と資産の経済的不平等の拡大という「三つの長期的傾向」を挙げている（Streeck 2014, p. 35）。このような状況が示しているのは、「今こそまさに、歴史的現象としての資本主義、始まりだけでなく終わりもある現象としての資本主義についてもう一度考えるべき時だ」（p. 45）ということである。

それを確認したうえでシュトレークはこう述べる。

「私が言いたいのは、資本主義を何に置き換えるよう提案するのかという質問に答える責任を引き受けることなしに、資本主義の終わりについて考えることができるようになることだ。歴史上の一時代としての資本主義は、新しいより良い社会が視野に入ってきたとき、そして人類の進歩のために革命的主体がそれを実現する準備ができたときにようやく終わるというのは、マルクス主義的な――あるいはむしろ近代主義的な――偏見である。……資本主義がその「神々の黄昏」に直面しているという主張を確証するには、もう一つの未来のユートピア的想像図も、超人的な洞察力も必要ないはずである」（p. 46）。

一五〇年前に出版されたマルクスの『資本論』は、まさに資本主義がどのように成立し、どのように終わるのかを指し示そうとしたテクストだった。彼が示そうとしたのは、資本主義を掘り崩す「革命的主体」の成立であり、資本主義に取って代わる「新しいより良い社会」の大まかな見取り図だった。それが「偏見」を生み出してきたのだとすれば、今さら『資本論』を読み直すことには意味はない、ということになるのだろうか。

シュトレーク自身は「資本主義の終わり」の原因を次のように説明する。

「問題は、社会・経済システムとしての資本主義の安定性はその「固有の活力」が対抗勢力によって――資本蓄積を社会的な抑制と均衡に服従させる集団的な諸利害と諸制度によって――抑えられることに依存している、ということである。それが意味するのは、資本主義は成功しすぎることによって自分自身の土台を掘り崩すかもしれない、ということである」(p. 47)。

つまり、資本主義は社会主義や労働組合運動によって利潤最大化行動にブレーキをかけられてきたことで安定していたのに、四〇年にわたる新自由主義的反革命が成功した結果、「勝利した資本主義は自分自身の最悪の敵になってしまったのかもしれない」(p. 50) ということである。では、「勝利した資本主義」はどのように終わりつつあるのか。シュトレークはこう結論づけている。

「資本主義システムは現在、少なくとも五つの悪化しつつある、治療法のない病気にかかっている。経済成長の低下、寡頭制、公共領域の餓死、道徳的退廃、そして国際的無政府状態、である。資本主義の最近の歴史的記録に基づいて予期できるのは、長期にわたる悲惨な累積的崩壊の時代である。すなわち――必ずというわけではないが、まさにおそらく一九三〇年代のグローバルな崩壊の規模で――摩擦の激化、壊れやすさと不確実性、そして「正常な事故」が着実に連続する時代である」(p. 64)。

この「正常な事故 (normal accidents)」というのは、一九七九年のスリーマイル島原子力発電所事故を受けてアメリカの社会学者チャールズ・ペロー (Charles B. Perrow, 1925–2019) が使った言葉で、航空機事故や原発事故のように、些細な操作ミスが想定外の機能不全の複合的相互作用を連鎖的に引き起こして不可避的に重大な結果にいたるという、技術システムの複雑さそのものに起因する事故のことである（Perrow 1984, p. 5）。それがこれから続発するというのだ。

シュトレーク自身は、二〇一三年の著書『時間かせぎの資本主義』で「民主主義なき資本主義に対する対案は、資本主義なき民主主義ということになるだろう」（Streeck 2013, S. 235. 二五三頁）と述べていたが、二〇一四年の論文では具体的な対案には触れていない。崩壊しつつある資本主義の代わりとなりうるシステムを、誰がどう組み立て直していけばいいのだろうか。

2　『資本論』の「革命的主体」

改めてシュトレークの言う「マルクス主義的偏見」について考えてみよう。マルクスが想定した「新しいより良い社会」が「協同組合的社会」であり、それを担う「革命的主体」が「労働者階級」であることは改めて言うまでもないだろう。問題は、労働者階級はどのようにして資本主義を終わらせると考えられているのか、ということである。

一八四〇年代のマルクスは、フランスの生産協同組合運動や労働組合運動の影響を受けて、生産現場における「協同組織（association）」成立の意義を強調している。一八四七年の『哲学の貧困』はこう述べる。

「大産業が、互いに一面識もない多数の人間の群れを一カ所に寄せ集める。競争が彼らの利害関係において彼らを分裂させるが、しかし賃金の維持が、雇用主たちに対抗して彼らがもつこの共通の利害関係が、抵抗という一個同一の思想において、彼らを結集させる――それが団結（coalition）である。……たとえ最初の抵抗目的が賃金の維持にすぎなかったにしても、次に資本家のほうが抑圧という思想で結集するにつれて、最初は孤立していた諸団結が集団を形成する。そして、つねに結合している資本に対決するとき、彼らにとっては組合（association）の維持のほうが賃金の維持よりも必要不可欠になる。……ひとたびこの程度に達するやいなや、組合は政治的性格を帯びるようになる」(Marx 1947, pp. 175–176. 一八八―一八九頁)。

つまり、最初は「賃金の維持」を目的として結成された労働組合が、資本との対抗関係の中で政治的組織に成長する、という物語である。その結果、「労働者階級は、その発展の過程において、諸階級とその敵対関係を排除する一つの共同社会（association）をもって、古い市民社会（l'ancienne société cilvile）に置き換えるであろう」(p. 177. 一九〇頁)。この文章は、ほとんどそのまま翌年の『共産党宣言』に再現する。

このような労働者の協同組織への楽観的な評価は、しかし、資本による生産現場での労働編成と管理統制についての分析が進んだ一八五〇年代にはいったん屈折して暗いものになる。『経済学批判要綱』(一八五七―五八年）ではマルクスはこう述べているからである。

「労働者の協働（Association）――労働の生産性の基本諸条件としての協業と分業――は、すべての労働の生産諸力と同じように、すなわち、労働の集約度やしたがってその外延的な実現の程度を規定する労働の生産諸力と同じように、資本の生産力として現れる。労働の集合力、社会的労働としての労働の性格は、それゆえ資本の集合力である。……労働者の協同

(Vereinigung)は、彼らの現存在ではなく資本の現存在である。個々の労働者に対しては、結合は偶然的なものとして現れる。労働者は、他の労働者と彼自身との結合、他の労働者との協業に対して、疎遠なものとして、資本の作用様式として、関係をもつ」(Marx 1857–58, S. 476. 二九七頁)。

つまり、労働者の「協同」は、資本の支配下では「資本の生産力」という疎外された形態でしか存在しないのである。この認識は『資本論』でも繰り返されている。『資本論』での生産過程の分析が示しているのは、「資本主義システムのもとでは労働の社会的生産力を高くするための方法はすべて個々の労働者の犠牲において行われるということ、生産の発展のための手段は、すべて、生産者を支配し搾取するための手段に一変し、労働者を不具にして部分人間となし、彼を機械の付属物に引き下げ、彼の労働の苦痛で労働の内容を破壊し、独立の力としての科学が労働過程に合体されるにつれて労働過程の精神的な諸力を彼から疎外するということ」(Marx 1867, S. 520. 八四〇頁)なのである。

それでは、このような疎外された状態は、どのようにしたら逆転できるのだろうか。『資本論』第一巻末尾近くの有名な文章を確認しておこう。

「生産手段の集中も労働の社会化もそれがその資本主義的な外皮とは調和できなくなる一点に到達する。そこで外皮は爆破される。資本主義的私的所有の最期を告げる鐘が鳴る。収奪者が収奪される。／資本主義的生産様式から生まれる資本主義的取得様式は、したがってまた資本主義的私的所有も、自分の労働に基づく個人的な私的所有の第一の否定である。しかし、資本主義的生産は、一つの自然過程の必然性をもって、それ自身の否定を生み出す。それは否定の否定である。それは個人的所有を再建するが、資本主義時代の成果を基礎として、である。すなわち、自由な労働者の協業と、土地の共有と、労働そのものによって生産される生産手段の共有とを基礎として、個人的所有を再建するのである」(S. 609–610. 九九五頁)。

ここでは「生産手段の集中と労働の社会化」が「新しいより良い社会」の物質的基礎となることは明確だが、労働者階級が何を契機として「収奪者を収奪する」にいたるのかは判然としない。つまり、実践的な「革命的主体」の形成の論理が明確には示されていないのである。『資本論』では、「資本主義の終わり方」は、疎外が逆転する筋道が明瞭に示されないまま、「自然過程の必然性」をもって作動する弁証法に丸投げされてしまっている。

3 「物象化」と「並外れた意識」

『資本論』にはもう一つ、第一巻末尾の「資本主義の終わり方」に疑問を抱かせる論点がある。それが「物象の人格化と生産関係の物象化」という問題である。マルクスは『資本論』第二版の冒頭の商品論で「商品の神秘的な性格」を指摘した後で、商品経済を「人間自身の特定の社会的関係」が「諸物の関係という幻影的な形態」として現れる世界、「宗教的世界の夢幻境」にも類似した世界だと説明する(Marx 1872, S. 102–103. 九六—九八頁)。だから、「人々の経済的扮装はただ経済的諸関係の人格化でしかないのであり、人々はこの経済的諸関係の担い手として互いに相対する」

(S. 114. 一一三頁) ことになる。

『資本論』第一巻の扱う範囲には入っていないが、一八六三―六五年の『資本論』第三部草稿では、マルクスはさらに、「資本―利子、土地―地代、労働―労賃」という収入の「経済的三位一体」において「資本主義的生産様式の神秘化、社会的諸関係の物化、物質的生産諸関係とその歴史的社会的規定性との直接的合生」が完成され、「魔法にかけられ転倒され逆立ちした世界」が成立すること、言い換えれば「物象の人格化と生産関係の物象化」が完成していることを指摘している(Marx 1863–65, S. 852. 一〇六三頁)。

つまり、たんなる「労働者」と規定された人間は、労働力という「商品」の所有者として自らの商品の販売に携わることを繰り返し強いられる中で、商品取引のルールを内面化してしまい、自分の商品をより高い値段で販売すること、あるいは自分の商品価値を高めること(現代の用語で言えば「人的資本」としての「付加価値」を高めること!)を自らの行動規範にしてしまい、資本家との関係を労働力商品の価値評価をめぐる交渉関係としてしか見なくなってしまう、ということである。しかも、「労働市場」における他の労働者との競争が、このような内面化をいっそう強めることになる。

このような「魔法にかけられ転倒され逆立ちした世界」を脱魔術化し、再び正立させる筋道は、しかしながら『資本論』では明示されていない。第一巻では資本家と労働者との「階級闘争」は描かれているが、それは「どちらも等しく商品交換の法則によって保証されている権利対権利」の闘争、つまり、「逆立ちした世界」の内部での権利の争いにすぎない。

「同等な権利と権利との間では力がことを決する。こういうわけで、資本主義的生産の歴史では、労働日の標準化は、労働日の限界をめぐる闘争——総資本家すなわち資本家階級と総労働者すなわち労働者階級との間の闘争——として現れるのである」(Marx 1867, S. 181. 三〇五頁)。しかし、このような「階級闘争」は、それがどれほど激しいものだったとしても、それ自体がシステムの転覆に結びつくわけではない。

他方、「商品」論や「物象化」論がまだ確立される前の『経済学批判要綱』では、マルクスは次のように書いていた。

「労働能力が生産物を自分自身のものだと見抜くこと、そして自己の実現の諸条件からの分離を不埒な強制された分離だと判断すること、それは並外れた意識であり、それ自身が資本に基づく生産様式の産物である。そしてそれがこの生産様式の滅亡への前兆であるのは、ちょうど奴隷が、自分はだれか第三者の所有であるはずがないのだ、という意識をもち、自分が人間であるという意識をもつようになると、奴隷制はもはや、かろうじてその人為的な定在を維持することしかできず、生産の土台として存続することができなくなってしまったのと同じである」(Marx 1857–58, S. 371. 一〇三—一〇四頁)。

労働者が自分の置かれた「疎外」状況を「不埒な(ungehörig)」もの、自分にはふさわしくない不当なものと判断することを、マルクスは「並外れた(enorm)」意識、つまり「標準的規範(norm)」を超えた意識だと言うのである。そして彼は、資本主義社会の労働者が「疎外」の状態を自分にふさわしくないものだと見抜く、そのような「並外れた意識」そのものが「資本に基づく生産様式の産物」として歴史的に形成されると言う。しかし、労働者が商品意識に深くとらわれた「逆立ちした世界」の中で、いったいどのようにして、そのような批判的自覚が生まれてくるのだろうか。

この事態を「階級的に規定された無意識」の「自覚」の問題として深く突き詰めようとしたのが、ハンガリーのマルクス主義哲学者ルカーチ・ジェルジ（Lukács György, 1885–1971）の『歴史と階級意識』（一九二三年）だった。彼によれば、資本主義の「物象化の構造」（Lukács 1968, S. 185. 一七八頁）の中で「労働者は、自分自身を商品として意識するときにのみ、自分の社会的存在を意識することができる」のであり、労働者の意識は「商品の自己意識」（S. 295. 三〇三頁）となっている。だから、「資本主義の致命的な危機のまっただなかでさえも、広汎なプロレタリアート大衆は、なお、ブルジョアジーの国家、法および経済を、自己が存在するために可能な唯一の環境と思いこんでいる」（S. 410. 四二九頁）。

したがって、「プロレタリアートがひとりでに――イデオロギー的に――成長してプロレタリア独裁および社会主義を容認するようになることは、理論的にもありえないこと」（S. 473. 五〇七頁）なのである。だからこそ、ルカーチに言わせれば、前衛党が必要なのだが、たとえ共産党が権力を掌握したとしても（彼がこう書いたのはロシア革命の後である）、「ある点における物象化が克服されると、すぐに、このように物象化が克服された後の意識の状態がまた硬直化して、新しい――前と同じように物象化された――形態におちいってしまう、という危険が生じてくる」（S. 505. 五四二頁）。共産党も「意識の資本主義的な物象化」（S. 507. 五四四頁）と無縁ではないのだ。

最近では、シュトレークの『時間かせぎの資本主義』の訳者でもある鈴木直（1949–）が次のように論じている。

「マルクスはなぜ、疎外や物象化の原因自体もまた人間の類的本質に潜んでいるとは言わなかったのだろうか。「賃金労働関係があたかも物のように自立化し、類的本質に敵対するにいたる」と主張したとき、なぜマルクスはその賃金労働関係自体が人間の類的本質の作品だとは考えなかったのだろうか。……人間は関係の所産であるものを実体化したり、自ら生み出したものを自分の主として物神化したりする。手段を自己目的化し、原因と結果の位置を絶えず取り違える。こうした認識上の錯誤は、資本主義的生産様式や貨幣のフェティシズムを成立させるための重要な条件をなす」(鈴木［二〇一六］二四五―二四六頁)。

鈴木が言うように、物象化的錯視が生物としての人間の本質に根ざしているものなのだとしたら、私たちには資本主義的な「逆立ちした世界」から逃れるすべはないということになる。しかし、本当にそうなのだろうか。

4 『資本論』の「もう一つの声」

実は、『資本論』には、第一巻で展開されているのとは異なる「資本主義的生産様式の矛盾」についてのもう一つの論理がある。いわば、資本主義の終わり方を示唆する「もう一つの声」である。それが、『資本論』第一巻の刊行後、一八六八年から一八七〇年にかけて書かれた『資本論』第二部のための第二草稿に記された次のような文章だ。

「資本主義的生産様式における矛盾。労働者は商品の買い手として市場にとって重要である。

しかし、彼の商品――労働力――の売り手としては、［資本主義的生産様式には］その価格を最低限に制限する傾向がある。もう一つの矛盾。資本主義的生産がそのすべての潜勢力を発揮する時代は、きまって過剰生産の時代となって現れる。なぜなら、生産の潜勢力は、それによって剰余価値がたんに生産されるだけではなく、実現もされうる場合に限ってのみ充用されるべきものだが、しかし、商品の販売、商品資本の実現、したがってまた剰余価値の実現は、社会の消費欲望によって限界を画されているのではなく、その大多数の成員がつねに貧困であり、また貧困であり続けなければならないような社会の消費欲望によって限界を画されているからである」（Marx 1868–70, S. 308）。

この断章は、マルクス死後の一八八五年にエンゲルスが編集して出版した『資本論』第二巻に「注」として挿入されている。ただし、現行版の文章にはエンゲルスの修正が加わっているので、ここではマルクスの草稿に即して訳してみた。ここで彼が言っているのは、資本主義は労働者の搾取に基づく生産様式なので、社会の大多数を占める労働者の購買力（有効需要）に対してつねに「過剰生産」に陥るほかはない、ということである。商品が売れず、剰余価値が実現できなくなるなら、資本主義は存立できなくなる。それが、資本主義的生産様式の抱える基本的な「矛盾」だというのである。

『資本論』草稿群の中でマルクスがこのテーマにはじめて言及したのは、一八六三年から一八六五年にかけて書かれた『資本論』第三部草稿である。そこでは、「社会の消費力」が「敵対的な分配諸関係を基礎とする消費力によって規定されている」（Marx 1863–65, S. 313. 三〇七頁）こと、「あらゆる現実の恐慌の究極の根拠は依然としてつねに大衆の貧困なのであり、それに対して、資本主義的生産様式は、あたかも社会の絶対的消費能力だけが生産力の限界をなしているかのごとく生産力を発展させようとする衝動を有している」(S. 540. 六一九頁) ことが指摘されていた。さらに一八六五年の『資本論』第二部第一草稿でも、「継続的な相対的過剰生産」が「資本主義的生産様式の不断の、継続的な、内在的な一契機」(Marx 1865, S. 357. 二七一頁) であることが明言されている。

そして、マルクスがこのテーマに最後に言及したのが、晩年に書かれた『資本論』第二部第八草稿（一八七七―八一年）だった。この文章も現行版に採用されているが、ここでもマルクスの草稿に即して訳したので、現行版とは少し異なる。

「恐慌は支払能力のある消費または支払能力のある消費者の不足から生じる、と言うことは、まったくの同義反復である。……商品が売れないという事実は、支払能力のある買い手が見つからない、すなわちその商品の消費者が見つからない（その商品が結局は生産的消費のために売られようと、個人的消費のために売られようと）ということ以外の何ものも意味しない。……労働者階級は、自分自身の生産物のあまりに小さい部分しか受け取っていないのであり、したがって労働者階級がもっと大きな分け前を受け取るなら、つまりその賃金が上がりさえすれば害悪は取り除かれるのだと言う者がいるとすれば、その時にはただこう言えばよい。まさに労賃が全般的に上昇し、労働者階級が年生産物中の消費用部分のより大きな分け前を実際に受け取る時期こそ、いつでも恐慌を準備するのだ、と。……つまり、資本主義的生産は人々の善意や悪意とは関わりのない一定の諸条件を内包しているのであって、この条件は労働者階級の相対的繁栄を一時的にしか、しかもつねに恐慌の前触れとしてしか許さないのである」(Marx 1877–81, S. 742)。

そもそも『資本論』第二部「資本の流通過程」の主題は、資本の循環・回転・再生産が進行する仕組みの解明であり、最終的に資本の蓄積と拡大再生産が可能になる条件を明らかにしようとするものだった。そのような「主旋律」の中で、資本主義的生産様式が内包する「矛盾」についての断章は、いわば「不協和音」として響く。その不協和音を聞き分けて、逆に主旋律の方を批判したのが、ローザ・ルクセンブルク(Rosa Luxemburg, 1871–1919)の『資本蓄積論』である。

第一次世界大戦勃発直前の一九一三年に出版されたこの本は、『資本論』第二巻の「再生産表式」が拡大再生産=蓄積の実現可能性を理論的に説明できていないことを批判し、マルクスがそこで想定した「自足的な資本主義社会なるもの」はどこにも存在しないことを指摘したうえで、資本主義は地球的規模で非資本主義的な地域と社会層を世界市場に引き込んで支配することなしには資本蓄積を実現しえないことを論証しようとする試みだった。ルクセンブルクは、「世界形態」としての資本主義の「内部的不可能性」(Luxemburg 1975a, S. 411. 下・五六八頁)を明らかにしようとしたのである(彼女の思想とそれが「世界システム」論に与えた影響については、植村[二〇一六a]を参照されたい)。

最近では、デヴィッド・ハーヴェイ(David Harvey, 1935–)が現行版『資本論』第二巻を読み進める中でこの「もう一つの声」を聞き取り、「資本主義は永久にこのような矛盾に囚われた社会構成体である」(Harvey 2013, p. 3. 一六頁)ことを確認したうえで、「いかに資本がその内的諸矛盾を克服しようとして、地理的拡張、帝国主義、世界市場のグローバリゼーションを通じて外的な「空間的回避（fix）」（私はそう呼んでいる）に訴えるか」（p. 355. 四七三頁）を強調している。その「空間的回避」そのものが現在では行き詰まっているのである。

このような「資本主義的生産様式の矛盾」についてのマルクスのいくつかの断章は、直接には「恐慌＝危機（Krise）」の必然性についての覚え書きであり、それ自体として「資本主義の終わり方」を示したものではない。しかし、〈Krise〉の本来の意味は「岐路、分岐点」であり、別の方向に進む可能性のことでもある。一九三〇年代（それはファシズムとナチズムに権力を与えた時代である）に匹敵する危機的状況の到来というシュトレークの「見通し」が現実性を増している現在、『資本論』の中に存在する「複数の声」を聞き分け、その「ポリフォニー」の中から「資本主義の終わり方」を考え直してみることは、私たちがこれからどう生きるのか、どのように行動したらいいのか、という実践的問題に直結する。

『資本論』第三部の主要草稿群が活字になったのは、実に二〇〇八年（あの世界金融危機が起きた年！）のことであり、それらを解読する作業はまだ始まったところだ。そこに響く『資本論』のポリフォニーに耳を澄ますことで、「危機」の時代を生き延びるための、そしてより良い社会を考え直すための、多くの示唆が得られることだけは間違いない。

第九章

世界システム論とローザ・ルクセンブルク

はじめに

二〇〇五年にアンドレ・グンダー・フランク（Andre Gunder Frank, 1929–2005）が亡くなったとき、長年の友人だったサミール・アミン（Samir Amin, 1931–2018）は、アメリカの雑誌『マンスリー・レヴュー』に掲載された弔辞の中で、自分たちはイマニュエル・ウォーラーステイン（Immanuel Wallerstein, 1930–2019）やジョバンニ・アリギ（Giovanni Arrighi, 1937–2009）とともに「世界システム学派」の「四人組（gang of four）」だったと述べた（Amin 2005, p. 2）。

これには少し説明が必要かもしれない。フランクとアミンは「従属理論（dependency theory）」というラベルで分類されることが多いからである。ラテンアメリカ研究者のフランクが「低開発の発展」という意表を突く題名の論文を発表したのは、一九六六年九月の『マンスリー・レヴュー』だった（Frank 1966）。このテーゼは、翌年の著書『ラテンアメリカにおける資本主義と低開発——チリとブラジルの歴史的研究』（Frank 1967）で実証的な歴史研究という形で再提示された。

アフリカ研究者のアミンがフランクとはじめて出会ったのは一九六七年のパリだが、その時の会話について、アミンは次のように証言している。

「長いこと話をして、私たちは知的な波長が合うことを確信した。当時支配的だった「近代化論」は、第三世界の「低開発」は資本主義の諸制度の形成が遅れていて不完全であるせいだとみなしていた。共産党に代表されるマルクス主義正統派は、マルクス主義版の近代化論を提示していて、ラテンアメリカを「半封建的」と特徴づけていた。フランクは、それとはまったく異なる新しい考え方を主張した。ラテンアメリカはそもそものはじめから、ヨーロッパの大西洋岸に新たに興隆しつつある中心部に対する周辺部として、資本主義的発展の枠組みの内部で構築されてきたのだ、ということである」（Amin 2005, p. 1）。

その後、やはりアフリカ研究者だったウォーラーステインが一九七四年に『近代世界システム』の第一巻を出版すると、フランクとアミンも自分たちの理論枠組みを「世界システム」論と表現することを受け入れるようになる。そして、ウォーラーステインと親しいアフリカ研究者のアリギをも加えた「四人組」が実際に勢揃いしてみせたのが、一九八二年の共著『危機、どのような危機?』（Amin et al. 1982）であり、一九九〇年の共著『革命の変容――社会運動と世界システム』（Amin et al. 1990）だった。

この「四人組」は、その後フランクが『リオリエント――アジア時代のグローバル・エコノミー』（Frank 1998）でウォーラーステインとアミンを厳しく批判したことで事実上解消する。そのフランクの没後、二〇〇九年にはアリギが死去し、アミンが二〇一八年の八月に、次いでウォーラーステインも二〇一九年の八月に世を去った。

こうして「世界システム学派の四人組」はすでに伝説上の存在となったが、世界システム論という理論体系が、それまでの正統派マルクス主義や近代化論の世界＝歴史認識の枠組みを問い直し、私たちの世界認識を大きく転換させたという事実については、異論はないだろう。そして、この「四人組」がそれぞれに影響を受け、それを共有することによって世界システム論構築の理論的な土台となったもの、それがローザ・ルクセンブルクの本源的蓄積論と資本主義世界経済論だったのである。

1 「世界システム」とは何か

改めて「世界システム」論とは何かを確認することから始めよう。一九六六年のフランクの問題提起は、アミンの要約に従えば、「ラテンアメリカはそもそものはじめから、ヨーロッパの大西洋岸に新たに興隆しつつある中心部に対する周辺部として、資本主義的発展の枠組みの内部で構築されてきたのだ、ということ」だった。この「中心部（center）」対「周辺部（periphery）」という認識枠組みは、一九四八年にチリのサンティアゴに設立された「国際連合ラテンアメリカ経済委員会（CEPAL）」の委員長を務めたアルゼンチンの経済学者ラウル・プレビッシュ（Raúl Prebisch, 1901–1986）に由来する。

プレビッシュは一九六三年に『ラテンアメリカの動態的発展政策を目指して』という委員会報告書を発表するが、そこで彼が提示したのが、「世界経済（world economy）」を「中心部」と「周辺部」との不均等な関係として見る認識だった（Prebisch 1963, p. 16）。彼はさらに翌一九六四年に新設された「国際連合貿易開発会議（UNCTAD）」の事務局長に就任し、改めて『発展のための新しい貿易政策を目指して』（いわゆる『プレビッシュ報告』）を発表する。彼はそこでも、現在の世界には工業諸国での高賃金と農業諸国での低賃金という「根本的な不均衡」があり、それは「工業的中心部と周辺部諸国との構造的差異の一つの帰結」だ、という主張を繰り返していた（Prebisch 1964, p. 15）。

この『プレビッシュ報告』の問題提起を受けながら、ラテンアメリカの「低開発」という状態を規定する構造的要因を具体的に解明しようとした最初の試みが、フランクの「低開発の発展」というテーゼだった。彼は、一九六二年以降ブラジル、メキシコ、チリの大学で教えながらラテンアメリカの歴史と現状の研究を重ねることで、いわゆる「低開発」はたんに歴史的発展の「遅れ」や封建制の残存などの「前近代性」にあるのではなく、「世界資本主義システム（the world capitalist system）」（Frank 1967, p. 9. 三五頁）によって創り出され押しつけられたものであることを明らかにしようとしたのである。

フランクと出会ったときのアミンは、一九六二年に旧フランス領セネガルのダカールに設立された「国際連合アフリカ経済開発・経済計画研究所（ＩＤＥＰ）」の所員で、同時にダカール大学の教授を兼任していた。彼がその大学での講義をもとに一九七〇年に発表したのが、大著『世界的規模における資本蓄積』だった。翌年にはもう第二版が出ている。この著作でアミンが論じたのも、「中心部」と「周辺部」から構成される「世界資本主義システム（le système capitaliste mondial）は、抽象的にすら資本主義的生産様式には還元されえない」のであり、「現代社会はすべて世界システム（le système mondial）に組み込まれている」ということだった（Amin 1971, p. 11. 一七―一八頁）。

ここでアミンは「世界システム」という言葉を使っているが、これを数少ない例外として、フランクもアミンも一貫して「世界資本主義システム」という言葉を使っている。英語でもフランス語でも、この言葉は「世界的規模の資本主義的システム」を意味するものであり、「システム」を直接に修飾するのは「資本主義的」という形容詞である。

それに対して、フランクやアミンの問題提起を受けながら、「中心／周辺」構造をもつ一つの全体としての「世界システム（world-system）」という概念を、近代に限定されない、より広い歴史的展望の中に位置づけてみせたのが、ウォーラーステインだった。彼は『近代世界システム』第一巻の冒頭で、歴史的構造変化やその原因を説明するためにはどのような「単位」の社会を研究対象とすべきか、という問題を提起し、それに対して「唯一の社会システムは世界システムだ」（Wallerstein 1974, p. 7. 六頁）と答えたのである。

ウォーラーステインによれば、「世界システム」の歴史は大きく二分される。近代以前の「世界システム」は、資本主義以前の生産様式に基づく「再分配的世界システム」であり、「世界帝国」という形を取る。古代ローマ帝国、中華帝国、インカ帝国などがそれである。近代以前にも「世界経済」が存在しなかったわけではないが、「近代以前の「世界経済」はどれも構造的にきわめて不安定で、まもなく世界帝国に転化してしまうか、まったく分解してしまうか、いずれかの道をたどった」(p. 348. 四〇九頁)。

それに対して「近代世界システム」の特徴は、資本主義的「世界経済〈world-economy〉」の成立と持続にある。その特徴は、「経済面での決定が第一義的に「世界経済」にむけられるのに対し、政治的決定は「世界経済」内のもっと小さな、法的まとまりをもつ組織、すなわち国家……にむけられたことにあった」(p. 67. 七四頁)。それらの国家が「国家間システム」を構成し、国家間競争の結果として「ヘゲモニー国家」の歴史的交替が生じる。それにもかかわらず、特定の国家が「世界帝国」に転化することなく、「資本主義世界経済」が五〇〇年も持続したことこそ「近代世界システム」の特性なのである。

さらに、ウォーラーステインの議論の独自性は、その用語法にもある。「世界経済」という言葉はプレビッシュも使っていたし、「世界システム」という言葉もすでにアミンが使っていた。それらにウォーラーステインが新たに付け加えたのは、単語間のハイフンである。〈world-economy〉や〈world-system〉という表記そのものが、彼の「世界システム」論の独自性を示しているのである。

このように二つの名詞を接合して一つの名詞を作ることは、ドイツ語にはよく見られる。この表記を考案する際にウォーラーステインの念頭にあったのが、〈Weltwirtschaft〉や〈Weltsystem〉という ドイツ語だったことは間違いないだろう。そして、何よりも「資本主義世界経済(die kapitalistische Weltwirtschaft)」というドイツ語表現は、ルクセンブルクが使い始めた用語だったのである。

2 「四人組」のルクセンブルク評価

それでは、世界システム論の「四人組」にとって、ルクセンブルクはどのような存在だったのだろうか。アミンは、一九七〇年の『世界的規模における資本蓄積』の中で、ロシアのマルクス主義者ニコライ・ブハーリン(Nikolai Ivanovich Bukharin, 1888–1938)の『世界経済と帝国主義』(一九一五年執筆、一九一七年出版)を論じながら、次のように述べている。

「ブハーリンは、世界資本主義システムが同質のものからなっていないこと、つまりそれを資本主義的生産様式と同一視することができないことを理解していない。この著作をレーニンは[一九一七年に出版した『帝国主義論』の]「序文」で称賛しており、このことから考えると前述の「単純化」はブハーリン固有のものではないようである。……ローザ・ルクセンブルクの偉大な才能は、中心—周辺関係が本源的蓄積のメカニズムに依存していることを理解した点にある。ここでの問題は、資本主義的生産様式の内的機能に特有の経済的メカニズムではなくて、資本主義的生産様式とそれとは異なる構成体との関係だからだ」(Amin 1971, p. 78. 九六—九七頁)。

これとほぼ同じ時期、一九六九年から一九七〇年にかけて執筆された『従属的蓄積と低開発』

(出版は一九七九年) の中で、フランクも次のようにルクセンブルクの再評価を試みている。

「マルクス自身は、世界資本蓄積の第三段階〔帝国主義段階〕における植民地世界の転形を目撃するほど長生きしなかった。レーニンはこの問題に注意を払ったが、それも主として当面する政治戦略の諸問題と関連しての話にすぎなかった。……こういった状態の中でしかし一つだけ際立った例外として、ローザ・ルクセンブルクがいた。彼女は、半世紀以上も前に、この問題にかなり注意を払い、理論的総括を試みた。彼女が、剰余価値の実現と中枢の資本主義発展の継続という理論問題への関心からそうしたという事実、またこの点での彼女の理論がレーニン以降の事実上すべてのマルクス主義者によって根拠ないものとして拒否されたという事実は、植民地の転形についての彼女の分析そのものの重要性と有益性を減ずるものではない。とりわけ、それ以後の五〇年間に彼女の分析をしのぐものはあらわれなかったからである」(Frank 1979, p. 141. 二〇六―二〇七頁)。

このようにフランクは、レーニン以降のマルクス主義者とルクセンブルクとを対比させ、彼女の主著『資本蓄積論』(一九一三年) の「重要性と有益性」を高く評価したうえで、次のように彼女を自らの「世界資本主義システム」論の直接の先行者として位置づけた。

「資本主義発展の一九世紀の帝国主義局面について論じ、また主に中東の経験から分析を引き出しているにもかかわらず、ローザ・ルクセンブルクは、われわれがすでに一六世紀以降のラテンアメリカとカリブ海で直面したような世界資本主義の発展と低開発の植民地資本主義的発展の同じ基本的過程のいくつかを見出している。すなわち、世界資本主義システムの拡張、その植民地構造、中枢との植民地的関係および中枢の発展の利害からひきおこされる植民地における生産様式と経済構造の転形と決定、階級構造と社会組織の意図的・非意図的転形……、経済的・政治的利害関係において中枢と結びついている一階級とその従属的手先の創出ないし統合」(pp. 145–146. 二二三頁)。

ルクセンブルク対レーニン(およびブハーリン)。「世界資本主義システム」の内部に存在する「中心/周辺」関係を認識して分析したルクセンブルクと、それを批判して、「世界資本主義システム」を「資本主義的生産様式」と同一視したマルクス主義者たち。

このような対立は、半世紀後にもう一度反復されることになる。フランクが提起した「低開発の発展」論もまた、同時代のマルクス主義者から「拒否」されたからである。アルゼンチンで政治活動に従事した後、一九六九年にイギリスに亡命したマルクス主義者エルネスト・ラクラウ(Ernesto Laclau, 1935–2014)は、一九七一年に「ラテンアメリカにおける封建制と資本主義」という論文をイギリスの雑誌『ニュー・レフト・レヴュー』に発表し、その中でフランクを厳しく非難したのである(Laclau 1971, pp. 37–38)。

ラクラウによれば、「資本主義の基本的な経済関係は、自由な労働者がその労働力を販売することによって構成されている」(p. 25)。しかしながら、現在のラテンアメリカに存在するのは、「多様な賦役労働制度を最大限に拡張する経済外的強制」や「奴隷労働」であり、「資本主義的プロレタリアートの形成とは似ても似つかない奴隷制の偽装された形態や他の型の強制労働」なのであって、それらを資本主義的と規定する「フランクの「資本主義」命題は弁護の余地がない」というのである（p. 30）。

このラクラウの批判に反応してフランクを擁護したのが、主著『近代世界システム』の第一巻を書き上げたばかりのウォーラーステインだった。彼は、一九七四年九月にケンブリッジ大学の学術誌『社会と歴史の比較研究』に論文「世界資本主義システムの勃興と将来における死滅――比較分析のための諸概念」を発表し、そこで「イギリスあるいはメキシコあるいは西インド諸島」を「分析単位」とみなすラクラウを批判しながら、この場合の「分析単位（一六～一八世紀の間の）はイギリスおよびメキシコを含むヨーロッパ世界経済（the European world-economy）ではないのか」と反問したのである（Wallerstein 1979, p. 10. 一一頁）。彼はまた、ラクラウが自分の「資本主義的生産様式」の定義はマルクスに従うものだと強調したのに対して、ルクセンブルクの『資本蓄積論』からマルクスの本源的蓄積論に対する批判を引用し、「ローザ・ルクセンブルクは、この特殊な議論におけるマルクスの曖昧さと不整合性を解き明かす手がかりを的確に指摘している」（p. 8. 九頁）と評価した。そしてさらに脚注で、「中核」と「周辺」との関係に関する「彼女の洞察力は申し分のないものである」（p. 8. 四四頁）と付け加えている。

ウォーラーステインによれば、「資本主義と世界経済（すなわち、単一の分業のもとにあり、しかも多数の国家組織と文化からなる）は同じコインの二つの表面なのである。一方は他方の原因とはならない。分割できない同じ現象が異なった特性によって定義されているだけなのである」（p. 6. 七頁）。このことの意味を確認するために、私たちもルクセンブルクの本源的蓄積論と資本主義世界経済論に立ち戻らなければならない。

3 本源的蓄積とは何か

まずは『資本蓄積論』の問題意識を確認することから始めよう。この本の主題は、マルクスが『資本論』第二部第三編の草稿で展開した「拡大再生産表式」論の批判的分析である。マルクスは、個別資本の絡み合いからなる「社会的総資本の再生産」過程を、生産手段生産部門と消費手段生産部門という二つの部門間での流通という形で単純化し、さらに単純再生産と拡大再生産の場合に分けて、これらの部門間の均衡条件を数学的に表現しようと試みた。彼はさまざまな計算を試みているが、自分でも納得のいくような説明に成功していないことは、この草稿が未完成のまま残されたという事実からもわかる。

この試みに対してルクセンブルクが問題にしたのは、拡大再生産の前提となる「需要の増大」がどこから生まれるのか、ということである。彼女はこのように問いかける。

「事実上蓄積が行われる、すなわち生産が拡大されるためには、なお他の一条件、すなわち、商品に対する支払能力ある需要の拡大が必要である。さて、マルクスの表式における継続的生産拡大の根底に横たわる、たえず増大する需要はどこから生ずるか?」(Luxemburg 1975a, S. 102. 上・一三一頁)

ルクセンブルクが問題にしたのは、細かい計算問題ではなく、マルクスが想定する「資本主義的生産様式」の空間的広がりは実際にはどのようなものなのか、ということである。『資本論』が描くものが抽象的な理論モデルなのか一国資本主義社会なのかについてはさまざまな解釈があるが、ルクセンブルクが問いかけたのは、この「モデル／社会」と「外部」との関係だった。彼女は、「外部」の需要なしに資本主義的生産様式の拡大再生産ははたして可能なのか、という疑問を提示したのである。彼女は次のように断言している。

「われわれは、マルクスが首尾一貫してかつ意識的に、『資本論』全三巻における彼の分析の理論的前提として、資本主義的生産様式の一般的かつ排他的な支配を仮定しているのを見た。……かような前提は理論上の応急策であって、現実においては、資本主義的生産の排他的支配を伴う自足的な資本主義社会なるものは、どこにも存在しなかったし、現に存在していない」(S. 297. 下・四〇七頁)。

現実に即して考えれば、ルクセンブルクの指摘は基本的に正しい。現在でも、企業の多くが自国の労働者の購買力(個人消費)ではなく「外国の富裕層」を当てにして「輸出拡大」のための生産拡大を行っていることを思い起こせばいいだろう。このように、「剰余価値の実現は、第一条件として、資本主義社会以外の購買者の一団を必要とする」(S. 300. 下・四一二頁)というのが、彼女の理解だった。

他方でルクセンブルクは、資本主義的生産が、その原材料(生産手段)を調達するためにも、「はじめから、その運動形態および運動法則において、生産諸力の宝庫としての地球全体を計算に入れている」(S. 307. 下・四二〇頁)ことを確認する。同じことは労働力についても当てはまる。拡大再生産を行うには追加的労働力が必要だが、「ヨーロッパの農民経済および手工業の瓦解ばかりでなく、ヨーロッパ以外の諸国における種々の原始的な生産形態と社会形態の瓦解」(S. 311. 下・四二五頁) がそれを提供するはずである。

そして、ルクセンブルクが『資本論』第一巻第二四章の「いわゆる本源的蓄積」論を批判するのは、まさにこの論点にかかわってのことだった。

「そこでマルクスはヨーロッパ資本による植民地諸国の略奪をとくに強調している。だが、注意すべきことには、これらすべては、ただいわゆる「本源的蓄積」の視角のもとでの話である。右の過程は、マルクスにあっては、資本の創世記すなわち誕生時を例証するだけであり、それは、封建社会の胎内からの資本主義的生産様式の誕生に際しての産みの苦しみを言い表している。資本過程の理論分析――生産ならびに流通――を与えるやいなや、彼はいつも、資本主義的生産の一般的かつ排他的な支配という彼の前提にたち帰るのである」(S. 313. 下・四二九頁)。

つまり、ルクセンブルクが主張するのは、マルクスが「本源的蓄積」という名称で歴史的過去として描いた過程は、今なお植民地からの生産手段や労働力の収奪として継続している、ということである。したがって、「資本主義は、その十分な成熟においてさえも、あらゆる連関において、非資本主義的な層および社会の同時的実存を頼りとしている」のであり、「資本蓄積はむしろ、非資本主義的な環境なしにはどの点でも考えられえないもの」なのである (S. 313–314. 下・四三〇頁)。

しかし、「資本蓄積」が「本源的蓄積」の継続にほかならないのだとしたら、資本主義は自らの支配領域を日々拡大し、利用可能な賃金労働者を増加させていくことによって、自らの実存条件である非資本主義的「外部」そのものを食いつぶし、有効需要の担い手となる購買者の範囲をますます狭めていく、ということになる。これは明らかに矛盾である。しかし、ルクセンブルクは、自らの実存条件を自ら絶えず粉砕し続けるというこの矛盾そのものが「資本蓄積の定在条件」(S. 364. 下・五〇〇頁)だと言う。

このような矛盾を抱えた過程には、いずれ終焉が待ち構えている。その意味で、資本蓄積とは、いわば余命が宣告された過程なのである。しかし、まだこの過程が進行しているかぎりで、資本主義が自らの存在条件として非資本主義的な地域や社会を必要とするのだとすれば、そこから必然的に生じるのは、「こうした地帯や社会を征服しようとする資本の熱望」(S. 314. 下・四三〇頁)である。そこから帝国主義が生じるのだが、資本主義延命のための努力の政治的表現である帝国主義は、国家間戦争を引き起こすだけでなく、非資本主義的領域を暴力的に略奪することで資本主義の矛盾を激化させ、資本主義の終焉を逆に早めることになる。『資本蓄積論』の最後の言葉は、次のようなものだった。

「資本主義は、普及力をもった最初の経済形態であり、世界に拡がって他のすべての経済形態を駆逐する傾向をもった、他の経済形態の併存を許さない、一形態である。だが同時にそれは、ひとりでは、その環境およびその培養土としての他の経済形態なしには、実存しえない最初の形態である。すなわちそれは、世界形態たろうとする傾向をもつと同時に、その内部的不可能性のゆえに生産の世界形態たりえない最初の形態である。それは、それ自身において、一個の生きた歴史的矛盾であり、その蓄積運動は、矛盾の表現であり、矛盾のたえざる解決であると同時に強大化である。ある特定の発展高度に達すれば、この矛盾は、社会主義の原理の充用によるほかには解決されえない」(S. 411. 下・五六八―五六九頁)。

ルクセンブルクがこう書いた翌年に、第一次世界大戦が勃発する。彼女はしかし、理論的には資本主義の寿命を縮めるはずの帝国主義国家間戦争を傍観するのではなく、戦争に反対する運動に全力で取り組み、その結果、逮捕されて獄中の人となった。

4 「資本主義世界経済」

一九一六年から二年間にわたる獄中生活を送る中で、ルクセンブルクは一九〇七年以来ベルリンの社会民主党学校で行っていた経済学講義の原稿に手を入れ、著作として出版するための補足や推敲を行った。この原稿は、彼女の死後、ドイツ共産党の指導を引き継いだパウル・レヴィ(Paul Levi, 1883–1930)によって一九二五年に『経済学入門』という題名で公刊された。

ルクセンブルクはまず、「そもそも一国民の経済というようなものが現実に存在するのであろうか?」(Luxemburg 1975b, S. 535. 二七頁)と問いかけることから始めている。この問いに対して、彼女は、「個々の「国民経済」の間に単純な商品交換とはおそらくなおまったく別種な経済的諸関係が成立しているにちがいない」こと、そこでは「対等な者同士の間での交換とはまったく異なる諸権利」の行使に基づく「諸国間の請求権および従属関係」が存在する、と答えている(S. 552. 五五―五六頁)。

その典型をなすのはイギリスとインドのような「いわゆる母国と植民地の関係」(S. 552. 五六頁)

だが、それだけでなく、ヨーロッパ諸国と当時のオスマン帝国や中国との間にあるような従属関係も含まれる。そこには「富裕な大資本家的な西ヨーロッパとそれによって吸い取られる貧しくて遅れている東洋とのあいだの独特な関係が待ち伏せている」(S. 555. 六〇頁)。このように不平等な「従属諸関係」を伴う「今日の人類の経済的相互依存」の構造を、ルクセンブルクは「資本主義世界経済」(S. 562. 七二頁)という言葉で表現したのだった。彼女はこう続けている。

「この日々にますます緊密になり強固に合生して行って、あらゆる国民と国土とを一つの大きな全体として結合する経済的な基礎(Grundlage)と、諸国民を境界標や関税壁や軍国主義によって人為的にそれだけ多くの無縁な敵対的な諸部分に分裂させようとする諸国家の政治的な上部構造(Überbau)との間の、広がりつつある矛盾ほど、今日目につくものはなく、これほど今日の社会的および政治的生活の全容にとって決定的な意義をもつものはない」(S. 562. 七三頁)。

現在の世界にとって決定的な意味を持つのは、資本主義世界経済という基礎=土台と、帝国主義的国家間対立という政治的上部構造との間の矛盾だ。これが、世界戦争の最中にルクセンブルクが獄中で書き残した認識である。ウォーラーステインの『近代世界システム』は、まさにこのような世界経済(経済的基礎)と国家間システム(政治的上部構造)との相互作用という認識枠組みに基づいて、一六世紀以降の「ヨーロッパ世界経済」が周辺部との「不等価交換」を内包する「資本主義世界システム」へと発展していく過程を詳細に具体的に説明しようとする試みだった。

それでは、この「資本主義世界経済」の中で本源的蓄積が継続すると、何が起こるのか。ルクセンブルクは『資本蓄積論』で、資本主義は非資本主義的な経済形態や社会層の存在を不可欠の存立条件としているのであり、したがって資本主義は「世界形態」としては存立不可能だと述べていた。『経済学入門』の最終部分においても、彼女は資本主義の「根本的矛盾」を改めて次のように説明している。

「資本主義的生産が自分よりも古い諸生産〔形態〕にとって代われば代わるほど、既存の資本主義的経営の拡張要求にたいして利潤獲得欲がつくりだす市場制限はますます狭くなる。この事実がまったく明白となるのは、資本主義の発展が非常に進んで全地球上で人間の生産するすべてのものが、ただ資本主義的にのみ、すなわちただ近代的賃金労働者を雇用する大経営の資本主義的な私的企業家たちによってのみ、生産される、という瞬間を想像してみたときである。そのときには、資本主義が不可能なことは紛れもなく明らかになる」(S. 778. 四三六頁)。

ルクセンブルクがこう書いてから半世紀後に登場した世界システム論の主唱者たちは、彼女の「資本主義世界経済」論の影響を受けながら、世界経済の「中心／周辺」関係を、本源的蓄積の継続に基づく「不等価交換」の関係として説明してきた。そして、本源的蓄積の結果として「世界の資本主義化」が終了して資本主義の「外部」が消滅するとき、「剰余価値の実現」が不可能になり、「資本主義の内部的不可能性」が明らかになる、という彼女の予言もまた、程度の差はあれ「四人組」に受け継がれてきた。

このように「資本主義の不可能性」が露呈し始める時代を、アリギは、死の直前に書き残した『長い二〇世紀』第二版の「あとがき」で「長期にわたるシステムの混沌」(Arrighi 2010, pp. 385–386)

と呼び、ウォーラーステインは『近代世界システム』の第四巻で「資本主義世界経済の構造的危機」（Wallerstein 2011, p. xvii. 八頁）と名づけた。

この「混沌／構造的危機」はすでに始まっているが、しかし、本源的蓄積は、周辺部だけでなく、むしろ中心部においてさまざまな形で内部化されながら現在もなお継続している。二一世紀に改めてそのことを指摘したのが、地理学者デヴィッド・ハーヴェイだった。彼もまた本源的蓄積に関するルクセンブルクのマルクス批判を「説得的な異議申し立て」（Harvey 2010, p. 94. 一四八頁）だとみなし、「ローザ・ルクセンブルクはほとんど一世紀も前に、この［本源的蓄積が継続しているという］問題を確固として議論の俎上に載せた」（p. 305. 四五二頁）と、彼女の問題提起を高く評価した人物である。

そのうえで、ハーヴェイが「本源的蓄積」という歴史的用語に代わるものとして提案したのが「略奪（dispossession）による蓄積」という言葉だった。彼が特に強調するのは、一九七〇年代半ば以降アメリカやイギリスの政府が行った新自由主義的政策は「略奪による蓄積」にほかならない、ということである。その後、中国の改革開放や一九八九年の東欧革命によって開かれた新しい「周辺部」に対する多国籍企業の進出と並行して、公共事業の民営化や社会保障制度の縮減などの新自由主義的政策が世界的規模で展開されたが、それが一つの壁に突き当たったのが、二〇〇八年のリーマン・ショックに始まる世界金融危機だった。「資本主義の不可能性」が改めて議論の対象となったのである。

5　世界システムの未来

二〇一一年に出版した『近代世界システム』第四巻で、ウォーラーステインは、「やり遂げられればの話であるが、第六巻では、資本主義的世界経済の構造的危機が主題となり、一九四五年ないし一九六八年から、二一世紀中頃のどこか、たとえば、二〇五〇年くらいまでが対象となるだろう」(Wallerstein 2011, p. xvii. 八頁) と予告していた。

その「資本主義世界経済の構造的危機」について、ウォーラーステインは二〇一三年の共著『資本主義に未来はあるか』の中で、改めて次のように発言している。

「近代世界システムはおよそ五〇〇年間続いてきたし、無限の資本蓄積の行動規範という点から見ればきわめて成功していると思われる。しかし、この行動規範に基づいて機能し続ける期間は、今や終焉を迎えている」(Wallerstein 2013, p. 11. 一八—一九頁)。

ウォーラーステインによれば、今や資本主義に代わる二つの選択肢の間の闘争が始まっている。その一つは、資本主義よりはるかに悪い形で「階層性、搾取、両極化」を維持するシステムであり、もう一つは「相対的に民主的かつ平等なシステム」である (p. 33. 五三頁)。これから続く「構造的危機においては、揺らぎは大きく、かつ恒常的であり、システムはつねに均衡から離れている」が、他方、「構造的危機の間は小さな社会的変化がきわめて大きな影響を与える」(p. 33. 五四頁)。この闘争の結果については、彼はやや楽観的に見える。あるいは、そうであることを願っている。

「私たちが生きている近代世界システムが存続できないのは、それが均衡からあまりにも遠ざかり過ぎていて、無限の資本蓄積を資本家に許容することがもはやできなくなったからだということである。……つまり、私たちは、後に来るシステムをめぐって闘争が展開される構造的危機のなかに生きているのである。闘争の結果は予測できないが、来る数十年のうちにはいずれかの側が勝ち抜き、合理的に安定した新しい世界システム（または複数の世界システムの組合わせ）が構築されるだろう、と確信することは可能である。私たちにできるのは、歴史的選択肢を分析して、好ましい結果をもたらすような道徳的選択をし、そこに至る最適な政治的戦術を評価することである」(p. 35. 五六―五七頁)。

ウォーラーステインがこのように「安定した新しい世界システム」の確立に期待を寄せていたのに対して、資本主義の「構造的危機」がもっと長期間にわたって持続する不吉な未来像を描いているのが、ドイツの経済社会学者ヴォルフガング・シュトレークである。彼は二〇一六年の著書『資本主義はどう終わるのか』で、具体的な例を挙げながら資本主義の「危機的状況」について詳しく論じている。

この「危機的状況」の兆候は、第一に、主要な資本主義諸国の経済成長率がたえず低下していること、第二に、国家債務と一般世帯債務、企業債務ともに金融債務額が増加していること、第三に、所得と資産の両面で経済格差が拡大していること、である（Streeck 2016, p. 47. 六七―六八頁）。それは、資本主義の発展が「これまで資本主義そのものに制限を加えて安定させてきた装置のすべてを破壊してしまった」(pp. 57–58. 八一頁）結果である。社会保障制度の縮減、労働組合の解体、社会主義や社会民主主義政党の弱体化など、資本主義に対するブレーキ装置の役割を果たしてきた諸制度の破壊である。

このような事実に基づいて、シュトレークは次のような近未来の見通しを引き出した。

「資本主義の最近までの歴史をふりかえれば、これから資本主義は長期にわたって苦しみながら朽ちていく、ということが予測される。今後、ますます衝突と不安定化、不確実化が広がり、「正常なアクシデント」が着実に繰り返されていくだろう。そこからかならずしも一九三〇年代に匹敵する大崩壊が起こるとはかぎらないが、そうなる可能性はきわめて高いだろう」(p. 72. 一〇四頁)。

それに劣らず深刻なのは、このような資本主義の「不安定化、不確実化」という危機的状況が人々の意識に及ぼす影響である。シュトレークは、この危機的状況がかえって「不安定労働者(不安定＝非正規であるがために従順にさせられた労働者)を、労働市場と雇用の根本的不安定性を前にしてなお嬉々として消費社会の義務を果たす、忠実な消費者へと転換する」(pp. 2–3. 八頁)可能性さえも指摘している。したがって、世界システムの未来に対する彼の展望は、ウォーラーステインとは対照的にきわめて暗い。

「現在進行中の最終的危機を経て資本主義に代わるのは、社会主義やその他の明確な社会秩序ではなく、長い空白期間であろう。そこにはウォーラーステイン流の新しい世界システムの均衡は存在せず、社会的混乱と無秩序が支配する時代となる(まさに不安と不確定性の時代である)」(p. 13. 二四頁)。

私たちを待ち受けているのは、ウォーラースティンの願った「安定した新しい世界システム」という明るい未来か、それともシュトレークの描く「不安と不確定性の時代」の持続という暗い未来か。資本主義の終焉を生きる私たちの前にあるのは、二つの可能性のどちらに進むのかを私たち自身が選択する、そのような分岐点なのである。

資本主義の「終わりの始まり」を生き抜くための試みは、現に世界の各地でさまざまな形で模索されている。構造的危機が「不安と不確定性の時代」であることは間違いないが、だからこそ、私たち自身の次の一歩が大きな違いを生み出す。ウォーラースティンの二〇一三年論文の末尾の言葉はこうである。

「歴史は誰の側にあるのでもない。何をすべきかについて判断を誤る可能性は誰にでもある。結果は偶発的であって本質的に予測できないものであり、私たちが望むタイプの世界システムを獲得するチャンスは五分五分であるが、それは決して少ない確率だというわけではない」(Wallerstein 2013, p. 35. 五七頁)。

そのような分岐点を前にしたとき、ローザ・ルクセンブルクならどう考えただろうか。彼女が一九一七年に獄中から友人たちに宛てて書いた手紙には、要塞監獄の庭に咲く野の花や小鳥の鳴き声についての報告とともに、「ああ、世界と人生とはなんて美しいんだろう!」(Luxemburg 1984a, S. 189. 二七七頁)、「人生はやっぱり美しい童話である」(S. 299. 二九四頁)といった言葉がちりばめられている。そんな彼女が親友ゾフィー・リープクネヒト(Sophie Liebknecht, 1884-1964)に書き送った五月二日の手紙には、次のような文章が残されている。

「わたしは自分がほんとうは人間ではなくて、なにかの鳥か動物かが出来損ないの人間の姿をとっているのじゃないかと、感じることがよくあるのです。心のうちでは、ここのようなささやかな庭とか、マルハナバチや草にかこまれて野原にいるときのほうが、はるかに自分の本来の居場所にいる気がする――党大会なんかに出ているときよりも。……にもかかわらずわたしは、あなたも知るとおり、自分の持ち場で死にたいと願っています、市街戦で、あるいは監獄で」(Luxemburg 1984b, S. 229. 五二―五三頁)。

ローザ・ルクセンブルクが「自分の持ち場」であるベルリンの街頭で闘って死んだのは、今から一〇〇年前の一九一九年一月、要塞監獄から解放されてわずか二カ月後のことだった。

第十章

東ドイツにおける社会主義と市民社会

――言説史の試み

はじめに――社会主義と市民社会

かつて「ドイツ民主共和国（DDR：Deutsche Demokratische Republik）」という国家があった。一九四九年一〇月に建国され、一九九〇年一〇月に存在を終えたこの国家（いわゆる東ドイツ）は、一九七三年以降、自国の体制を「現に存在する社会主義（real existierender Sozialismus）」と自称していた。これは同年五月の「社会主義統一党（SED：Sozialistische Einheitspartei Deutschlands）」第九回中央委員会で党書記長のエリッヒ・ホーネッカー（Erich Honecker, 1912–1994）が初めて使用し、その後は公式発表の中で東ドイツの社会的諸関係を特徴づけるために繰り返し使われた用語である。この言葉は、一九七〇年代後半以降は体制批判派の側からも広く使われるようになるが、それは現在の体制が「真の社会主義」ではないことを表す批判語としてだった。

他方、東欧諸国の共産党政権に対抗して民主化を求める勢力は、一九八〇年代以降、言論や結社の自由を求める民主主義的要求を「市民社会」の名において行うようになる。ポーランドでは一九八〇年に独立自主管理労働組合「連帯（Solidarność）」が結成されるが、そのスポークスマンとなった地下出版新聞の編集者アダム・ミフニク（Adam Michnik, 1946–）は、一九八五年に「市民社会」という言葉を次のように使っている。

「自然発生的に成長しつつある独立自治労働組合「連帯」の本質は、労働と市民的・国民的権利の防衛の保証を目的とする社会的結束、自己組織の再生にある。ポーランドの共産党支配の歴史で初めて「市民社会（civil society）」が再建されつつあったのであり、それは国家との妥協に達しつつあった」（Michnik 1985, p. 124）。

さらに一九八八年にソヴィエト連邦のミハイル・ゴルバチョフ（Mikhail Gorbachev, 1931–）政権が「ブレジネフ・ドクトリン」の放棄を公式に表明した後には、ワルシャワ条約機構軍の軍事介入の恐れがなくなった東欧全域で民主化運動が活性化する。ブダペスト学派の一員だったハンガリーの哲学者ミハーイ・ヴァイダ（Mihály Vajda, 1935–）は、この状況を次のように報告している。

「[東欧では] 全体的権力を要求する国家と市民社会（civil society）との抗争が進行しつつある。社会は拘束されてきたし、自律的組織（autonomous organization）も認可されていないにしても、社会の本能的な行動は頑強に残存している」(Vajda 1988, p. 340)。

このような東欧諸国での市民運動の展開と一九八九年の「東欧革命」の勃発に衝撃を受けて、ドイツの社会学者ユルゲン・ハーバーマス(Jürgen Habermas, 1929–)は一九九〇年に出版された『公共性の構造転換』新版「序言」で、それを「市民社会(Zivilgesellschaft)の再発見」(Habermas 1990, S. 45. xxxvii頁)と表現した。〈civil society〉という英語は、ドイツでは一八世紀以来〈bürgerliche Gesellschaft〉と訳されてきたが、彼はそれとは区別される新しい対象を指し示す言葉として、外来語的な新しい造語を選択したのである(ドイツにおける「市民社会」概念の歴史については、植村[二〇一六c]参照)。

ハーバーマスによれば、「〈Zivilgesellschaft〉の制度的な核心をなすのは、自由な意思に基づく非国家的・非経済的な結合関係」であり、それを具体的に担うのは「教会、文化的なサークル、学術団体をはじめとして、独立したメディア、スポーツ団体やレクリエーション団体、討論クラブ、市民フォーラム、市民運動……、さらに同業組合、政党、労働組合、オルタナティヴな施設」などである。要するに、「問題となっているのは世論を形づくる諸結社(meinungsbildende Assoziationen)」なのである(S. 46. xxxviii–xxxix頁)。

こうして、国家(政治社会)とも市場(経済社会)とも区別される第三の社会領域としての「市民社会」という新しい概念が成立する。それは、具体的にはさまざまな「自発的結社」としての「市民団体」のことである。それでは、「現に存在する社会主義」諸国における「市民社会」とは実際には何だったのか。社会主義と市民社会との関係は具体的にはどのようなものだったのか。そして、現在その関係はどのようなものになっているのか。

私はすでに東ドイツにおける「思想としての社会主義」と「現に存在する社会主義」との関係を論じたことがある（植村［二〇一六b］）。しかし、そこでは紙幅の制約もあって、東ドイツにおける社会主義と市民社会とをめぐる言説を詳しく考察することができなかった。以下で改めて試みるのは、その言説の歴史叙述である。

1　社会主義――協同組合的社会か官僚独裁か

東ドイツの「社会主義統一党（SED）」は、一九四六年に当時のソ連軍占領地域で既存の「ドイツ共産党」と「ドイツ社会民主党」が合併して成立したマルクス主義政党であり、この党が前提としていた「社会主義」は、もちろんマルクスの思想に基づくものである。東ドイツでは、一九五六年から一九九〇年まで、SED中央委員会付属マルクス＝レーニン主義研究所が編集したドイツ語版『マルクス・エンゲルス著作集』（全四三巻、略称MEW）が刊行され続けていた。そこに収められたマルクスの主要著作を参照すれば、誰でも次のことを確認することができた。

一八七五年の『ドイツ労働者党綱領批判（ゴータ綱領批判）』によれば、マルクスが資本主義社会の次に到来するはずだと考えていたのは、「生産手段の共有を土台とする協同組合的社会（die genossenschaftliche, auf Gemeingut an den Productionsmitteln gegründete Gesellschaft）」（Marx 1875, S. 19. 三八頁）であり、さらに『フランスの内乱』（一八七一年）のエンゲルス訳によるドイツ語版によれば、そこでは「自由な協同的労働（die freie und assoziirte Arbeit）」による「協同組合的生産（die genossenschaftliche Produktion）」が行われ、「協同組合の連合体（die Gesamtheit der Genossenschaften）が一つの共同的計画に基づいて全国の生産を調整」（Marx 1871b, S. 342–343. 三一九頁）することになっていた。

この『著作集』は、マルクスが英語やフランス語で書いた文章は、原文ではなく、原則としてエンゲルスによるドイツ語訳を収録するという方針を採っており、『フランスの内乱』からの引用文中に示したドイツ語はエンゲルスによる訳語である。マルクスの英語原文では、〈genossenschaftlich〉にあたる形容詞は〈co-operative〉であり、〈die Gesamtheit der Genossenschaften〉は〈united co-operative societies〉となっている（Marx 1871a, S. 143）。マルクスは、熟年期の自分の主要著作では、来るべき社会システムを表現するのに「協同組合」という言葉を多用していたことがわかる。つまり、社会主義とは、労働者の「自由と協働」を基礎とする「協同組合的社会」のことであった。

他方、それとは対照的な社会主義のとらえ方もドイツには存在していた。それが、「官僚独裁による統制経済」というマックス・ウェーバー（Max Weber, 1864–1920）の社会主義論である。ロシア革命が勃発した翌年の一九一八年、ウェーバーはウィーンに招かれて、オーストリア軍将校団の前で「社会主義」についての講演を行った。そこで彼が指摘したのは、「長年にわたる専門的訓練、不断に進展する専門分化、およびそのように教育された専門官僚群による管理の必要という事実は、社会主義といえども考慮に入れなければならない第一の事実です。近代経済をそれ以外の方法で管理することはできません」（Weber 1924, S. 498. 三六頁）ということだった。

ウェーバーによれば、ロシアで進行しつつあるのは「労働者の独裁ではなく、官僚の独裁（die Diktatur der Beamten）」（S. 508. 六五頁）なのである。彼はこう続けている。

「『共産党宣言』に魅惑的な威力を与えたかつての革命的大破局への希望は、漸進主義的解釈に道を譲りました。したがって、それは、おびただしい数の競争的企業家を擁した旧い経済が、国家の官僚によって規制されようと、官僚参画下のカルテルによって規制されようと、それにはかかわらず、一つの統制経済（eine regulierte Wirtschaft）に漸次成長を遂げてゆくという解釈に屈服したのです」（S. 510. 六九頁）。

ウェーバーは、マルクスに対抗する形で次のように断言している。

「私は、平時における生産管理の能力を、労働組合員自身のうちにも、サンディカリスム的知識分子のうちにも認めません」（S. 514. 七九頁）。

ウェーバーのこの講演は一九二四年に出版された『社会学・社会政策論集』に収録されており、ワイマール共和国時代のドイツではそれなりに広く読まれていた。今から見れば、ウェーバーのこの講演は、「現に存在する社会主義」の実態をかなり正確に予言するものだったと言うことができるだろう。

ちなみに、一九二〇年の早春にウェーバーは、ハイデルベルク大学時代の教え子で、一九一九年のハンガリー革命に参加した後、ウィーンに亡命してきたマルクス主義哲学者ルカーチ・ジョルジュに宛てた手紙に次のように書いている。

「もちろん私たちの政治的見解は分かれています（これらの実験［一九一七年のロシア革命と一九

一九年のドイツ革命、ハンガリー革命」は今後一〇〇年間にわたって社会主義の信用を傷つけるという結果にしかなりえないし、実際そうなるだろう、と私はまったく確信しています)」(Weber 2012, S. 961)。

その後の「社会主義」諸国、特にマルクスとウェーバーの母国(の半分を占める)東ドイツでは、政権党の政策もそれに批判的な知識人たちも、マルクスの提示した「協同組合的社会」の理念とウェーバーの予言した「官僚独裁による統制経済」の現実との間で、揺れ動くことになる。

2 「現に存在する社会主義」——国家社会主義か国家資本主義か

東ドイツのSED政権は、一九六三年に「計画と指導のための新経済システム」導入を決定し、また一九六七年にはSED第七回党大会で、社会主義は「共産主義への短い移行段階ではなく、相対的に独立した社会経済形態」だと規定して、さらなる労働生産性の向上を目指す新五カ年計画を策定した(川越・河合編[二〇一六]巻末年表、参照)。

この時期の東ドイツを「国家社会主義＝国家資本主義」と定義したのが、アメリカ在住のドイツ人経済学者ギュンター・ライマン、本名ハンス・シュタイニッケ(Günter Reimann = Hans Steinicke, 1904–2005)である。彼は、大学で経済学を学んだ後、ローザ・ルクセンブルクの信奉者としてドイツ共産党に入党したが、ヒトラー政権成立後はロンドンを経てアメリカに亡命し、ジャーナリストとして生活していた。アメリカで出版した主著として、ファシズムの下での経済活動を論じた

『吸血鬼経済』(Reimann 1939) がある。

ライマンは、一九六八年に出版した著書『赤い利潤』で、東欧諸国が「新経済システム」を導入した後、国家による計画経済という建前の裏側で、価格・市場・信用がどのように機能しているのかを報告している。そのうえで、彼はこのように述べている。

「東欧諸国の経済システムを、私は「国家社会主義 (Staatssozialismus)」と名づける。しかし、それは「国家資本主義 (Staatskapitalismus)」と定義することも可能である。このシステムは、全体的国家統制の下に多数の経済システムを隠している」(Reimann 1968, S. 13)。

つまり、国家主導の計画経済が意図されているという意味では「国家社会主義」だが、実態としては価格に誘導される市場が存在し、しかも企業活動は事実上利潤獲得を目的として行われているので、「資本主義」だと言ってもよい、ということである。

ドイツでは、「国家社会主義」という言葉は、帝国宰相ビスマルク (Otto Eduard Leopold Fürst von Bismarck-Schönhausen, 1815–1898) による鉄道国有化と国営たばこ専売の採用などの「国家的独占 (Staatsmonopole)」政策を特徴づけるものとして、一八八〇年代から使われていた。一八八一年に社会民主党の指導的理論家カール・カウツキー (Karl Kautsky, 1854–1938) が党の機関紙『ゾツィアルデモクラート』に「国家社会主義と社会民主党」という論説を書いており (Kautsky 1881)、一八八二年にはマルクスも、エンゲルスに宛てた手紙の中で、ビスマルクの政策のことを「彼 [ビスマルク] の国家社会主義」と呼んでいる (Marx 1882, S. 39. 三二頁)。

他方の「国家資本主義」という言葉もやはりビスマルク時代に由来する。一八九一年の社会民主党のエルフルト党大会で、党の創設者の一人ヴィルヘルム・リープクネヒト（Wilhelm Liebknecht, 1826–1900）が「国家資本主義は資本主義の最悪の形態」だと発言したのが、この言葉の初出である。同じ党大会でカウツキーも、「財産所有階級が支配階級でもあり続ける限り、国有化（das Verstaatlichung）が……私的な資本所有と土地所有の力と搾取機会を制限するという事態にはけっしてならないだろう」と述べている（Ambrosius 1981, S. 14–15）。

したがって、歴史的な用法に従えば、「国家社会主義」も「国家資本主義」もともに、ビスマルク時代のドイツに成立したような資本主義社会、つまり、中央集権的な国家権力の下で一定の産業部門が国有化（国営化）され一定の社会政策も実施されているが、資本家階級の支配は存続している、そのような資本主義社会の一形態を指す概念だということになる。ライマンはこの概念を、東ドイツをはじめとする「社会主義」諸国の実態を表現するものとして転用したのである。

その後、フランスのソ連研究者シャルル・ベトレーム（Charles Bettelheim, 1913–2006）も、ソ連の政治・経済体制を「国家資本主義」と特徴づけている。彼によれば、「今日のソ連には、国家的所有の外被のもとに、他の資本主義諸国に存在する搾取関係と似た搾取関係が存在しており、ただその関係の存在形態だけが独自の性格を持っているにすぎない」（Bettelheim 1974, p. 14. 二一頁）。したがって彼によれば、ソ連は「資本の官吏」である「国家ブルジョアジー（bourgeoisie d'État）」が支配する「国家資本主義（capitalisme d'État）」という「特殊な型の資本主義国家」（p. 44. 四六頁）なのである。

東ドイツに話を戻せば、冒頭で述べたように、ＳＥＤ政権は一九七三年以降「現に存在する社会主義」という言葉を使うようになったが、それはすぐに現状に対する批判的認識を誘発することになった。しかも、体制の内側から、である。

フンボルト大学で哲学を学び、卒業後さまざまな要職を歴任した中堅党官僚のルドルフ・バーロ(Rudolf Bahro, 1935–1997)が、「現に存在する社会主義への批判」という副題を持つ著作『別の選択肢』を書き上げ、その一部が西ドイツの雑誌『シュピーゲル』に掲載される、という事件が起きたのは、一九七七年八月のことだった。著者はすぐにスパイ容疑で逮捕され、懲役八年の有罪判決を受けたが、著作は九月初めに西ドイツで出版された。

その著作でバーロは、東ヨーロッパの現状を次のように述べている。

「現実に存在している社会主義は、マルクスの社会主義理論の構想とは原則的に別物の秩序である。……私の分析は、名目的に社会主義とされている諸国のほとんどを含む「非資本主義的な「工業社会への」道」という一般的な概念にゆきつき、またその起源をいわゆるアジア的生産様式に求めることに帰着する。……現実に存在する社会主義の本質とは、まだ転換点にまでは達していない古い分業に基づく普遍的国有化(Verstaatlichung)という疎外形態をとった社会化(Vergesellschaftung)である」(Bahro 1977, S. 14–15. 八—九頁)。

これはライマンやベトレームとは異なる独特の特徴づけに見えるが、バーロはまさにマルクスとウェーバーの落差を埋めるかのように、「協同組合的組織(Assoziation)が代理統治(regierende Stellvertretung)にすり替えられてしまった」(S. 40. 三二頁)ことを批判したうえで、次のように現状を分析している。

「現実に存在する社会主義では、収入もさまざまだが、これをはるかに上回る社会的不平等が培養され、賃労働や商品生産、貨幣が消滅せず、古くからの分業が合理化され、一見教会風な家族政策、性政策がとられ、フルタイムで働く党の幹部職員がいて、上ばかりに責任をとる常備軍と警察があり、人民を同調させ後見するための公の団体（offizielle Korporationen）があり、不様な国家機関が国家官僚機構および党官僚機構と二重映しになり、そうして各国の間で孤立している」（S. 42–43. 三四頁）。

バーロ自身は「国家社会主義」という言葉も「国家資本主義」という言葉も使っていないが、現状認識自体はライマンやベトレームとそれほど変わらないことがわかる。そのうえでバーロが提起する行動は、まさにマルクス的だった。彼はこう述べるからである。

「社会主義を詐称しているこの社会で、直接生産者が社会全体の進路に強い影響を与えるには大衆的反乱（die massenhafte Rebellion）しかない」（S. 199. 一八六頁）。

この著作が出版された後、西ドイツとイギリスの作家や知識人を中心として、著者の逮捕に対する国際的な抗議運動が展開され、その結果、バーロは一九七九年一〇月に東ドイツ建国三〇周年の「恩赦」という名目で釈放され、家族とともに西ドイツに「国外追放」された。なお、バーロはその後、西ドイツの「緑の党（Die Grünen）」のメンバーとして活動していたが、ベルリンの壁崩壊後の一九八九年一二月に東ドイツに戻り、一九九〇年九月にベルリンのフンボルト大学で「社会エコロジー（Sozialökologie）」の教授職に就いて、そのまま生涯を終えた。

3 市民運動――「新フォーラム」

このように東ドイツでも、一九七〇年代以降「現に存在する社会主義」がマルクス的な意味での社会主義ではないことへの批判が存在していた。それでは、そこに「市民社会」は存在したのか。東ドイツには、少なくともポーランドの「連帯」のような組織化された市民団体は存在していなかった。しかし、市民運動がなかったわけではない。

一九七六年にソ連が新型の中距離核弾頭ミサイルを東ヨーロッパに配備したことを受けて、一九七九年一二月に「北大西洋条約機構（ＮＡＴＯ）」は、アメリカ製のパーシング2型ミサイルと巡航ミサイル・トマホークを一九八三年から西ヨーロッパに配備することを決定した。それが一九八〇年に入って、西ドイツでミサイル配備に反対する広範な平和運動を引き起こすことになる。東西に分割されたドイツは冷戦の最前線であり、西も東もともに核兵器の発射拠点であると同時に攻撃目標となるからである。

東ドイツでも、一九八二年に東ベルリンで「平和を求める女性たち（Frauen für den Frieden）」のネットワークが生まれる。この運動に参加した画家のベアベル・ボーライ（Bärbel Bohley, 1945–2010）、陶芸家のイレーナ・ククッツ（Irena Kukutz, 1950–）、博物館職員のウルリケ・ポッペ（Ulrike Poppe, 1953–）などの女性たちは、一九八七年以降バーロの影響も受けて「現に存在する社会主義」の早急な「民主化」が必要だと考えるようになる（Kukutz 2009, S. 30）。彼女たちが一九八九年九月に、ベルリン郊外のグリューンハイデで密かに結成したのが、市民運動団体「新フォーラム（Neues Forum）」だった。

「新フォーラム」は、結成されるとすぐに、この団体への参加を呼びかける一枚の文書を公開する。「出発89（Aufbruch 89）」と題されたこの文書は、次のように「社会の変革」を呼びかけるものでもあった。

「わが国では国家と社会との意思疎通がうまくいっていない。私的な隙間への退却や大量の国外移住にまでいたる広く普及した嫌気が、その証拠である。……／国家と社会とのこの関係不全は、私たちの社会の創造的可能性を奪い、手つかずのままの地方的課題やグローバルな課題の解決を妨げている。……／これらすべての矛盾を認識し、それに対する意見や議論に耳を傾け、それらを評価し、普遍的利害と特殊利害を区別するために、法治国家・経済・文化の諸課題についての民主的対話が必要である。これらの問題に関して、私たちは公然と共同でかつ国全体で熟考し、話し合わなければならない。……／新フォーラムが表現し声に出したいと思うすべての努力は、正義、民主主義、平和、ならびに自然の保護と維持への願いに基づいている。……／私たちは、私たちの社会の変革（eine Umgestaltung unserer Gesellschaft）に協力したいと願う東ドイツ（DDR）のすべての市民たちに、新フォーラムのメンバーになるよう呼びかける」（Kukutz 2009, S. 338–339）。

この「呼びかけ」の起草者の一人であるククッツの証言によれば、この文書で「社会主義」という言葉を使わなかったのは意図的だった。

「社会主義という言葉は出てこない。それも全員の合意だった。……社会主義という言葉の欠如、諸要求の単純で生き生きした定式化が、数万人の支持を集めるのに決定的だった。……だから参加呼びかけへの賛同署名者のうちには、たとえばアンゲラ・メルケルやヴォルフガング・ティールゼのように、後にまったく異なる政治的方向の卓越した代表者となった人物の名前もある」(S. 56–58)。

アンゲラ・メルケル(Angela Merkel, 1954–)は、言うまでもなくドイツ連邦共和国の元首相である(在任二〇〇五―二〇二一年)。彼女は西ドイツのハンブルク生まれだが、牧師だった父の転勤で生後まもなく東ドイツに移住し、ライプツィヒ大学で物理学を専攻した後、一九七八年に東ベルリンの科学アカデミーに就職して理論物理学を研究していた。メルケルは一九八九年九月に「新フォーラム」に参加するが、一〇月には自ら「民主的出発(Demokratischer Aufbruch)」という市民団体を結成して活動していた。しかし、一九九〇年のドイツ再統一後には当時の連邦与党「キリスト教民主同盟(CDU:Christlich-Demokratische Union Deutschlands)」に入党し、連邦議会議員となった。二〇〇〇年にCDU党首に選出され、二〇〇五年から連邦共和国首相となり、二〇二一年一二月まで一六年間にわたって在職していた。

もう一人のヴォルフガング・ティールゼ(Wolfgang Thierse, 1943–)はブレスラウ出身で、ベルリンのフンボルト大学でドイツ文学と文化科学を学んだ後、一九七七年から東ドイツ科学アカデミー文学史中央研究所に勤務していた。彼も一九八九年九月に「新フォーラム」に参加するが、ドイツ再統一後はメルケルとは対照的に「社会民主党(SPD:Sozialdemokratische Partei Deutschlands)」に入党し、一九九八年の総選挙でSPD政権が成立すると、二〇〇五年までの七年間にわたってドイツ連邦議会議長を務めた人物である。

このように「新フォーラム」が急速に賛同者を集めていた中、一九八九年一一月四日から九日にかけてベルリンでは一〇〇万人のデモが行われ、その中で「ベルリンの壁」が崩壊することになる。政治状況の急展開を受けて、一一月二五日と二六日には「新フォーラム」の経済グループが主催して「東ドイツの経済改革」を話し合う国際会議がベルリンで開かれた。主催者の問題提起は次のようなものだった。

「上記の［SEDと政府の］改革提案は、以下のような決定的な問題に答えていない。すなわち、経済企業の失敗に対する責任を誰が担うのか？……多くの成人東ドイツ（DDR）市民の知性と企業精神は、どのようにしたらわれわれの経済の革新に役立てることができるのか？……わが国民経済の来るべき構造改革と合理化に際して、構造的失業の問題、特に管理者層の解雇の問題をどのように処理するのか？」（NEUES FORUM 1990, S. 9）

この会議で議論された経済改革の基調は、国家の民主化と「社会主義的市場経済の創設」であり、「社会主義」そのものの変革までは考えられていなかった。主催者の経済グループは、次のように述べている。

「経済的変革は、DDRを社会主義的・民主的法治国家へと政治的に変革することを前提としている。社会主義的市場経済の創設は、人々の私的な主導性、その社会的保障、自然環境保護をもろともに含んでいる」（S. 11）。

しかしながら、このような基調的展望に対して、もっと冷静に客観的な可能性を論じる立場も、この会議では表明されている。ベルリン演劇大学の研究員ヴォルフガング・エングラー（Wolfgang Engler, 1952–）と電線製造工場の生産責任者ルッツ・マルツ（Lutz Marz, 1951–）は連名の文書をこの会議に寄せていたが、彼らは「現に存在する社会主義社会の近代的資本主義への移行は、資本主義の賛美とも非難とも関係ない一つの現実的な歴史的可能性である」(S. 84) ことを指摘していた。今から考えれば最も正確な予測を行っていたことになる。ただし、彼らも、改革が順調に進行した場合には、「社会主義的現代社会は最終的に、資本主義的発展の途上ですでに獲得された、社会構成員の自由な開花の余地を、資本主義的現代社会それ自体よりももっと首尾一貫した形で仕上げようとすることができるし、そのことによってヨーロッパの歴史を活気づけ刺激する一要素となることができるだろう」(S. 86)、という楽観的な展望を否定したわけではなかった。

このように、「社会主義」という言葉を意図的に使わずに、「正義、民主主義、平和、ならびに自然の保護と維持への願い」に基づく「私たちの社会の変革」への参加を呼びかけた市民運動団体「新フォーラム」は、当時東ドイツの一市民だったメルケルやティールゼも賛同者に含むほどの広範な影響力を持ち、ベルリンの壁の崩壊後には「東ドイツの経済改革」に関する国際会議を主催して「民主的社会主義」と「社会主義的市場経済の創設」を提案するまでにいたった。しかし、東ドイツが西ドイツに吸収合併される形でドイツ再統一が行われた後には、「新フォーラム」はその後の方針をめぐって分裂し、急速に影響力を失った。

創設に関わった女性たちのうち、「新フォーラム」に残ったククッツは、一九九一年から一九九九五年まで市民団体「新フォーラム／市民運動（Neues Forum／Bürgerbewegung）」を代表してベルリン市議会議員を務めたが、ボーライは一九九三年に「民主的社会主義」を掲げる東ドイツの地域政党「民主社会党（PDS：Partei des Demokratischen Sozialismus）」の連邦議会議員となった。他方、ポッペは一九九二年から二〇一〇年まで「ベルリン・ブランデンブルク福音アカデミー」で政治学と現代史の研究主任を務め、特にSED独裁の歴史的検証に携わった。

4 「国家社会主義的社会」における「市民社会」――一九九〇年代の再規定

東ドイツが「転換」しつつある一九八九年、フランクフルト学派の拠点であるフランクフルト大学の「社会研究所」から『国家社会主義の労働政策』と題する研究報告が出版された。これは、東ドイツとハンガリーの労働政策を比較考察した研究成果だが、注目すべきことに、著者たちはこの報告書の題名の意味を次のように説明している。

「「国家社会主義」という用語は、ここでは理論的に導出されたカテゴリーというより、むしろ実用的なラベルを表している。それが表現しているのは、われわれは「現実の社会主義」という東欧諸国の自己賞賛的主張を承認しないし、そこで問題なのは資本主義的発展のたんなる変種だという理解でもない、ということにすぎない」（Deppe und Hoss 1989, S. 11）。

このような「実用的なラベル」としての「国家社会主義」という用語は、その後、ドイツの歴史用語として定着していくことになった。歴史学の領域では、ヒトラー政権の時代と社会を「国民社会主義（Nationalsozialismus）」と呼ぶことがすでに定着していたが、それと対をなすように、現在では東ドイツのSED支配体制を「国家社会主義」と呼ぶことが一般的になっており、歴史の時代区分としても使われている。

そして一九九〇年代に入ると、東ドイツの「国家社会主義」社会がどのようなものだったのかを改めて検証する作業が行われるようになる。その中心人物の一人が、「新フォーラム」主催の「経済改革」会議にも参加したヴォルフガング・エングラーである。彼は、ドイツ再統一の時点ではベルリンの「エルンスト・ブッシュ」演劇大学（Hochschule für Schauspielkunst „Ernst Busch" Berlin）の非常勤講師だったが、その後の発言を通して東ドイツを代表する知識人と目されるようになり、二〇〇五年にはこの演劇大学の学長に選出されている。

エングラーはまず一九九二年の著作『文明の隙間——国家社会主義試論』で、第二次世界大戦後のドイツの「社会類型（Gesellschaftstyp）」を「国家社会主義的社会類型」と「西欧資本主義的社会類型」に分け（Engler 1992, S. 9）、そのうえで、前者の特徴を次のように説明している。

「国家社会主義的な権力の理想にきわめて近づいた社会では、社会的自治の諸機関全体が切断され、あるいは権力に同調して機能しなくなってしまい、（けっして権力中立的ではない）親密関係、友人関係、交友範囲以外には、個人と権力中枢との中間に位置して後者の無理な要求を緩和することのできるものがほとんど存在せず、そこでは個人的反抗の社会的苦悩が最大になっていたし、今でもそうである」（S. 35）。

ここでエングラーが「社会的自治の諸機関」と呼んでいるのは、一九八〇年代のポーランドやハンガリーで〈civil society〉と名づけられ、ハーバーマスが〈Zivilgesellschaft〉と訳した「市民社会＝市民団体」のことである。つまりエングラーは、「西欧資本主義的社会」と異なる「国家社会主義的社会」の特徴を「市民社会」の欠如に見ていることになる。それだけではない。エングラーは、一九八〇年代以降のポーランドやハンガリーでも、現実の社会生活においては「市民社会」が機能していたわけではないと見ている。

「ハンガリーでは、広範囲な民主的伝統、参加の習慣、そして――現在好んで使われるような――市民社会的な市民感覚（zivilgesellschaftlicher Bürgersinn）の交流形態や制度が欠けており、ポーランドでは、市場経済に接続された利害関心の多元主義という機能可能な出発点が欠けている。……ここ数年間に〈civil society〉概念の東欧的・中欧的理解がたどった機能転換と意味転換は、当該諸社会の改造必要性についての間接的な証言である。直接的な社会的自治、国家に代わる下からの社会化、というかつて強調された基本道徳的意味を込めたイメージは、ますますふやけてブルジョア化された平凡な理解（eine verbürgerlichte Profanfassung）になる。まったく最初からやり直さなければならない」(S. 36–37)。

このように下からの「社会的自治」を担う中間団体としての「市民社会」が存在しない社会では、個人が直接に統治権力と向かい合うことになる。

「「市民社会（Zivilgesellschaft）」の最初の意味づけがそのことを証明しているのだが、国家と社会は、あらゆる社会学的教訓の試みとは異質に、まさに敵対して、相対峙していた。……おそらく西欧社会におけるよりも高い程度で、ひとは国家に対して、占領軍に対するように振る舞った。国家に対してひとは独力で、少なくとも受動的抵抗権を主張していたのである」（S. 45）。しかしながら、一九八〇年代に入るとこのような状況は変化する。エングラーは、「現に存在する社会主義」と自称するようになった一九七三年以降の東ドイツを、「国家社会主義」の終焉に向かう「最終段階」という意味で「晩期社会主義（Spätsozialismus）」（S. 132）と名づけているが、その最終段階で、市民運動の成立という形で諸個人の「社会化」が始まるからである。

「東欧と中欧で一九八〇年代の終わりに起きたのは、「生産諸力」に対する「生産諸関係」の反乱［原文ママ］でもないし、前近代的に自己再生産する「国家資本家」階級に対する「労働者階級」の反乱でもない。起きたのは、すべての人を取り囲んで自律的な行為能力と判断能力の発展を妨げていたマクロ権力とミクロ権力の細密な網の目に対する、原型的状態すなわち原子化状態にあった諸個人の社会（Gesellschaft der Individuen）の反乱だった」（S. 104）。

それが「新フォーラム」の急速な拡大である。ただし、それは「市民社会」の勝利という物語に回収されるものではなかった。エングラーによれば、一九八九年の「民衆運動」は初めから「内部分裂」の要因を抱えていたからである。

「転換の最初の数週間のうちは、「民衆運動」の内部分裂は潜在的なものにとどまっていた。……市民運動の目標は、国家権力行使の民主化、国家の公共的・社会的統制のための諸制度の創設だった。党員の運動は、下部組織と対立する党中央の自立化に反対して、この党の下からの民主的再建を目指していた。知識人の運動は、文化的・政治的公共性の包括的民主化を追求していた」（S. 105–106）。

その結果、体制転換に引き続いてドイツ再統一への動きが急速に進行すると、それぞれの運動の目標の違いが明確になり、前節で見たように、運動は分裂することになる。

エングラーは、一九九五年の著書『意に反した近代』では、東ドイツにおける「市民社会」の欠如をやや異なる仕方で説明し直している。東ドイツでは、組織化された中間団体が欠如していた代わりに、必要に迫られるたびに、親密圏に基礎を置く「自然発生的な自己組織」化が行われたというのである。彼によれば、「国家社会主義下の労働者」の基本的な生活態度は「租税請負人的心性」を示すものだったが、「そのメダルの裏側が示していたのは、自然発生的な集団的自己組織(kollektive Selbstorganisation)の能力の驚くべき発展であり、それが経済の崩壊を何度も何度も阻止した」(Engler 1995, S. 47)という。

そのような「自己組織」が可能だったのは、「家庭内での出来事、隣人、友人、労働仲間、勇気づけや失望の経験……いずれにせよ、日常語で「私的(privat)」と呼ばれる社会的諸関係は、上からの指令の複製品ではなく、むしろ社会的な事柄(soziale Dinge)の(個人的であるがゆえに具体的な)出口を最終的に決定する闘争の現場をなしていた」(S. 77–78)からである。

それに対して、「社会の中の団体、いわゆる市民社会(die Gesellschaft in der Gesellschaft, die *civil society*)」(S. 149)については事情が異なる。ここでエングラーがそれまで使っていたハーバーマス用語の〈Zivilgesellschaft〉ではなく、わざわざ英語をそのまま使っていることには注意が必要だろう。〈civil society〉という英語で表現されるような実態は、東ドイツには存在していなかった、ということが強調されているからである。彼はこう続けている。「終焉へと向かうDDRには、ひとが知識人としてそれに語りかけ、またそれについて語ることができたかもしれない、社会の中の団体は、もはや存在していなかった。そのようなものは西ドイツに引っ越してしまっていた」(S. 153) のである。

5 「労働者的社会」の再評価——一九九九年以後

このように、「市民社会」が欠如した「国家社会主義」社会の中で、個々人に分断された人々は「国家に対して、占領軍に対するように」抵抗していた、という東ドイツ像は、しかしながら二一世紀に入る頃から変化し始める。ドイツ再統一後に西側の自由と豊かさが享受できるようになることを期待した人々が実際に経験したのは、工場閉鎖や企業再編に伴う失業であり、経済格差の顕在化であり、東ドイツ地域をお荷物扱いする西側からの差別的視線であった。とりわけ東ドイツの「周辺的地域」では、地域社会の生活を支えるインフラそのものが崩壊しつつあるという。

そのような状況の中で、数度にわたって行われた社会意識調査の結果が示しているのは、かつて「DDRの住民」だった人々の大多数は、再統一直後の一九九二年には自らを「連邦共和国国民」とみなしたが、その一〇年後にはむしろ自らを「東ドイツ人（Ostdeutschen）」と自覚するようになった、という事実である（Engler 2002, S. 15–20)。つまり、かつての「DDR国民」は、自分たちが西ドイツの人々とは異なる歴史的・社会的経験を共有していることを自覚し、改めて「東ドイツ人」という自己認識を持つにいたったのである。

そのような現実を背景にして、かつてのＤＤＲ時代の社会イメージそのものも変化する。一九九〇年代を通して「国家社会主義」における「市民社会」の欠如を指摘していたエングラー自身が、一九九九年以降は、むしろＤＤＲの職場における「作業班（Kollektive）」の社会的意義を肯定的に再評価するようになるのである。これは、最近の日本における東ドイツ研究とも軌を一にしている。東ドイツにおける「農業集団化」と「農業生産協同組合」の実践をていねいに跡づけた足立芳宏（1958–）の研究（足立［二〇一二］）や、工業部門における企業の「作業班」の社会生活上の意味を考察した石井聡（1968–）の研究（石井［二〇一〇］）は、農業労働者や工業労働者が、上からの制約に適応しつつ時には抵抗しながら、労働現場における「自由と協同」をそれなりに経験していたことを明らかにしている。

そのエングラーが「国家社会主義」に代わるＤＤＲの特徴づけとして選んだのが、「労働者的社会（eine arbeiterliche Gesellschaft）」という概念だった。この「労働者的社会」というのは「労働者の社会（Arbeitergesellschaft）」ではないことに注意する必要がある。マルクスの言う「協同組合的社会」ならば「労働者の社会」だということになるだろうが、「労働者的社会」はそうではない。それはあくまでも党官僚や国家官僚が主体として労働者を管理し、労働者に指令する社会だからである。しかしながら、「社会主義」を自称しているかぎり労働者を無視することはできず、彼らの非公式な同意を得ることも不可欠だった。

エングラーは一九九九年の著書『東ドイツのひとびと』の中で次のように指摘している。この「労働者的社会」の中では、「決定的な役割を演じていたのは、労使関係と密接にかかわる企業内外での権力志向という問題と、そこから生まれてくる個々の社会集団の自己意識だった。そしてこの点については、状況ははっきりしていた。つまり、東ドイツのひとびとは、労働者階級（die Arbeiterschaft）が社会的、文化的に優位を占め、そのほかの社会集団を多かれ少なかれ「労働者化（verarbeiterlichen）」するような社会で生活していたのである」（Engler 1999, S. 199–200. 二三七頁）。

つまり、それは、「労働者であること」が一つの社会的役割モデルとして機能しており、現実には労働者階級には属さない国営企業の経営者や管理職も、研究者や技術者も、自分たちもまた労働者だとみなしているような社会だった、ということである。そこでは、「もちろん労働はあいかわらず重要だったし、作業班はまぎれもなく生活の基準点だった。労働のない、作業班から離れた生活など、以前も今も考えることすらできず、けっして望ましいものではなかったのである」（S. 288. 三三九頁）。

このような労働の経験を、エングラーは二〇〇二年の著作『前衛としての東ドイツ人』ではさらに高く評価するようになる。彼は、二一世紀の現在、資本主義的グローバル企業の内部で要求される「労働様式」が「ポストフォーディズム的」な「チームワーク」であることを指摘した後で、次のように述べている。

「東ドイツ人はまさに市民として、また労働者として作業班に束ねられていたので、社会的グループを思考と行動のほとんど自然な準拠枠として感じており、彼らにとってチームワーク（team work）は、ひとがわざわざ回心させるまでもない、きわめて馴染みのある実践だった」（Engler 2002, S. 83）。

つまり、DDR時代の工場労働などの単位だった「作業班」の経験が、現在の「東ドイツ人」の生活に生きている、というのである。そのようなDDR時代の経験の肯定的再評価は、さらに「現に存在した社会主義」の全体的生活意識にも広げられる。「現に存在した社会主義」の下で、たしかに西側のような「自由」はなかったにしても、「平等」の経験と意識は身についていた、というのである。エングラーは、そのような歴史的・社会的経験を共有する「東ドイツ人」が現に持っている「歴史的使命」を次のように説明している。

「自由と平等は起源を同じくする近代の要求であり、均衡するものであって、共産主義の下での社会的平等が市民的・政治的自由を犠牲にして拡大したということが本当だとしても、だからといって、社会的平等がそのことを恥じて、今や反対に自由に服属しなければならないということにはけっしてならない。／そもそも東ドイツ人が自分の出自と世界における現在の立場によってまさに自分独自の課題だと把握できる歴史的使命があるとすれば、それは平等と自由を相互に和解させることである」(S. 33)。

エングラーの言うこの「歴史的使命」の実現可能性をどう考えるかは、現在の東ドイツ地域における市民運動や市民団体をどう評価するかという問題とも関連するだろう。

連邦交通・都市開発省は「東ドイツにおける共同社会活動（Gemeinschaftsaktivitäten)」に関する社会調査を行い、その結果を二〇〇九年に公開した。これは、「スポーツと運動、余暇と社交、文化・芸術・音楽、学校と幼稚園、社会福祉的分野、職業的利益代表、宗教と教会、環境と自然保護、地域的市民参加、政治と政治的利益代表、青年教育と成人教育、ボランティア消防団と救助隊、健康分野、司法と犯罪問題」への住民参加を具体的に調査したものだが、それによれば、「東ドイツの市民社会（Zivilgesellschaft）は一九九九年と二〇〇四年の間に力強く発展しており、この活力［参加者の増加率］は西ドイツにおけるよりも高かった。……東ドイツでは市民社会が機能するために不可欠な前提が明白に改善されてきた。その一つは市民の公共的活動のネットワークであり、もう一つは社会参加に積極的な住民の基本態度である」（Gensicke et al. 2009, S. 17）。

ただし、この政府調査は、次のような東ドイツの問題状況も明らかにした。

「失業率は西ドイツの二倍である。……東ドイツの各州と自治体の公的財政においては、低い企業利得と少ない被雇用者所得、ならびに高い失業率が、（西ドイツの割合で測ると）明白に立ち後れた税収にはっきりと現れている。……私的および公的な経済状態が「市民社会のインフラストラクチャー」にも当てはまる。東ドイツの諸団体、諸組織、諸施設の経済事情は、西ドイツよりも乏しい。もちろんここでもしばしば西と東の間の移転があったし、今もまだある。だが、東ドイツが経済的に西ドイツと比較できる程度に自立できないかぎり、これも差異を緩和することしかできない」（S. 44）。

このような東ドイツの社会生活の危機的状況は、東ドイツ出身の若手「東ドイツ」研究者シュテファン・ヘンツェ（Stefan Henze）も指摘している。東ドイツでは全体として若年人口が西ドイツに流出することによって高齢化と過疎化が進み、「東ドイツの周辺的地域では国家的・社会的・文化的諸施設は閉鎖されているか、閉鎖の危機に瀕している。これにあたるのは、学校や図書館、子供や青年の余暇施設、歯科医院や病院、劇場やオーケストラだけでなく、教会もそうである」（Henze

2009, S. 9)。

しかしながら、それと同時にヘンツェは、DDR時代の歴史的経験によって「東ドイツの市民社会には東ドイツでの国家拒否と市場拒否（Staats- und Marktversagen）が刻み込まれている」（S. 8）ことも指摘している。一方でのDDR時代のSED独裁に対する拒否感とともに、他方での再統一後の急速な資本主義化の経験から来る市場経済への拒否感が、西ドイツとは異なる政治的意識を育ててきた、ということである。その結果、「東ドイツの市民社会」は「外見上、非政治的社会」に見えても実は「「異様に」政治的な社会」なのであって、「東ドイツの市民社会は、だからこそドイツにおける将来の市民（諸）社会の前衛となりうるかもしれない」（S. 8）という。

このような評価がどれほど事実に即しているのかは判断が難しいが、ドイツの現状を見れば、「東ドイツ」の人々が一定の政治的存在感を示していることは確かである。

6 「社会主義」の再評価――二〇〇八年以降

それでは、現在のドイツでは、「国民社会主義」や「国家社会主義」と区別されるものとしての「社会主義」そのものは、どのように受け取られているのだろうか。

社会民主党（SPD）は一九九八年から二〇〇五年まで政権を保持し、二〇〇五年からの四年間と二〇一三年からの四年間、キリスト教民主同盟（CDU）と大連立を組んで政権与党にとどまってきたが、一九九八年の政権獲得時に提示した「社会主義的理念」を撤回したわけではない。一九九八年に「マルクスとソヴィエト型国家社会主義挫折後の社会主義的諸理念」という副題を持つ著作をまとめたのは、「新フォーラム」に参加した経験を持つティールゼ連邦議会議長の下で連邦議会事務局長を務め、一九九九年からは党幹部会付属基本価値委員会書記長も兼任したウルリッヒ・シェーラー（Ulrich Schöler, 1953– ）である。

この著作の中でシェーラーは、「社会主義は死んだ」という批判に反論し（Schöler 1999, S. 10）、「マルクスとエンゲルスによる協同組合的な、あるいは――そう言いたければ――社会的な生産形態への方向づけは、……もちろん中央集権主義的傾向から抜け出すことができれば、重要な出発点でありうる」（S. 198）ことを指摘し、「社会主義的理念の諸原則」として次のものを列挙している。

「自然成長的に世界規模で貫徹する資本の価値実現利害よりも、長期的な社会全体の利害を優先させる原則、加速する代わりに減速する原則。／持続的発展、合理的で資源保護的で省エネルギー的な自然とのつきあい、直接性より持続を優先する原則。／社会的労働を可能なかぎり公正かつ公平に分割する原則、ならびに民主的公共性と参加の原則。／社会的帰属と順位づけのカテゴリーとしての性別の廃棄の原則、つまり兄弟姉妹的友愛の原則。／国際的連帯、平和、人権の普遍的適用の原則」（S. 332）。

その後、ＳＰＤの主流派がＣＤＵとの大連立を選択した二〇〇五年には、「社会的公正」を強調する左派が離党して、東ドイツの民主社会党（ＰＤＳ）と政党連合「左翼党（Die Linke）」を結成し、これは二〇〇七年に正式に合併して単一政党となった。「社会主義的理念」の担い手は「左翼党」に移ったのである。なお、合併前のＰＤＳは、綱領自体はＳＰＤ左派や「緑の党」と大差ないが、

PDSだけが「DDR時代の社会状態は今ほど悪くなかった」という「東ドイツ的慣用句を名人芸的に完璧に、他のものにかき消されることなく使いこなしている」(Engler 2002, S. 37) と言われていた。「東ドイツ人」の心情を汲み上げることに一定程度成功していたことは明らかだろう。

このような「東ドイツ人」的心情と「社会主義的理念」との結びつきをさらに正当化する役割を果たしたのが、二〇〇八年のリーマン・ショックとその後の世界的大不況だった。この事件が資本主義への広範な幻滅を引き起こした結果、ドイツではかつての「社会主義ジョーク」に代わる「社会主義と資本主義」ジョークが新たな流行を見た。

それらを収集したジョーク集で最初に紹介されているのは、「社会主義では銀行は最初に国有化され、その後で破産する。資本主義では銀行は最初に破産し、その後で国有化される」という、二〇〇九年にメルケル首相が口にしたというジョークである (Städtler 2009, S. 6)。さらに「社会主義は諸君に残り物を与えた。資本主義は諸君から残り物まで奪い取った」という某政治家のジョークもある (S. 7)。

そのほかのいくつかのジョークを紹介しておこう。「社会主義の約束。諸君はみな満ち足りるだろう。資本主義の約束。諸君はけっして満ち足りることはないだろう」。「社会主義はあざ笑うまでもなかった。資本主義は冗談にならない」。「社会主義は自由を抑圧する。資本主義では自由が抑圧する」。「社会主義の理念は、危機から守ることである。資本主義の利点は、その危機が自分の役に立つことである」。「社会主義は、現にそうである以上に自分を社会主義的に見せかけようとした。資本主義は、現にそうであるより資本主義的でも社会主義的でもないように自分を見せかけようとする」。

このジョーク集を見てわかるのは、社会主義と資本主義の双方が幻想なしに比較され、皮肉られていることであり、全体としては資本主義に対する批判の方が強いということである。リーマン・ショックは「社会主義」の見直しに貢献したことになる。実際に、このようなジョークが流行した二〇〇九年に行われた連邦議会選挙では「左翼党」が躍進し、六二二議席中七八議席を獲得して連邦議会の第四党となった。

左翼党の主張する「社会主義」がどのようなものかを示しているのが、連邦議会議員団共同代表の一人で、党の広報担当でもあるザーラ・ワーゲンクネヒト（Sahra Wagenknecht, 1969– ）である。彼女もイェーナ生まれの「東ドイツ人」であり、二〇一一年に出版した『資本主義ではなく自由を』の中で、現在のグローバル資本主義は「もはや生産性、創造性、革新、技術的進歩を促進する経済秩序ではない」と批判し、それに対して「中央集権主義ではなく、競争の機能を尊重する社会主義」、「一つの創造的社会主義（ein kreativer Sozialismus）」を主張した（Wagenknecht 2012, S. 10–11）。

この著書の題名『資本主義ではなく自由を（Freiheit statt Kapitalismus）』は、一九七六年にCDUが使い、一九九〇年のドイツ再統一時の選挙でも使われた選挙スローガン「社会主義ではなく自由を（Freiheit statt Sozialismus）」をもじったものである。ワーゲンクネヒトは、かつての西ドイツ首相ルートヴィヒ・エアハルト（Ludwig Wilhelm Erhard, 1897–1977）の一九五七年の著書『すべての人の豊かさ（Wohlstand für Alle）』を引き合いに出して、資本主義はもはやこの「約束」を果たせない、と次のように論じる。

「現在の経済秩序は「少数者の豊かさ」をつくりだすだけで自由と民主主義の基礎を破壊するのだから、われわれには新しい経済秩序が必要だ。新しい経済秩序の中心内容を再分配に限定するとしたら、もちろん完全に間違いだろう。重要なのは現存の豊かさを新たに分配することだけではない。重要なのは社会全体の豊かさを、新しい、より広範な、より良い基礎の上に据えることである」(S. 387)。

そして、この「より良い基礎」をワーゲンクネヒトは次の対句で表現した。すなわち、「資本主義なしの市場経済と計画経済なしの社会主義(Marktwirtschaft ohne Kapitalismus und Sozialismus ohne Planwirtschaft)」(S. 383)。それが「一つの創造的社会主義」なのである。

ワーゲンクネヒトのこの著書は広く読まれて多くの書評が書かれ、翌年にはすぐに増補新版が出版された。そして左翼党は、二〇一三年九月の連邦議会選挙では議席数こそ六三一議席中六四議席と減少したものの、再統一後はじめて連邦議会の第三党となった。最大の票田は東ベルリンで、東ドイツ都市部の市民や労働者が主な支持基盤である。この選挙の結果、第一党のCDUと第二党のSPDが再び大連立を形成したため、左翼党は野党第一党となった。さらに二〇一四年九月の州議会選挙の結果、ブランデンブルク州では左翼党が連立政権に参加し、テューリンゲン州では再統一後はじめて左翼党の州首相が誕生した。

ドイツの西部にも目を向けるならば、二〇一四年までケルンのマックス・プランク社会研究所の所長を務めていた経済社会学者ヴォルフガング・シュトレークは、二〇一三年の著書『時間かせぎの資本主義』の中で、現在のヨーロッパが抱える問題と課題について、ワーゲンクネヒトの対句をなぞるかのように、次のように述べている。

「民主主義なき資本主義（einer Kapitalismus ohne Demokratie）に対する対案は、資本主義なき民主主義（eine Demokratie ohne Kapitalismus）ということになるだろう。……社会的公平性を市場的公平性に解消することを許さないというのが、民主主義の民主主義たるゆえんであるとするならば、民主政治がまずもって目指すべきは、過去四〇年間の新自由主義的進歩がもたらした制度的荒廃を元に戻し、生き残った政治制度をできる限り防衛することだ」（Streeck 2013, S. 235–236. 二五三頁）。

このようなドイツの政治的状況と思想的状況を見れば、二〇〇二年にエングラーが強調したように、「現に存在する社会主義」を経験した東ドイツの人々が「市民的・政治的自由」と「社会的平等」とを和解させ、かつての「国家社会主義」とも現在のグローバル資本主義とも異なる新しい社会のあり方を模索する独自の「歴史的使命」を果たす可能性を否定することはできないだろう。そこで目標とされる社会は、どのような名前で呼ばれるにせよ、民主主義的で社会主義的な諸理念の実現に向かう社会であることは間違いないだろう。

＊付記

二〇二一年九月二六日に投開票が行われたドイツ連邦議会選挙では、全七三五議席のうち、左翼党は前回選挙の六九議席から三〇議席減らして三九議席にとどまり、議会第六党に後退した。他方、この選挙では「同盟90／緑の党（Bündnis 90／Die Grünen）」が前回から五一議席増の一一八議席と躍進し、同様に五三議席増の二〇六議席を獲得して第一党となったＳＰＤと組んで連立政権を樹立するにいたった。「同盟90／緑の党」は、東ドイツの民主化に関わった市民グループが一九九〇年に結成した「同盟90」が、西ドイツの新左翼系エコロジー政党「緑の党」と一九九三年に統合して成立した政党で、二〇一三年と二〇一七年の選挙では左翼党に次ぐ議会第四党にとどまっていた。「社会的公正」を重視する点では左翼党と大差ないが、最大の違いはエネルギーシフトなどのエコロジー政策にある。今回の選挙では、気候変動対策が大きな争点となっていた。

第十一章
その後の「市民社会」論

はじめに

一九八九年に始まった東欧革命の衝撃を受けて、一九九〇年にユルゲン・ハーバーマスが「市民社会（Zivilgesellschaft）の再発見」（Habermas 1990, S. 45. xxxvii頁）を宣言して以来、日本でも、ハーバーマスの言う意味での「市民社会」という言葉の使い方が広く受容されてきた。

ハーバーマスがクラウス・オッフェ（Claus Offe, 1940– ）に倣って使い始めた〈Zivilgesellschaft〉という新造語は、政治的な〈societas civilis〉とも経済的な〈bürgerliche Gesellschaft〉とも区別される、

「自由な意思に基づく非国家的・非経済的な結合関係」を指し示すものであり、具体的には「教会、文化的なサークル、学術団体をはじめとして、独立したメディア、スポーツ団体やレクリエーション団体、討論クラブ、市民フォーラム、市民運動……、さらに同業組合、政党、労働組合、オルタナティヴな施設」などを含むが、彼はそれらをまとめて「意思形成を行う結社（Assoziationen）」(S. 46. xxxviii頁）と総括した。つまり彼は、自発的結社としての市民団体が果たす民主主義の維持機能に期待を込めたのである。

一九九二年には、彼はこうも述べている。

「市民社会から発生する民主的運動にとっては、たとえば社会革命というマルクス主義観念の根底にある、自分自身を全体として組織化する社会という期待を放棄せざるをえないことになる」(Habermas 1992, S. 450. 下・一〇三頁)。

このように「民主的運動」の担い手に限定された「市民社会」は、さらにヨーロッパに限定されるものでもあった。彼は、「西欧型社会では、自発的な結社は民主主義的な法治国家の制度的枠組みのなかで設立される」(Habermas 1990, S. 47. xL頁）のに対して、「アジア的社会は、個人主義的な法秩序のはたらきを要求することなしには、資本主義的近代化に乗り出すことはできない」(Habermas 1998, S. 185）と言う。ハーバーマスの「市民社会」論にも、日本型市民社会論と同様に、「西欧対アジア」という色濃いヨーロッパ中心主義的な二元論が刻印されているのである。

しかしながら、現在のアジアでは、「市民社会」という言葉が使われる場合、ハーバーマス的な「非国家的・非経済的」結社を指すことがほとんどになった。たとえば、中国の社会学者の李妍焱が「中国の市民社会」と呼ぶのは中国における「草の根NGO」の消長であり（李［二〇一二］）、政治学者の後房雄と坂本治也が「現代日本の市民社会」として論じるのは「第三セクター」の現状である（後・坂本編［二〇一九］）。

一九六〇年代から七〇年代にかけて大きな影響力を持った日本型市民社会論は、今では岩波書店の『広辞苑』にひっそりと記憶されているにとどまる。二〇一八年に出版された『広辞苑』第七版の項目「市民社会」は、依然として次のように記しているからである。

「【市民社会】（civil society）　特権や身分的支配・隷属関係を廃し、国家権力に規制されず自由・平等な個人による議論と合意によって生活が営まれる社会。基本的人権や良心の自由が保障される。啓蒙思想から生まれた概念」。

これはほとんど「想像の共同体」である。

しかし、それでは、ハーバーマスの〈Zivilgesellschaft〉概念そのものは、ドイツにおいてどのように受容され、その後どのような運命をたどったのだろうか。

1 「国家社会主義」と「市民社会」

前章で詳しく見てきたが、ハーバーマスが〈Zivilgesellschaft〉を「再発見」したのは、ポーランドの自主管理労働組合「連帯」やハンガリーの「民主フォーラム」、東ドイツの「新フォーラム」などが体制変革に果たした大きな役割を評価したからだった。

ハーバーマス自身は、一九九〇年に次のように述べていた。

「〈Zivilgesellschaft〉という概念の株価が上昇しているが、これはとりわけ国家社会主義体制の批判者たちが、全体主義による政治的公共圏の破壊にたいして加えた批判によるところが大きい。……革命を先導したのは、教会、人権擁護団体、エコロジーやフェミニズムの目標を追求する反体制サークルといった自発的な結社だった」(Habermas 1990, S. 47. xxxix―xL頁)。

この文章の中でハーバーマスが使っている「国家社会主義(Staatssozialismus)」という用語が、東欧諸国の政治・経済体制を指す概念として一九八〇年代に使われるようになったこと、それと同時に、東ドイツの「国家社会主義」社会がどのようなものだったのかを改めて検証する作業が行われるようになったこと、その担い手の一人が、「新フォーラム」に参加していた東ベルリン在住のヴォルフガング・エングラーだったことも、前章で見たとおりである。

エングラーもまた、ハーバーマスが使っていた〈Zivilgesellschaft〉という言葉をキーワードとして使いながら、東ドイツ社会には、ハーバーマスが想定したような「市民社会＝市民団体」が存在しなかったと考えており、東ヨーロッパ諸国で国家権力に対する「受動的抵抗」運動を担ったのは、「すべての人を取り囲んで自律的な行為能力と判断能力の発展を妨げていたマクロ権力とミクロ権力の細密な網の目に対する、原型的状態すなわち原子化状態にあった諸個人の社会(Gesellschaft der Individuen)の反乱だった」(Engler 1992, S. 104)と見ていた。

このように、西側のハーバーマスも、東側の「国家社会主義」を直接に経験したエングラーも、少なくとも一九九〇年代前半には、「市民社会(Zivilgesellschaft)」を全体主義的な国家権力に対抗する、あるいは抵抗する政治的な運動の主体という側面から見ていたことがわかる。それに対する期待値の大きさ、という点では違いがあるにしても、この言葉が指す内容は共通していたのである。

それに対して、二一世紀に入ると、この言葉が表す意味は、少しずつ変化していく。その変化を典型的に示しているのが、ドイツの連邦交通・都市開発省が行った「東ドイツにおける共同社会活動（Gemeinschaftsaktivitäten）」に関する社会調査だった。二〇〇九年に発表されたこの調査は、「スポーツと運動、余暇と社交、文化・芸術・音楽、学校と幼稚園、社会福祉的分野、職業的利益代表、宗教と教会、環境と自然保護、地域的市民参加、政治と政治的利益代表、青年教育と成人教育、ボランティア消防団と救助隊、健康分野、司法と犯罪問題」への住民参加を対象としたものであり、このような領域への住民参加を指して、「東ドイツの市民社会（Zivilgesellschaft）」という言葉が使われているからである。それが、この調査報告書の題名でもあった（Gensicke et al. 2009）。

つまり、ハーバーマスの影響の下に普及した「市民社会（Zivilgesellschaft）」という言葉は、当初は主に体制批判的な市民運動団体を指す言葉だったが、二一世紀に入ってからは、連邦政府の調査項目からもわかるように、「スポーツと運動、余暇と社交、文化・芸術・音楽」等々の住民参加型団体・組織などを指す言葉へと「脱政治化」されたことがわかる。つまり、「市民社会」が対抗すべき「国家社会主義」はすでに消滅した、という前提に立って、「市民社会」の意味内容は、いわば国家によって飼い慣らされた「市民＝地域住民」の日常生活にかかわる自発的組織へと転換されたのである。

このような、国家とは対立しない「市民社会」という概念は、英語圏では、アメリカの政治学者ロバート・パットナム（Robert D. Putnam, 1941–）やイギリスの社会学者アンソニー・ギデンズ（Anthony Giddens, 1938–）が主張したような、地域コミュニティの秩序維持機能を果たすものとしての〈civil society〉にほぼ相当すると言うことができるだろう。

パットナムが、アメリカにおける地域社会の崩壊を「孤独なボウリング」という表象に代表させて描いた論文「孤独なボウリング――アメリカの社会関係資本の衰退」を発表し、大きな反響を呼んだのは一九九五年だった。彼が論文の副題で使った「社会関係資本（social capital）」という言葉は、現在では日本でもよく使われるようになったが、それは地域組織や団体での活動の頻度、投票率、ボランティア活動、友人や知人とのつながり、社会への信頼度などによって計られる人々の協調行動の活動性を、一種の資源として表現する概念だった。そして、その実体的枠組みを彼は「市民社会（civil society）」と表現したのである。

パットナムによれば、民主主義を実質的なものにするには「強力で活動的な市民社会」が必要であり、「発展途上諸国やポスト共産主義世界における市民社会の弱さに関心をもつ人々にとっては、先進西側民主主義諸国とりわけ合衆国は、見習うべきモデルだと一般的にみなされてきた。しかしながら、アメリカの市民社会の活気（the vibrancy of American civil society）は過去数十年間に著しく衰退してきたという衝撃的な証拠がある」（Putnam 2000, p. 223）。彼によれば、「有権者集会、新聞の読者数、合唱団やフットボールクラブの会員数――それらはうまくいっている地域の品質証明だった」のであり、そのような「組織された相互関係と市民的連帯のネットワーク」（p. 224）がアメリカの民主主義を草の根から支えてきたのである。しかし、現在ではそれが衰退し崩壊してしまった、というのが彼の論文の主題だった。

ギデンズは一九九七年から六年間、ロンドン大学ＬＳＥ（London School of Economics）の学長を務め、その間、イギリス労働党トニー・ブレア（Tony Blair, 1953–）政権（一九九七―二〇〇七年）の「第三の道」路線の理論的支柱だった人物である。彼の一九九八年の著書『第三の道』には、「市民社会の再生（the renewal of civil society）」という見出しの一節があり、そこでは「政府と市民社会の協力関係、地域主導によるコミュニティ（生活共同体）の再生、第三セクターの活用、地域の公的領域の保全、コミュニティを基盤とする犯罪防止、民主的な家族」（Giddens 1998, p. 79. 一三八頁）が列挙されている。つまり、彼の言う〈civil society〉もやはりハーバーマスと同じように政府や企業とは区別される領域であり、政府との「協力関係」が主張されるのだが、ギデンズが考えているのはむしろ「地域共同体（community）」と「第三セクター」である。具体的に言えば、かつての福祉国家が担ってきた「公共的領域」、特に福祉と防犯を、家族や地域共同体、さらには第三セクターを含む民間組織が政府に代わって担うことが期待されているのである。

こうして、「国家社会主義」以後のドイツにおける〈Zivilgesellschaft〉という言葉は、アメリカやイギリスの〈civil society〉と同じように、いわば政治的な牙を抜かれて、日常生活の秩序維持を担う団体・組織を意味する言葉へと変化していったのだった。

2 〈Zivilgesellschaft〉から〈Bürgergesellschaft〉へ

しかしながら、ドイツで〈civil society〉の訳語として使われるようになった新造語はもう一つある。それが〈Bürgergesellschaft〉である。その最も早い例が、オランダ出身の政治哲学者バート・ヴァン・デン・ブリンク（Bert van den Brink）とウィレム・ヴァン・レイエン（Willem van Reijen）が編集した一九九五年の本の題名に使われたものだった（Brink und Reijen Hrsg. 1995）。『市民社会・権利・民主主義』と題されたこの論文集は、英語圏の「リバタリアン・コミュニタリアン論争」を翻訳紹介したもので、収録論文の著者には、ラルフ・ダーレンドルフ、マイケル・ウォルツァー、チャールズ・テイラー、リチャード・ローティ、ジョン・ロールズ、マイケル・サンデルなどの政治哲学者の名前が並んでいる。このうち、マイケル・ウォルツァー（Michael Walzer, 1935– ）の論文にある〈civil society〉は〈zivile Gesellschaft〉と直訳されているが、編者のブリンクは、序論でこの論争を「民主主義的市民社会（Bürgergesellschaft）をめぐる政治哲学論争」と特徴づけている。

ここからわかるのは、〈Bürgergesellschaft〉という新造語はたんに〈Zivilgesellschaft〉よりも外来語のニュアンスが少ないドイツ語らしい言葉だというだけではなく、民主主義を担う政治的行動主体としての「市民（Bürger）」が構成する「団体・社会（Gesellschaft）」であることを強調する表現になっている、ということである。

その次に〈Bürgergesellschaft〉を表題に掲げたのが、政治哲学の研究者クラウディア・タプス

(Claudia Taps）の二〇〇〇年の著作『市民社会——経済的大変革の時代の政治的自由』だった。これはアメリカにおけるNGOの活動を「社会的包括過程」という観点から論じたもので、著者は〈Bürgergesellschaft〉を「市民の立場に立って組織された地域コミュニティの諸施設のネットワークが具現している生活領域」（Taps 2000, S. 100）と定義しているが、その強調点は、「住民運動(Nachbarschaftsinitiative)」とNGOが「社会的政策決定過程」への市民参加の枠組みとして機能していることにある。ここでも強調点は政治参加にある。

このタプスの著書以降、ドイツでは特に二〇〇〇年代の前半に〈Bürgergesellschaft〉を表題に掲げた本が次々に出版される。そして二〇一一年には、社会学者のフリードリヒ・フュルステンベルク（Friedrich Fürstenberg, 1930–）が『市民社会の構造転換』という題名の本を出版するにいたった（ハーバーマスの『公共性の構造転換』を意識した題名であることは言うまでもないだろう）。フュルステンベルクはその中で、〈Bürgergesellschaft〉という表記を選択した理由を次のように説明している。

「アメリカでの〈civil society〉という手本に対応する〈Zivilgesellschaft〉という表記は、憲法によって保護された非国家的な公共的空間に限定されている。……［それに対して］〈Bürgergesellschaft〉は、より広い意味で——国家の領域も含む——民主主義の発展における一段階、すなわち社会的行為領域の作用連関としての社会構造の変化に連動した一段階を特徴づけるものである」（Fürstenberg 2011, S. 8）。

つまり、〈Bürgergesellschaft〉は、一度脱政治化された〈Zivilgesellschaft〉を再び政治化した、民主主義の担い手を表す概念だというのである。フュルステンベルクは次のように続けている。

「民主主義的な憲法を持つ私たちの社会では、社会的秩序は市民社会という理想像（Leitbild einer Bürgergesellschaft）を目指すべきだという広範な合意が存在する。それが特徴づけるのは、譲り渡すことのできない基本的諸権利に基づいて自ら責任を持って連帯的に行為しつつ公共的生活に積極的に参加する諸個人や諸集団、という形で具体化されるような生活様式である」（S. 8–9）。

このような言説状況の中で、ハーバーマス自身も、脱政治化された〈Zivilgesellschaft〉ではなく、市民の自発的政治参加を強調する〈Bürgergesellschaft〉という表記を選び取るにいたった。彼は二〇一三年の著書『テクノクラシーに飲み込まれながら』で、欧州連合の行政当局の「テクノクラシー的な柔軟性」が「民衆が参画できないまま」に機能する危険性を指摘しつつ、それに対して「政治的公共圏と動員可能な市民社会（mobilisierbare Bürgergesellschaft）のダイナミズムによるフィードバックがないならば、政治運営には、勢いが抜けてしまう」（Habermas 2013, S. 90. 六四―六五頁）ことを主張している。

さらにハーバーマスは、『ドイツ政治・国際政治雑誌』二〇一四年三月号に掲載された論文「強いヨーロッパのために――しかし、それはどういう意味だろうか」でも、次のように「民主主義的な市民社会（eine demokratische Bürgergesellschaft）」の重要性を論じている。

「民主主義的に見える表面の裏で現代のファッラーヒーン層［受動的に支配を甘受する下層階級］が広がるのが嫌ならば、世界経済政策の議題に目を向けてみるのがいいだろう。民主主義的な市民社会の存続に関わる重要な案件を政治的に整備する場が今日では、なんといってもこの世界経済政策に依存しているからだ。ネオリベラリズムは民主主義の代わりに、社会国家なき法治国家を作り上げている。ユーロ国家群は、ＩＭＦや世界銀行に共通の議席を得て、自分たちの利害にかなうグローバルな秩序を目指す政策を政治的に通す努力すらしていない。この光景は悲しい」(Habermas 2014, S. 86. 二三五―二三六頁)。

「理想像としての市民社会」。「民主主義的な市民社会」。まるで日本型市民社会論の再生を見ているようだ。本章の冒頭で見たように、『広辞苑』の「市民社会」の定義は、「自由・平等な個人による議論と合意によって生活が営まれる社会」だった。それが現在のドイツで議論されているのである。

3 改めて「市民社会」とは何か

ドイツにおける「市民社会」論の現在を見ていて改めてわかることは、日本型市民社会論もまた、民主主義的な市民の政治参加に関する思想だったということである。それは、講座派のブルジョア革命論とアダム・スミス（の自由主義）への過大評価を背景に、日本の政治的民主化に棹さそうとする思想だった。ただ一つの悲劇は、それが経済領域において資本主義に対抗する「階級」的論理をあいまいにしたこと、その結果、「市民的自立」という表象が「個人主義」化されて新自由主義に利用されるままに終わったことである。

これまで見てきたような現代ドイツの言説状況を考慮に入れても、「市民社会」論に対する私の考えは基本的に一〇年前と変わらない。民主主義が今こそ重要なのは確かだとしても、「市民社会」

という言説に過大な期待をかけるな、ということである。

ドイツの歴史家シュテファン＝ルートヴィヒ・ホフマン（Stefan-Ludwig Hoffmann, 1967– ）が指摘するように、「市民社会」は歴史的につねに両義的な存在だったのであり、「一九世紀の市民結社（civil society）につどう市民たちは、公共善のための活動に熱心であっただけではなかった。彼らはまた自分たちの社会的、道徳的規範と合致しない人びとを排除し、規律化することにも情熱をかたむけたのである」（Hoffmann 2006, p. 81. 一二九頁）。彼によれば、二〇世紀のナチ党もまた「協会文化（associational culture）」の中に存在したのであり、「民主主義への敵対者は、ドイツの事例が示すように、反民主的な目的のために市民社会の稠密で活気にあふれるアソシエーションの文化を利用することができる」（p. 83. 一三三頁）のである。

そして、ここでも最後にジョン・エーレンバーグ（John Ehrenberg, 1944– ）の言葉を借りることにしよう。彼はこう書いている。

「ＰＴＡ、貧困者のための無料食堂、合唱団、あるいはガールスカウト連隊の考えられるどの組み合わせも、経済には抵抗できない。資本主義の構造的不平等が日常生活をどのように構成しているかを考えることなしに、市民社会（civil society）を民主的活動の拠点として理論化し、それを本来的に強制的である国家に対置することは、もはや不可能である」（Ehrenberg 1999, p. 248. 三三六頁）。

経済領域の問題を考えるなら、「市民社会」を政治化するだけでは不十分だということである。「資本主義の構造的不平等」に対応するためには、企業の営利活動や資本主義経済の構造とメカニズムそのものに踏み込んだ社会的実践が必要になる。「非国家的・非経済的な社会領域」にとどまるのではなく、改めてヘーゲルやマルクスが問題にした経済的社会としての〈bürgerliche Gesellschaft〉をどう変革するか。それこそが今、世界的規模で問われているのではないか。

Ⅳ

マルクス思想のアクチュアリティ

第十二章 戦後日本のマルクス研究

はじめに

戦後日本のマルクス研究は、現在にいたるまで、おおまかに言えばほぼ二〇年毎の四つの時期に区分できる。

第一期は、一九四五年から一九六〇年代中葉まで。一九三〇年代以降禁圧されていたマルクス主義が、日本の敗戦によって復権し、マルクス主義的社会科学が学問世界で大きな影響力をもつようになった。一九四九年には『マルクス・エンゲルス選集』（マルクス・エンゲルス選集刊行会訳編、全二二巻、大月書店。一九五二年に完結）の刊行が始まり、一九五九年からは『マルクス・エンゲルス全集』（大内兵衛・細川嘉六監訳、全五四巻、大月書店。一九九一年に完結）も刊行された。本格的なマルクス研究が始まるのは、一九五五年体制の成立と一九五六年のスターリン批判以後である。この第一期には、題名に「マルクス経済学」という言葉を含む著作が溢れるように出版されたが、他方では、一九二〇年代に西欧マルクス主義の影響を受けて開始されながら、政治的弾圧によって中断されていた「初期マルクス」研究が復活し、戦争中の研究の空白を急速に埋めていった。

第二期は、一九六〇年代中葉から一九八〇年代中葉まで。『資本論』一〇〇年（一九六七年）とマルクス死後一〇〇年（一九八三年）を含むこの時期は、一九六八年に頂点を迎える大学闘争（全共闘運動）や「チェコ事件」（ソヴィエト連邦を中心とするワルシャワ条約機構軍の戦車部隊が「人間の顔をした社会主義」を求めるチェコスロバキアの改革運動を圧殺した事件）の影響もあって、マルクス研究のマルクス主義離れが進行した時期でもある。しかも、同時代の日本は、「高度成長」期を経て「近代化論」のいう「高度大量消費時代」に入っており、すでに一九六八年の総理府の国民意識調査では、自分が「中流」に属すると回答した人が八七パーセントに達していた。この第二期には、市民社会論（内田義彦、平田清明、望月清司）、物象化論（廣松渉）、世界史像論（山之内靖、淡路憲治）などの研究潮流を指して「マルクス・ルネサンス」という言葉も使われたが、これが戦後日本のマルクス研究の第一次最盛期であり、最良の成果を生み出した時期である。

第三期は、一九八〇年代中葉から二〇〇〇年代中葉まで。一九八〇年代には、ポーランドの自主管理労働組合「連帯」をはじめとして、東欧「社会主義」諸国での体制批判の動きも活発になっており、「マルクス葬送派」と呼ばれる言説も現れた。一九八九年の東欧革命と一九九一年のソ連崩壊は、日本においてもマルクス主義の影響力の終焉をもたらすとともに、大学の「経済原論」講座などの形で制度化されていた「マルクス経済学」の解体再編を引き起こし、マルクス研究者を激減させた。この大洪水を生き延びた日本のマルクス研究は、厳密な意味での歴史研究（思想史研究）の一部になったと言っていいだろう。その後の日本では、バブル経済の崩壊と「失われた一〇年」、そして新自由主義的な規制緩和と「構造改革」を経験して「格差社会」論が定着していった。

第四期は、二〇〇八年から現在まで。二〇〇八年のリーマン・ブラザーズの倒産に始まる世界金融恐慌によって解雇と失業、格差の拡大が切実な問題となり、「資本主義の危機」が実感されるのと相まって、マルクス再読ブームが起きた。しかし、それはまだマルクス研究の新しい流れには結びついていなかった。新しい流れが始まるのは、二〇一〇年代の後半からである。『資本論』一五〇年（二〇一七年）とマルクス生誕二〇〇年（二〇一八年）が連続したこともあって、雑誌の特集号の出版や記念シンポジウムなどが相次いだ。その中で、国際版『マルクス・エンゲルス全集』（略称MEGA）の編集に関与する研究者たちによる、マルクスの遺稿ノート類を踏まえた新しい研究が現れてきた。それを代表するのが、斎藤幸平の一連の著作である。

このような時期区分は、さらに細分して詳しく整理することもできるが、それはほとんど戦後日本思想史の一部を論じることになる。本稿ではむしろ、日本のマルクス研究の第一次最盛期である第二期を中心として、その最良の成果をテーマごとに整理し、必要に応じてその後の到達点を確認する、という方法を採ることにしたい。

第二期の研究対象は、主として一九二〇年代以降に「発見」されたマルクスの草稿類である。以下ではまず「マルクス・ルネサンス」の出発点を確認したうえで、『経済学・哲学草稿』、『ドイツ・イデオロギー』、初期マルクスの思想的文脈、『経済学批判要綱』、晩年の草稿、という研究対象ごとに、その研究を概観することにするが、その前に、戦前のマルクス受容についても、かんたんに紹介しておくことにしよう。

1　はじめてのマルクス

日本ではじめてのマルクスは、二〇世紀の初頭にさかのぼる。第三章でもかんたんに触れたが、発端は、堺利彦が幸徳秋水たちと一九〇三年一一月に創設した平民社にある。平民社ではこの頃「社会主義研究会」が開催されていたが、幸徳はすでにこの年の七月に『社会主義神髄』を朝報社から出版しており、「明治三六年六月」という日付が記された「自序」によれば、マルクスとエンゲルスの『共産党宣言』、マルクスの『資本論』、エンゲルスの『空想から科学への社会主義の発展』などを英語訳で読み、それらを参照しながら「社会主義とは何ぞ」という疑問に「我国の社会主義者の一人として」答えようとしたのが、この著作だったのである（幸徳〔一九五三〕七―八頁）。

大杉栄（1885–1923）の『自叙伝』（改造社、一九二三年）によれば、彼も幸徳の『社会主義神髄』を読んで社会主義に感化され、堺と幸徳が『万朝報』を去って『平民新聞』を創刊した際に、「この旗上げには、どうしても一兵卒として参加したい」と思って、一九〇四年三月に平民社を訪れる。

それが「毎週社で開かれていた社会主義研究の例会の日」だった（大杉〔一九七一〕一七三—一七四頁）。大杉は、それ以来「毎週の研究会には必ず欠かさずに出た」（一七六頁）という。

その幸徳と堺は共訳で、一九〇四年一一月一三日付の『平民新聞』第五三号に創刊一周年記念として『共産党宣言』の翻訳を掲載する。これは一八八八年にロンドンで出版されたサミュエル・ムーア（Samuel Moore, 1838–1911）による英語訳からの重訳で、第一章と第二章の翻訳だったが、掲載紙は即日発行禁止となった。これが日本で最初に公刊されたマルクスの翻訳である。二人は、一九〇六年には第三章を加えた全訳を『社会主義研究』第一号に発表するが、これもまた即日発行禁止となった。

ちなみに、この幸徳秋水・堺利彦訳『共産党宣言』全訳版は、一九二六年にアメリカのロサンゼルスで「羅府日本人労働協会」によって単行本として再刊されている。その「あとがき」によれば、「この訳書は勿論幸徳秋水、堺利彦両氏の翻訳を訳者に無断で重刷したものである」（マルクス／エンゲルス〔一九二六〕八三頁）。この翻訳は文語体の格調高いもので、第二章末尾の有名な箇所は、次のように訳されている。「要するに、吾人は階級と階級対立とより成れる旧紳士社会を廃し、之に代ふるに、各人自由に発達すれば万人亦従って自由に発達するが如き、協同社会を以てせんと欲するなり」（五九頁）。ここで「旧紳士社会」と訳されているのは、英語版原文では〈the old bourgeois society〉、それに代わるべき「協同社会」は〈an association〉（Marx & Engels 2002, p. 244）である。

他方、その間に堺は一九二一年に『共産党宣言』をドイツ語原書から訳し直しており、それは堺の死後、敗戦後の一九四五年に彰考書院から出版された。そこでは、先ほどの箇所は次のように変更されている。「かくていよいよ、古いブルジョア社会（およびその諸階級と階級対立と）の代りに、各人の自由な発達が衆人の自由な発達の条件となるような、協力社会が生ずるのである」（マルクス／エンゲルス［一九四五］五四頁）。なお、その後さらに堺が一九三〇年に「大学ノートに記載してあった草稿」が発見され、その「堺の最終決定訳」が一九五二年に改めて彰考書院から出版されている（マルクス／エンゲルス［一九五二］「例言」六頁）。ただし、先述の箇所に変更はない（六三頁）。

以上のように、日本ではじめてマルクスを（英語訳で）読んだのは幸徳秋水で、その時期は一九〇三年六月以前のいつかということになるが、日本人ではじめてとなると、夏目漱石（1867–1916）にもその可能性がある。漱石は、英国留学中の一九〇二（明治三五）年三月一五日にロンドンから投函した中根重一（鏡子夫人の父）宛ての書簡で、「財産の不平均より国歩の艱難を生ずる虞［おそれ］に言及し、「欧州今日文明の失敗は明かに貧富の懸隔甚しきに基因致候　此不平均は幾多有為の人材を年々餓死せしめ凍死せしめ若くは無教育に終らしめ却つて平凡なる金持をして愚なる主張を実行せしめる傾なくやと存候」と述べた後で、「カールマークスの所論の如きは単に純粋の理窟としても欠点有之べくとは存候へども今日の世界に此説の出づるは当然の事と存候」（夏目［一九六六］二〇〇頁）と書き記している。

漱石が買い求めて読んだのは、一九〇二年にロンドンで出版されたばかりのスワン・ゾネンシャイン出版社の「国際文庫」版で、漱石はそれを日本に持ち帰っていた。「漱石山房蔵書目録」では「哲学（Philosophy）」に分類されて、次のように記載されている。「Marx (K.). Capital. Trans. From the Third German Edition by S. Moore & E. Aveling. London: S. Sonnenschein & Co. 1902.

(International Library)」(夏目［一九六七］七七二頁)。

このように二〇世紀初頭には、マルクスは英語訳を通して日本に紹介されていたが、マルクスをドイツ語原書ではじめて読んだのは福田徳三(1874–1930)ではないかと思われる。福田は一八九六年に東京商業学校(後の東京商科大学、現在の一橋大学)研究科を卒業して同校の講師となり、一八九八年から文部省の派遣でライプツィヒ大学やミュンヘン大学に留学し、一九〇〇年にミュンヘン大学で博士号を取得後帰国して、高等商業学校教授となった(一九二〇年には東京商科大学教授となる)。

福田の蔵書は大阪市立大学が「福田文庫」として所蔵しており、その中に『資本論』ドイツ語原書全三巻の初版本が含まれている。福田がこの『資本論』全三巻を通読したのは、東京高商を休職して、弟子である左右田喜一郎(1881–1927)の小田原の別荘に暮らした一九〇五年頃だったという(福田［一九一九］八頁)。

その後『資本論』のドイツ語からの翻訳が出版されるのは、一九二〇年から一九二四年にかけて、福田徳三校註『マルクス全集』の第一―九分冊(ただし第七分冊がさらに二冊に分かれているので実際には全一〇冊)という形式で、訳者は堺利彦の売文社に出入りしていた高畠素之(1886–1928)である(マルクス［一九二〇―二四］)。高畠は、最初は単独で翻訳を出版する予定だったが、出版社の企画として、福田が校注者兼翻訳担当者、大塚金之助(1892–1977)や左右田喜一郎などの福田の弟子も翻訳担当者に加わることになった。しかし、福田の弟子たちは担当部分を出版する前に企画から抜けてしまい、福田自身も第一冊の高畠訳の校閲と題言執筆をしただけで、その後は手を入れず、最終的に高畠の単独訳となった。

この企画に参加した福田の弟子の一人、高橋誠一郎（1884–1982）は、この間の事情を次のように証言している。「福田さんの注を入れることになると、それがまるで誤訳摘発みたいになった。一番先に高畠君が怒り出した。それで結局われわれが抜け、しまいには福田さんも抜けてしまって、あとは高畠君独りの仕事になったわけなんです。けれども初めは福田さんはあくまであの翻訳を自分たちの力で完成させようとしておられたのです」（高橋他［一九五〇］一二九頁）。

この大燈閣版を完成した後、高畠は引き続き一九二五―二六年に新潮社から改訳『資本論』全四冊を出版し、さらにそれを改訂したものを一九二七―二八年に改造社から全五冊で刊行した。『資本論』の改訳に文字どおり「心血を注いだ」ためか、高畠は改造社版の刊行が完結したその年のうちに没している。

なお、高畠の最初の翻訳が刊行されている最中の一九二一年四月に、堺利彦、荒畑寒村（1887–1981）、山川均（1880–1958）、近藤栄蔵（1883–1965）らが日本共産党を結成した（黒川［二〇一四］一五七―一五八頁）。この最初の共産党（第一次共産党）は一九二四年四月に解党するが（二五七頁）、この間の日本におけるマルクス主義（とりわけ唯物論的歴史観）の受容については、黒川伊織の労作（黒川［二〇一四］）を参照されたい。

2　『経済学・哲学草稿』研究と「マルクス・ルネサンス」

戦後日本のマルクス研究第二期における「マルクス・ルネサンス」の前提となったのは、すでに第一期に始まっていた「初期マルクス」研究であり、その中心的対象となったのが『経済学・哲学草稿』である。一八四四年に書かれたこの草稿群が最初に公表されたのは、一九三二年、モスクワで編集された『マルクス・エンゲルス歴史的・批判的全集』（第一次ＭＥＧＡ）の第一部第三巻においてであり、それはすぐさま日本語に翻訳されて、同年の改造社版『マルクス・エンゲルス全集』第二七巻に豊島義作訳『経済学及び哲学に関する手稿』として収録された。草稿原文は、現在ではその複雑な執筆状態をそのまま再現する形で、国際版『マルクス・エンゲルス全集』（新ＭＥＧＡ）第一部第二巻（一九八二年）に収められている。

この草稿に関する最も早い時期の研究は、フランクフルト学派のヘルベルト・マルクーゼ（Herbert Marcuse, 1898–1979）による一九三二年と一九三三年の論文であるが、それが一九六一年に『初期マルクス研究――「経済学　哲学手稿」における疎外論』（良知力・池田優三訳、未来社）として紹介された。これは、第一草稿におけるマルクスの「疎外された労働」論の「存在論的意義」を強調し、それを実存主義やキリスト教的終末論につなげようとするもので、哲学的「初期マルクス」研究の一つの典型をなすものである。

これに、文庫版での草稿の翻訳ラッシュが続く。三浦和男訳『経済学・哲学手稿』（青木文庫、一九六二年）、藤野渉訳『経済学・哲学手稿』（国民文庫、一九六三年）、城塚登・田中吉六訳『経済学・哲学草稿』（岩波文庫、一九六四年）である。さらに、一八四四年に書き始められた経済学諸文献からのマルクスの抜粋ノートも、杉原四郎・重田晃一訳『マルクス　経済学ノート』（未来社、一九六二年）として翻訳された。

この時期までの初期マルクス研究の性格をよく示しているのが、一九六四年に紹介されたポーランドの哲学者アダム・シャフ（Adam Schaff, 1913–2006）の『人間の哲学――マルクス主義と実存主義』（藤野渉訳、岩波書店）である。これは、疎外論を中心に据えてマルクス主義をヒューマニズムの哲学として再建しようとするものであるが、同時に、社会主義における疎外にまで論及し、国家の存続がもたらす権力化した官僚制による疎外、分業とエリートの存在に結びつく疎外、社会主義における労働の疎外、などを論じていた。疎外論は、現代資本主義に対する批判の武器であると同時に、東欧「社会主義」国家に対する体制内反対派（「異論派」とも呼ばれた）の武器としても重要視されていたのである。

世界史的激動の年である一九六八年前後の約一〇年間は、マルクス研究が、それまでのマルクス主義研究を超える新しい潮流を生み出した時期でもあった。ルイ・アルチュセール（Louis Althusser, 1918–1990）が『マルクスのために』と『資本論を読む』を出版したのは一九六五年だが、日本では、「マルクスを見る眼」（第一章の表題）という言葉で『資本論』の歴史的意味と現代的意味の複眼的考察という方法論を提示した内田義彦（1913–1989）の『資本論の世界』（岩波新書、一九六六年）が、「マルクス・ルネサンス」の最初の表現だと見ていい。

内田の問題意識は、一つは、哲学的「初期マルクス」研究と経済学的「後期マルクス」研究との統合であり、もう一つは、「日本のマルクス研究」の存在意義の確認、である。この本で、彼はこう述べる。「疎外論ブームは、疎外論が提起した人間の問題を、マルクスはどう提起しどう解決したかを『資本論』において考えることを可能にしましたし、明治への関心の高まりは、マルクスを見る眼と日本を見る眼を交錯させるという、わかり切ったことから始めねばならぬということをわれわれに教えてくれました」(内田［一九六六］五頁)。

やさしい言葉づかいで、しかしきっぱりと、内田は、㈠剰余価値の生産過程を価値増殖過程としてのみ見る「マルクス経済学の「経済原論的」理解」、㈡労働過程論の一部を生産力概念や価値概念と切り離して取り出す「疎外論のマルクス理解」、そして、㈢第一のものの裏返しとして、相対的剰余価値の生産を絶対的剰余価値の生産の論理と切り離す「『資本論』の生産力論的理解」、をすべて批判し(一二六―一二七頁)、それに対して、「価値増殖という独自な搾取形態に媒介されて、独自な資本の生産諸姿態が発展してくるあとが、人間の自然に対する支配過程としてまずポジティヴに、ついで、資本の生産諸姿態にすぎないという点でネガティヴに、そして第三にそういうネガティヴなものを通して発展するポジティヴな意味が、従来の社会形態のそれと対比させられつつ摘出されるというマルクスの手法」(一五五頁)を明らかにした。これ以降、厳密な原文読解に基づいて「マルクスの全体像」の解読を試みる研究が次々と現れることになる。

内田の書と並んでもう一つの出発点をなすのが、『資本論』一〇〇年記念として出版された、経済学史学会編『「資本論」の成立』(岩波書店、一九六七年)であった。本書の第一の特徴は、題名が示すように、『資本論』そのものではなく、その「成立」過程の思想形成史的研究だということである。本書は、『資本論』の思想史的背景、『資本論』形成の諸問題、『資本論』第一巻の反響、の三部構成で、第一部は「思想史的背景」をイギリス、フランス、ドイツに分け、第二部は『資本論』の形成過程を一八四〇年代、一八五〇年代、一八六〇年代に分けて論じている。これは、周辺の思想家との影響関係や対立関係を視野に入れながら、マルクスの思想（理論）形成過程を跡づけ、初期から後期にいたるマルクス思想の全体像を明らかにする、という第二期のマルクス研究の基本線を設定するものであった。

全部で一七本の論文からなる本書のすべてを紹介することはできないし、その必要もないだろう。重要なのは、第一部では、「プルードンとマルクス」（森川喜美雄）、「マルクスとヘーゲル」（細見英）、「ヘスとマルクス」（山中隆次）などのテーマが取り上げられ、第二部では、『聖家族』の経済学的意義」（服部文男）、「『経済学・哲学手稿』から『ドイツ・イデオロギー』へ」（重田晃一）、「五〇年代マルクスの市民社会論」（平田清明）、「「経済学批判」と『資本論』」（佐藤金三郎）、といった論文が含まれていることである。これらの著者の多くが、その後の「マルクス・ルネサンス」の担い手となり、重厚な著作を世に問うことになる。その意味で、本書の第二の特徴は、これから開花する第二期のマルクス研究を、その最初の要約版という形で示したことにある。

『経済学・哲学草稿』に関して言えば、日本における「マルクス・ルネサンス」の開始は、研究者をそれまでの「疎外された労働」断片中心の疎外論研究から『草稿』全体の経済学的論理の検討へと、そして『草稿』と『経済学ノート』との関連を含む厳密な文献考証へと向かわせることになった。特に問題となったのは、『草稿』「第一草稿」に見られる、「労賃・利潤・地代」の対比的分析をふまえて展開される「疎外された労働」論と、『経済学ノート』の「ジェイムズ・ミル評注」に見られる、社会的分業と商品交換という場に適用された「疎外」論とを、どう関連づけて読むか、ということである。

そのような研究の最初の成果が、『「資本論」の成立』に収められた細見英（1933–1975）の論文「マルクスとヘーゲル――経済学批判と弁証法」である。この中で細見は、独自の読解に基づいて、「一八四四年の初頭に着手されたマルクスの経済学研究のうち、ジェイムズ・ミルの『政治経済学綱要』からの抜粋につけられた評注」が「マルクスによる経済学的諸範疇批判の最初の試論的展開」であり、「自己労働にもとづく私的所有から出発」する「商品交換＝商品生産の論理」から「階級分裂・階級関係を展開する」ことの不可能性に思い至って、改めて研究をやり直した結果が、『経済学・哲学草稿』の執筆開始である、という執筆順序を推定した（細見［一九六七］一三一―一三二頁）。

それに対して中川弘（1941–）は、やはり独自の考証に基づいて、『経済学・哲学草稿』「第一草稿」→「ミル評注」→「第二・三草稿」という執筆順序を推定した（「『経済学・哲学草稿』と「ミル評注」――〈疎外された労働〉論を中心とした一考察」、福島大学『商学論集』第三七巻第二号、一九六八年。後に、中川弘『マルクス・エンゲルスの思想形成――近代社会批判の展開』創風社、一九九七年、に収録）。

この論争に決着をつけたのは、ソ連の研究者ニコライ・I・ラーピン（Nikolaĭ Ivanovich Lapin, 1931–2021）が一九六九年に『ドイツ哲学雑誌』に発表した論文だった。これは、「疎外された労働」に先立つ「第一草稿」前半四分の三を占める部分の執筆過程を綿密に考証し、「第一草稿」全体の論理展開についての再検討を促したものであり、同時に、『草稿』と『経済学ノート』の関連についても、説得力のある考証によって、中川と同じ、「第一草稿」→「ミル評注」→「第二・三草稿」という執筆順序を推定したものである。

細見はすぐにこのラーピン論文の推定に賛成し、「この点について私は、反省をこめて自説の訂正をおこなわなければならない」と述べるとともに（「『経哲草稿』第一草稿の執筆順序――N・I・ラーピン論文の紹介」、『立命館経済学』第一九巻第三号、一九六九年。細見英『経済学批判と弁証法』未来社、一九七九年、一八三頁）、自らラーピン論文を翻訳した（細見英訳「マルクス『経済学・哲学草稿』における所得の三源泉の対比的分析」、『思想』一九七一年三月号）。ラーピンの考証は、さらに山中隆次（1927–2005）によっても「追試」調査され、補完された（「『経済学・哲学草稿』と『抜粋ノート』の関係――ラーピン論文によせて」、『思想』一九七一年一一月号）。

その後、アムステルダム社会史国際研究所のユルゲン・ローヤン（Jürgen Rojahn）が、一九八三年の「労働運動史研究国際学会」で、紙を折り重ねて畳んだ状態にある『草稿』現物の物理的状態を詳細に報告し、山中がそれを紹介した（ユルゲン・ローヤン「いわゆる『一八四四年経済学・哲学草稿』問題――「マルクス没後百年記念リンツ集会」報告」山中隆次訳、『思想』一九八三年八月号）。山中自身も、その後アムステルダム社会史国際研究所でマルクスの草稿を直接に調査し、それをふまえて、『草稿』と「ミル評注」を一書にまとめる形で新しい翻訳を試みた。それが、遺稿となった山中隆次訳『マルクス　パリ手稿――経済学・哲学・社会主義』（御茶の水書房、二〇〇五年）である。これが『草稿』の文献考証的研究の到達点だと言っていいだろう。

他方、現時点で最も包括的で内在的な『経済学・哲学草稿』研究は、工藤秀明（1949– ）の『原・経済学批判と自然主義――経済学史と自然認識』（千葉大学経済研究叢書、一九九七年）である。題名が示すように、これは『草稿』を『経済学批判要綱』や『資本論』につながる経済学批判の出発点ととらえるものである。工藤は、特に第三草稿のマルクスが「人間を、活動性と受苦性、主体性と対象性の両面・両義を備えた対自的自然存在と捉え、そのようなものとして労苦と歓喜にみちた現実の弁証法的な過程を遂行しえてこそ、人間は類的存在として、生成的に自己形成と歴史的発展＝世界史形成とを遂げてゆくことができるのだと強調する」（二六三―二六四頁）ことを高く評価するとともに、「対自然の関係（行為）と人間相互の関係（行為）との一体的・同型的な捉え方こそは、実は、マルクスのその後の研究行程においてくり返し表出されるものであり、畢生の作品たる『資本』においても基礎とされている」（二七八頁）ことを指摘している。

それとは対照的なのが、山之内靖（1933–2014）の『受苦者のまなざし――初期マルクス再興』（青土社、二〇〇四年）である。これは、一九七六年から七八年にかけて「初期マルクスの市民社会像」という題で『現代思想』に連載された論文（第一章から第三章）に、四半世紀の中断を経て新たに書き下ろされた続編（第四章および「結び」）と「序章」を加えて一書としたものである。本文のちょうど三分の二を占めるのは第二期のマルクス研究（以下、旧稿）であり、それを第三期のマルクス論（新稿）が挟み込んでいる形になる。

旧稿は、一九六〇年代以降の膨大な研究蓄積を再点検しながら『経済学・哲学草稿』を読み直そうという試みであり、その時点での初期マルクス研究の一つの総括を目指したものであった。山之内の問題意識は、マルクスの思想形成におけるヘスとエンゲルスの先行的役割を評価する廣松渉（1933–1994）の議論を批判し、他方で、人間を「有限な受苦的存在」としてとらえるフォイエルバッハの「自然主義」のマルクスへの影響を強調することにあったが、第一草稿の「疎外された労働」論を検討し終えたところで、連載は突然中断された。

それに対して、新稿の第四章では、第三草稿に見られる、人間を「死をまぬがれない」感覚的・感性的存在ととらえる「受苦的存在者の存在論」が、「国民経済学の十分な理解に到達した時点で現れたフォイエルバッハ理解のこの新たな水準」(三八六頁)と位置づけられ、高く評価される一方で、「宇宙や世界に関する感性的意識の復権――その意味でまさしく存在論的というべき世界認識の変革」(四〇六頁)を可能にするはずの「受苦者のまなざし」は、「その後は一度たりともマルクスによって振り返られることがなかった」(四四四頁)と断言される。さらに「結び」は、後期マルクスには「マルクスその人の体系性を制約した狭隘な経済一元論」(四五〇頁)、「経済決定論的傾向やあらわな進化主義的信念、さらには、その背景となった一元的な社会理論」(四五六頁)が見られると断定する。その結果、「序章」では、「「世界像レヴェルの転換」を呼びかける要素を自ら放棄してしまった「後期マルクス」には、もう可能性はない。そのことの自覚の中から、新しいマルクスへの模索が始まるであろう」(六一頁)と宣告されてしまうのである。

結論として示される、「「人間の真の自然史」なるものが「生命系としての自然の歴史(自然誌つまりbio-history)」と衝突をおこし、人間にとっての生命環境が危うくなっているのが現代ではないだろうか」(四四三頁)、マルクスの将来展望は「いまとなっては、あまりにも人間中心主義的な楽観論であり、文明社会の根源をゆるがせている環境問題あるいは生命系の危機についての、無知の表現だといわざるを得ない」(四五七頁)、といった発言は、ディープ・エコロジストの言説そのものである。これは、山之内における「マルクス研究の終焉」宣言であった。

3 『ドイツ・イデオロギー』の研究

『ドイツ・イデオロギー』第一章「フォイエルバッハ」のドイツ語原文が最初に発表されたのは、一九二五年のD・B・リャザーノフ（David Borisovich Ryazanov, 1870–1938）編『マルクス・エンゲルス・アルヒーフ』第一巻であった（一九二六年と表記した研究書も多いが、それは『アルヒーフ』第二巻での誤記に基づく）。このリャザーノフ版は、原稿の状態に忠実に、マルクスのページ付けの順に配列することを基本方針としていたが、二つの清書稿の扱いが不正確であり（二群に分けて冒頭と末尾へおく）、原稿の判読や解釈に欠陥が多かった。この版の翻訳として、三木清訳（岩波文庫）、由利保一訳（希望閣）、河上肇他訳（我等社）、森戸辰男・櫛田民蔵訳（改造社版『マルクス・エンゲルス全集』第一五巻）がいずれも一九三〇年に出版された。

一九三二年には『ドイツ・イデオロギー』全文のドイツ語原文が、V・V・アドラツキー（Vladimir Viktorovich Adoratsky, 1878–1945）編の第一次MEGA第一部第五巻に収められた。この版では、第一章原文の段落の配列が大きく変えられ、しかも段落そのものが中途で切断されたり、つなぎあわされたりして、原稿自体の脈絡が断ち切られて「再構成」されている。さらに表題のつけ方も恣意的であった。このアドラツキー版がまとまった形で全訳されたのは、戦後の唯物論研究会訳『ドイツ・イデオロギー』全三冊（ナウカ社、一九四七年）が初めてであり、第一章の訳としては古在由重訳（岩波文庫、一九五六年）が広く読まれた。

それらの版に対して、「現行版『ドイツ・イデオロギー』は事実上偽書に等しい」という激しい言葉で批判を投げかけたのが、廣松渉の「『ドイツ・イデオロギー』編輯の問題点」（『季刊唯物論研究』一九六五年春号。後に『マルクス主義の成立過程』至誠堂、一九六八年、に収録。廣松［一九六八b］一四八頁）であった。廣松は、アドラツキー版とリャザーノフ版をともに批判し、「新しい編輯」案を提示した。

その直後に、ソ連の雑誌『哲学の諸問題』一九六五年一〇月号と一一月号に、G・A・バガトゥーリヤ（Georgiĭ Aleksandrovich Bagaturiia）による新しい編集版が発表され、それが花崎皋平訳『新版ドイツ・イデオロギー』（合同新書、一九六六年）として翻訳出版された。この新版は、一九六二年にアムステルダムの社会史国際研究所で新たに発見された『ドイツ・イデオロギー』の原稿の一部を本来の箇所に入れ込むとともに、基本的にはリャザーノフ版に立ち返ってマルクスのページ付けを基礎に編集し直したものである。一九六六年には、それを基礎とするドイツ語版が東ドイツで発表された。

これらの新版に対しても、廣松は「『ドイツ・イデオロギー』の編輯について」（『思想』一九六七年六月号）で、「依然として「遺稿の資料価値を事実上、無に帰するほどの重大な欠陥」を免れていない」（廣松［一九六八a］一二六頁）、という批判を加えた。新版の「致命的な不備」は、「第一に、唯物史観の確立過程を知りうべき折角の資料価値が失われている」こと、つまり「可成りの時間を隔てて(?)おこなわれた補筆・修正に関しての精緻な記載が不可欠である」こと、「第二に、マルクスとエンゲルス各々の〝持分〟を明別しうべき格別な資料価値が失われていること」、そして

「第三に、草稿全体を再構成し、その内的連関を研究するための手掛り［ページ付けの詳細な情報など］が全く奪われていること」、である（一三七―一三九頁）。

一九七二年には新MEGA試作版が『ドイツ・イデオロギー』の原稿の修正状況を巻末注の形で伝える版を提示したが、廣松は、本文中に修正過程を見ることができる工夫をしたドイツ語原文と日本語訳の二分冊からなる『手稿復元・新編輯版ドイツ・イデオロギー』（河出書房新社、一九七四年）を出版し、多くの読者に歓迎された。廣松版の第一の特徴は、複雑な削除・修正過程の表示に工夫をこらしたことだが、第二の特徴は、記述内容の一貫性を根拠として清書稿を本文中へ組み込んだことにある。この編集案に対しては、すでにバガトゥーリヤ版の訳者である花崎皋平（1931‒）が、「この考証が「もっぱら内容にかかる」、「半ば解釈に属する」性格をもつ」ものであり、「純粋に文献学的判断の限界をまもると、どこまでが確言できるものなのか」という疑問を呈していた（花崎［一九七二］六一頁）。

現在では、アムステルダムの社会史国際研究所で『ドイツ・イデオロギー』のオリジナル草稿を調査してきた渋谷正（1949‒）の編訳による『草稿完全復元版ドイツ・イデオロギー』（新日本出版社、一九九八年）が文献研究の到達点だと言うことができる。他方、廣松版の新訳普及版（廣松渉編訳・小林昌人補訳『新編輯版ドイツ・イデオロギー』岩波文庫、二〇〇二年）も出ている。ドイツ語原文は、二〇〇三年度の『マルクス・エンゲルス年報（Marx-Engels-Jahrbuch）』に新しい編集版が公表され、二〇一七年にMEGA版（第一部第五巻）が出版された。

では、このような草稿の配列や修正過程の解読が、なぜ大きな問題となったのだろうか。それは、廣松の言葉を借りれば、「唯物史観の確立過程」をどう理解するか、という問題と直結するからである。廣松が『ドイツ・イデオロギー』の編集問題を提起したのは、それが、マルクスとヘスとエンゲルス三者の影響関係の理解にかかわり、また「自己疎外論超克の必然性」の理解にかかわるからである。

すでにふれた廣松の『マルクス主義の成立過程』の中心テーマは、「『経哲手稿』と『フォイエルバッハに関するテーゼ』を経て『ドイツ・イデオロギー』との間によこたわる深淵なるギャップ」（廣松［一九六八a］二頁）をどう埋めるか、ということにある。それに対する解答は、第一に、当時のマルクスは「〝大先輩〟モーゼス・ヘス……の圧倒的な影響下にあった」（二頁）のであって、『経哲手稿』も「ヘスの影響下にあるということ」（三六頁）であり、第二に、それに対して『ドイツ・イデオロギー』第一章の「エンゲルスの文章とマルクスの修正・加筆した文章とを比較してみると、……マルクスの方がいかに甚だしく立後れていたか、また唯物史観は主として専らエンゲルスの創見によるものであってマルクスはむしろエンゲルスに学んだのだということ」（九七―九八頁）がわかる、というものであった。疎外論から物象化論への移行とは、ヘスの圧倒的影響下にあったマルクスが、エンゲルスの影響を受けて、そこから離脱する物語だということになる。

廣松は、その四カ月後に出版された『エンゲルス論――その思想形成過程』（盛田書店、一九六八年）でも、引き続きマルクス主義形成におけるエンゲルスの主導性を主張している。ここでは、「エンゲルスは、マルクスの意味での「人間的解放」という概念規定を前後を通じて唯の一度も採らなかった」（廣松［一九六八b］二二八頁）こと、『ドイツ・イデオロギー』において「エンゲルスが唯物史観の視座と基本テーゼを確立しえたのは、あくまで分業の論理に即してであった」のに対して、「マルクスの書込みからすれば、補筆・修正の当初、マルクスはまだ多分に疎外の論理への傾斜をもっていたようにみうけられる」（二八五頁）、という両者の相違が、改めて強調された。

このような廣松のエンゲルス主導説を真正面から批判したのが、望月清司（1929–）の「『ドイツ・イデオロギー』における「分業」の論理」（『思想』一九六八年一二月号。『マルクス歴史理論の研究』岩波書店、一九七三年、に収録）であった。望月は、エンゲルスの「唯物史観」にマルクスの「歴史理論」を対置したうえで、『ドイツ・イデオロギー』における二人の思想的差異を次のように解読してみせた。「エンゲルスの分業論、およびそれに基づく世界史像はこれを、性的分業→家族内自然発生的分業→家族内私的所有＝家族内潜在的奴隷制→家族間・社会的分業→階級支配→共産主義革命→私的所有と分業の廃止、というコンテクストにおいて把握することができ」（望月［一九七三］二三四頁）るのに対して、「マルクスの分業論と歴史理論を大づかみに次のように理解する――共同体的諸個人→内部交通→共同体間交換→所有諸形態→農工分業→大工業＝市民社会的分業→そして普遍的交通の完成＝諸個人の自由な連合（共産主義）」（二四九頁）。

つまり、望月によれば、問題はマルクスの疎外論とエンゲルスの分業論との相違ではなく、両者の分業論の相違なのである。マルクスには「分業によって成立する社会の諸肢体としてのみ諸個人は現実的実在をもちうるという認識は、すでに不動の視座として確立していた」（一八五頁）のであり、彼にとって「止揚されねばならぬのは分業と社会的交通の疎外態でこそあれ分業（労働のゲゼルシャフト的分割と結合）体系そのものではなかった」（二二一頁）。ここにエンゲルスとの差異があるというのである。「所有形態史観（エンゲルス）」に対する「分業展開史論（マルクス）」の優位性、これが望月の結論であった。

この論争に介入した花崎皋平は、「両者の内容・論理上の交錯」を問題とした望月説への基本的同意を表明したうえで、「交通諸形態の交代の歴史は、諸個人の自己表現とその桎梏としての諸条件の弁証法において統一的に把握される。こうした把握は、五〇年代以降のマルクスの経済学研究をもつらぬいている視点であり、生きた労働と対象化された労働の弁証法として、『経済学批判要綱』、『資本論』につながるものである」（花崎［一九七二］七七頁）と主張した。

要するに、『ドイツ・イデオロギー』におけるマルクスとエンゲルスの「持ち分」問題とは、彼らのその後の思想的発展をどう理解するかという問題であり、「唯物史観」や「マルクス主義」という言葉でどのような思想内容を想定するかという問題だったのである。編集問題を提起してエンゲルス主導説を主張した廣松が、それに引き続いて『マルクス主義の地平』（勁草書房、一九六九年）を論じたのは、その意味で当然だった。しかし、この本はむしろ廣松哲学体系（共同主観的協働の現象学と四肢的構造連関の構造論的歴史哲学）の出発点であって、厳密な意味でのマルクス研究とはいえない。

その後、一九九〇年代には『ドイツ・イデオロギー』の編集問題に関して、草稿の散逸と配列順序、マルクスとエンゲルスとの「持ち分」問題などをめぐって国際的な論争も行われた。最近では新MEGAの編集者を中心にして、大村泉・渋谷正・窪俊一編『新MEGAと『ドイツ・イデオロギー』の現代的探求――廣松版からオンライン版へ』（八朔社、二〇一五年）、大村泉編『唯物史観と新MEGA版『ドイツ・イデオロギー』（社会評論社、二〇一八年）、渡辺憲正『『ドイツ・イデオロギー』の研究——初期マルクスのオリジナリティ』（桜井書店、二〇二二年）が出版されている。このうち、大村泉（1948– ）は、廣松渉のエンゲルス主導説を批判する形で、『ドイツ・イデオロギー』第一章はマルクスの口述をエンゲルスが筆記したものだと主張しており、渡辺憲正（1948– ）もこれを追認している。この問題については、本書の第六章をも参照されたい。

4　思想史的文脈の研究

以上で見てきたことからわかるように、初期マルクスの草稿類の解読は、彼の思想形成過程をどう理解するかということと不可分であり、それはまたヘスをはじめとする周囲の思想家群像とマルクスとの関係をどう考えるかということでもあった。したがって、マルクスの思想史的文脈の研究が、第二期のマルクス研究のもう一つの焦点となった。

この研究動向を主導したのが、良知力（1930–1985）である。彼は『ドイツ社会思想史研究』（未来社、一九六六年）で、「初期マルクス解釈の歴史」を整理するとともに、ヴィルヘルム・ヴァイトリンク（Wilhelm Weitling, 1808–1871）とヘスを中心に「ドイツ初期社会主義における歴史構成の論理」を論じ、「フォイエルバッハのヘーゲル批判」の意味を論じた。その後、初期マルクスの思想形成は「ヘスの圧倒的影響」とそこからの離脱の過程だとする廣松の見解が発表されると、良知はすぐにそれを批判し、ヘスの思想それ自体も変化しているのであって、影響関係は一方的なものではないと主張した（「ヘスは若きマルクスの発展の座標軸たりうるか」、『思想』一九六九年五月号）。それに対して、廣松もすぐさま『マルクス主義の地平』で良知の批判に応答した。一九七〇年には、山中隆次と畑孝一（1932–）の編訳でヘスの『初期社会主義論集』（未来社）が出版され、多くの読者がヘスの思想を直接に検証できるようになった。こうして、マルクスを取り巻く思想家の思想史的研究が一つの研究領域として確立する。

良知は続いて『初期マルクス試論――現代マルクス主義の検討とあわせて』（未来社、一九七一年）で、マルクスとブルーノ・バウアー（Bruno Bauer, 1809–1882）の「真正理論のテロリズム」との関係、「ヘスと若きマルクス」の関係を論じている。良知が目指したのは、「ひとりの歴史研究者として、マルクスの時代をしてマルクスを語らしめること」（良知［一九七一a］二六五頁）であった。この「マルクスの時代」を『共産党宣言』成立史に設定し、それをマルクスの思想形成史としてではなく、マルクスを取り巻く人間群像が織りなすドラマとして具体的に描いたものが、半年後に出た『マルクスと批判者群像』（平凡社、一九七一年）である。

当時として画期的だった本書の最大の特徴は、秘密結社の議事録や機関紙、警察の監視記録などの一次資料を駆使して、亡命ドイツ人活動家たちをそれぞれ一人の人間として描いたことにある。マルクスを等身大に描くためには、そこに居合わせた人々もまた等身大に描かなければならない。それが本書のメッセージであった。「ときによっては、ひとたび葬られたものを掘り返し、現時点の光に照らしてみる必要もあるかもしれない。「公正」な評価基準を何度でもつくりなおす作業も思想史に課せられた任務なのである。……過去において権力的に埋葬された諸思想をふたたび「救い出す」こと」（良知［一九七一b］二七三頁）。

つまり本書は、マルクス中心主義を批判し、正統マルクス主義によって葬り去られた思想家群像を「救い出す」試みなのである。しかし、そのような救出作業なしにはマルクスを「それ自身として正当に理解する」こともできない、というのが良知の信念であった。

マルクスを理解する方法は、マルクスを相対化することである。良知のこの発言は、マルクス研究それ自体の存立根拠にかかわる方法論的な問題提起であった。そのような方法を実践してみせた作品として、本書は多くの若い読者に大きな影響を与えた。その二カ月後には、マルクスの学生時代の作文から『経済学・哲学草稿』までを論じた、廣松渉『青年マルクス論』（平凡社、一九七一年）が出版され、翌年には、『学位論文』から『ヘーゲル法哲学批判序説』までを論じた、山中隆次『初期マルクスの思想形成』（新評論、一九七二年）が現れるが、良知のこの本は、すでに初期マルクス研究という領域そのものを超え出る地平を示していたのである。

それに引き続いて、良知は『資料ドイツ初期社会主義――義人同盟とヘーゲル左派』（平凡社、一九七四年）を編集し、「批判者群像」の発言や著作を翻訳して紹介した。しかし、その後、一八四八年革命を中心とする歴史研究を進めていくうちに、この時代のドイツの思想家や革命家を制約していた西欧中心主義という思想の枠組みそのものを批判する方向に転じることになる。その転換点を示すのが、一九七八年の『向う岸からの世界史――一つの四八年革命史論』（未来社）である。「私がここでやろうと思ったことは、一八四八／四九年革命史の諸問題を論じるなかで、これまで自分が無自覚に依拠してきた歴史の見方や歴史的概念を根底から洗い直すことであった」（良知［一九七八〕二七八頁）。
この本で良知は、エンゲルスの「歴史なき民族」論を批判し、一八四八年革命の中でプロレタリアートと呼ばれた人々がスラヴ系の「未定型な流民」であったことを明らかにし、その姿を現代の西欧への出稼ぎ労働者と重ね合わせた。そしてそこに「図式主義的史観にたいする一つの批判基準」を見出そうとした。つまり、民族、階級、近代、市民社会といった概念の再検討を迫ったのである。

このように良知によるマルクスの思想史的文脈の研究は、マルクスを研究することの意味を根本的に問い直し、その衝撃力によって、正統マルクス主義の解釈学の地盤を掘り崩すものだった。しかし、この衝撃力は、良知自身をもマルクス研究から社会史・民衆史の研究へと運び去った。彼はその後、『資料ドイツ初期社会主義』を補完する翻訳資料集として、廣松との共編で『ヘーゲル左派論叢』全四巻（御茶の水書房、一九八六―二〇〇六年）を企画するが、第一回配本を眼にすることなく逝った。

その後、第三期に入っても、マルクスの歴史的位置づけを明らかにしようとする歴史的・思想史的研究は活発であった。ただし、それらに共通するのは、たとえ表題にマルクスの名を冠していてもマルクスはむしろ登場人物の一人として扱われ、マルクスを取り巻く歴史的情況や思想史的文脈そのものが主要なテーマになっている、という点である。

私の最初の著書『シュルツとマルクス――「近代」の自己認識』（新評論、一九九〇年）は、『経済学・哲学草稿』や『資本論』で引用されているヴィルヘルム・シュルツの思想とマルクスのそれとの比較研究であり、渡辺孝次（1955–）の『時計職人とマルクス――第一インターナショナルにおける連合主義と集権主義』（同文舘、一九九四年）は、スイス・ジュラ地方の時計職人たちの立場に即して、マルクスたち国際労働者協会指導部の集権主義の理論と実践を批判的に明らかにした。的場昭弘（1952–）の『パリの中のマルクス――一八四〇年代のマルクスとパリ』（御茶の水書房、一九九五年）は、パリ在住ドイツ人亡命者群像とそこでのマルクスの生活を具体的に描くことで、マルクスの政治的位置を測定したものである。

これらの研究は、いわば「歴史の中のマルクス」を知るための基礎工事の一環であった。その後にまとめられた『マルクス・カテゴリー事典』（青木書店、一九九八年）や『新マルクス学事典』（弘文堂、二〇〇〇年）もまた、マルクスについての歴史的・批判的研究を本格的に展開する際の大きな土台になるはずのものである。

5 『経済学批判要綱』の研究

『経済学批判要綱』と名づけられたマルクスの八冊のノートが最初に二分冊で公刊されたのは第二次世界大戦中（一九三九―四一年）のモスクワだが、広く普及するのは、一九五三年にベルリンで写真製版による復刻版が出た後である。原文は、現在ではMEGAの第二部第一巻（一九七六―八一年）に収められているほか、一九九七年には大月書店からマルクス自筆ノートのファクシミリ版も出ている。一九五三年版の翻訳が、高木幸二郎監訳『経済学批判要綱』全五分冊（大月書店、一九五八―六五年）、MEGA版の翻訳が、資本論草稿集翻訳委員会訳『一八五七―五八年の経済学草稿』（『マルクス資本論草稿集』第一・二巻、大月書店、一九八一―九三年）である。

ただし、『要綱』全体が公刊される前に、その方法論的な序論部分は一九〇三年に「経済学批判序説」としてドイツ社会民主党の機関紙『ノイエ・ツァイト』に発表され、その後『経済学批判』の刊本に付録として収録されてきた。また、モスクワ版公刊後、復刻版の出版に先立って「資本に関する章」の中の歴史記述的な一部分が『資本主義的生産に先行する諸形態』という題名で再刊され、それはすぐに翻訳されて（飯田貫一訳、岩波書店、一九四九年。岡崎次郎訳、青木文庫、一九五九年。手島正毅訳、大月書店、一九五九年）、多くの歴史家に利用された（大塚久雄『共同体の基礎理論』岩波書店、一九五五年、など）。そして『諸形態』と『経済学批判』序言との整合的理解や、「世界史の基本法則」への「アジア的生産様式」の位置づけをめぐる歴史家論争を生み出した。膨大な文献が残されているが、論争の見取り図を得るという点に限定すれば、塩沢君夫（1924–）『アジア的生産様式論』（御茶の水書房、一九七〇年）、熊野聰（1940–）『共同体と国家の歴史理論』（青木書店、一九七六年）が参考になる。論争そのものに対する批判的総括としては、小谷汪之（1942–）『マルクスとアジア――アジア的生産様式論争批判』（青木書店、一九七九年）がある。

他方、『要綱』には、いわゆる「経済学批判体系のプラン」がいくつか残されている（一八五七年八月のプラン、一八五七年一一月のプランなど）。これらのプランと『資本論』との関係をめぐって「プラン問題」論争も行われた。その最初の総括が、佐藤金三郎（1927–1989）の『『資本論』と宇野経済学』（新評論、一九六八年）である。

佐藤は本書で、一八五〇年から一八六七年までの「『資本論』の成立」過程を、プランに即して何が実現されたのか、という視点から詳しく跡づけたうえで、『資本論』の形成は「資本蓄積論を基準に語るべきである」（佐藤［一九六八］六一頁）こと、「資本蓄積」の問題は『経済学・哲学草稿』の疎外論以来の「マルクス生涯の不変のテーマである」（六三頁）こと、『要綱』の独自性は、そこでは「蓄積論が原蓄［＝本源的蓄積］論と区別されて」おらず、「蓄積論は原蓄論の中にいわば包摂されて」（六五頁）いること、を指摘している。さらに佐藤は、『要綱』のマルクスは、「まだ資本蓄積論そのものの展開によって理論的に媒介されていない」のに、「資本主義的生産の歴史的一時的な性格と、それの「崩壊」およびあらたな社会への移行の必然性をあきらかにしようとしていた」という点で、「鐘を早く鳴らしすぎているのではないか」（七一頁）と述べている。

そのような「プラン問題」や『諸形態』への関心にとどまらず、『要綱』全体を一貫したテクストとして読む、という読み方それ自体が、第二期の開始を告げるものであった。それを代表するのが、平田清明（1922–1995）の『経済学と歴史認識』（岩波書店、一九七一年）である。

この著作の第一の独自性は、もっぱら「世界史」の段階論的歴史叙述と理解されてきた『諸形態』を、「資本の循環＝蓄積論」の一部としての「資本創生の理論的問題」（平田［一九七二］九一頁）にかかわる「歴史理論的記述」と位置づけ直したことであり、さらに、それを補完するものとして、『要綱』の「貨幣に関する章」に見られる「世界史の三段階把握」（一三一頁）を「物象化の歴史理論」として詳細に紹介したことである。平田は、「『諸形態』の属する論理次元が蓄積過程の展開としての循環＝回転過程であること」を確認したうえで、「この循環＝回転として展開する資本蓄積の総体把握こそ、後年の『資本論』における生産過程と流通（＝および領有）過程との関連と区別して論じられるべきものであり、そこに、一九世紀世界像の社会＝歴史認識の理論的結節点が存在する」（五頁）、と主張した。

平田によれば、『諸形態』は、「「解体」を必要とされる東洋と西洋の両共同体の特質を、市民社会における労働と所有との分離すなわち労働とその物的前提との社会的分裂、したがってまた、労働者における自己の自己自身に対する否定的関連というモメントの対極として、措定」（四七頁）したものであり、「たんなる「歴史記述」ではない「歴史理論的記述」なのである」（五一頁）。彼によれば、「マルクスの歴史認識は、つねに近代市民社会の批判的認識の諸論理基軸において先行諸社会を理論的に認識しようとする努力の所産として生まれるのであり、また、先行諸社会と眼前の近代社会との対立的把握において、近代社会の内在的批判的認識が体系化するという姿において展開するものである」（二二〇頁）。

本書の第二の独自性は、「マルクス自身が責任を負った最後の『資本論』」（三八四頁）であるフランス語版『資本論』において、「内容上の変更が、資本蓄積論にしかも本源的蓄積論に集中していること」、「しかも、この本源的蓄積論が、独自の篇を成していること」（三八七頁）の意義を指摘し、強調したことにある。しかし、この論点は『要綱』研究の枠を超えるものであり、次節で改めて論じることにしたい。さしあたり以上をまとめて言えば、本書の独自性は、『要綱』「諸形態」論から『資本論』「本源的蓄積」論までを貫くマルクスの問題意識を「所有の歴史理論」ととらえ、西ヨーロッパ諸国における「個体的所有の再建」論をその結論と位置づけたことにある、ということができるだろう。

平田のこの本は、その後の『要綱』研究に大きな影響を与えた。その最初の成果が、日本評論社の『講座マルクス経済学』である。その第一巻は、森田桐郎（1931-1996）・望月清司『社会認識と歴史理論』（一九七四年）、第六・七巻が、山田鋭夫（1942-）・森田桐郎編著『「経済学批判要綱」コメンタール（上・下）』（一九七四年）であった。

この「講座」にかかわった者のうち、その後最初に独自の『要綱』論をまとめたのが、内田弘（1939-）の『「経済学批判要綱」の研究』（新評論、一九八二年）である。内田の基本的な問題意識は、『要綱』総体の理論構造とヘーゲル『論理学』との関連の解明にあった。内田は『要綱』の「理論像」をこう要約している。「一九世紀中頃のイギリスを中心とした資本主義像を思い浮かべ、それを理論的につかむために、資本一般という最も抽象的な資本の本性に引きしぼり、資本一般を体現する一つの資本が市民社会を組織し発展させ、同時に世界を販売市場と購買市場に転化してゆく構造と過程を描く。その資本一般把握を古典経済学（特にスミスとリカードウ）を批判しつつ再編成する作業を通して行う。ではいかに古典経済学批判を体系的にすすめてゆくか。その体系を組むさいに、ヘーゲルの『論理学』が活用されよう」（内田［一九八二　一三頁］）。そして、内田によれば、『要綱』の結論は次のようなものである。「資本の蓄積運動のなかでそだってきた社会的諸個人が、資本が独占する剰余労働を万民の自由な個性の発展のために利用すべき自由な時間として奪回するならば、そのとき、彼の労働の生産物の処分権をわがものとして労働疎外から回復する」（三五二頁）。

本書で内田は、「マルクスのヘーゲル援用は『要綱』体系をつらぬいている」（二二五頁）と述べて、『要綱』の論理展開をヘーゲル『論理学』の「存在論」や「本質論」を参照枠として説明している。両者の対応関係をさらに詳しく跡づけ、「『要綱』に『論理学』がいかに止揚されているかをポジティヴに示し」(ii頁)、同時に「『論理学』が経済学との間で持つ相同関係(homology)」(iii頁)を明らかにしようとしたのが、その続編の『中期マルクスの経済学批判――「要綱」とヘーゲル「論理学」』(有斐閣、一九八五年)であった。

内田のこのような試みは、山田鋭夫の『経済学批判の近代像』(有斐閣、一九八五年)によってすぐさま批判された。山田は、「『論理学』とのいわば一対一対応を取りだすということは、押しつめていくと、『要綱』を『論理学』の鋳型のなかにすっぽりと収めてしまうことにならないか」と問いかけ、「内田の議論には、『要綱』を『資本論』から脱コード化したかわりに『論理学』へとコード化してしまい、『資本論』の模像から解放したかわりに『論理学』の似姿にしてしまうという、おそらく内田自身の主観的意図とは逆の帰結に陥りかねない危うさがある」(山田[一九八五]一九頁)、と指摘している。

それに対して、山田自身の『要綱』研究の問題意識は、「『要綱』を『資本論』から脱コード化し」、「マルクスの理論的生涯における『経済学批判要綱』の意義を特徴づけ」(二二頁)ようとしたことにある。特に山田が『要綱』独自の理論的意義とみなしたのが、資本を「たんに他人労働の無償領有としてではなく、まさに他人労働をもってする他人労働の継続的無償領有として概念把握」(二六八頁)する「領有法則の転回」論の成立であった。「初期と『資本論』との間にあって、私的所有批判の基本をなす理論装置を発見し、もって所有の経済学批判への布石を敷いたものこそ、ほかならぬ『経済学批判要綱』であり、そこでの「領有法則の転回」の理論であった」(二三〇頁)。そして、その成立を可能にしたのが、『要綱』における「資本循環視座と階級総体視座」(二七〇頁)の確立であった。

最後に、山田が描き出すのは、『要綱』の理論的展開から引き出される「近代」像である。それは、「市民社会の相では――抽象化され物象化されているとはいえ――自由な個体の普遍的交通であり、資本制社会の相では――工場内分業原理によって精神労働を剝奪されてはいるが――労働アソシアシオンの形成であり、産業社会の相では――産業労働原理に編みこまれているものの――可能的自由時間の創造であった。……したがってわれわれにとっての近代の超出とは、これら正負両価的な近代のうえに立ちきって、その近代が邁進している進路をわずかなりとも転轍させることを通してしかありえない」(三六五頁)。

このような内田と山田の『要綱』研究に対して、『要綱』研究の開拓者の一人である佐藤金三郎は厳しい批評を加えた。佐藤はこう問いかけている。「「中期マルクス」とは、いったい、何であろうか。それが初期マルクスと後期マルクスとのたんなる混在や過渡でないとすれば、『要綱』の中期マルクスが一方では『経哲草稿』の初期マルクスと、他方では『資本論』の後期マルクスと区別される独自的意義は、どこにあるのであろうか」(「「中期マルクス」とは何か――内田弘と山田鋭夫の『経済学批判要綱』研究によせて」、『経済研究』一九八七年一月号。高須賀編［一九八九］二七六頁)。

佐藤は、内田と山田の「いずれも「『資本論』を基準」にして『要綱』の「未熟さと欠陥」を指摘するのではなく、中期マルクスの成果としての『要綱』に「内在」して、その「独自性をそれ自体として見定め」ようとする点」(二八五頁)を評価するのだが、「内田の場合には、『要綱』だけでなく、『資本論』をも『論理学』によって「裁断」することが方法的に可能」なのであって、「経済学と哲学との結びつきの内面的な構造」が明らかでないこと(二八六頁)、「マルクスにおける経済学と歴史認識との結びつきを重視する山田の場合」には、「中期マルクスの歴史認識は、結局は、『要綱』と『資本論』のあいだでの「資本一般の概念的転回」とともに、すぐれて「市民社会論的」な後期マルクスの歴史認識に取って代わられてしまう」(二八七頁)ことを指摘する。両者にとって、『要綱』は「結局は、「将来の『資本論』の最初の草案」であり、それへの過渡的労作である、ということになるのではなかろうか」(二八八頁)、というのである。

それでは、そういう佐藤自身にとって、『要綱』の独自性はどこにあるのだろうか。彼は一九八八年のシンポジウムで問題をこう整理している。「単純流通と資本主義的生産過程との関連を歴史的な移行の関係としてではなく、対象であるこのブルジョア社会の「表面」と「深部」との関係として、いわば同時的な関連としてとらえた点にこそ『要綱』におけるマルクスの最大の理論的達成があった」(高須賀編[一九八九]五二頁)のに対して、『要綱』以後のマルクスには「論理説から論理=歴史説への移行」があり、それが『資本論』での「「否定の否定」の法則に具体的な内実を与え」ている。しかし、「議論はたとえ未熟、未完成でも、『要綱』のほうがいいのではないか」(一四一頁)。つまり、「『要綱』では「疎外された労働の止揚」が革命過程の目標となっているのに対して、『資本論』では、それは後景に退き、むしろ「生産過程の共同的統御にたいする要求」に取って代わられている」が、「この議論はいまではもう通用しない」(一四三頁)、と言うのである。

佐藤の理解によれば、『要綱』では「資本それ自体が自己止揚へと駆り立てる矛盾、過程的矛盾」から「直ちに交換価値に基づく生産の崩壊という結論が導き出されてくる」。その結果、「疎外されざる労働過程は、疎外の止揚ののちにはじめてつくりだされる」ので、「いわば未来社会の人間実践に留保されたままになっている」のに対して、「『資本論』の場合には、未来社会形成の物質的諸条件は資本主義的生産の進展によって「おのずから」生み出されてくる。だから、それらはもう資本主義時代にすでにできあがっているわけで、残る問題はただ資本主義的生産諸関係という「外皮」をはぎとりさえすればいいのだということになっている」(一四四頁)。しかし、果たしてそれでいいのだろうか、というのが佐藤の問いかけであった。

このような発言は、先ほど見た山田への批判的コメントと考え合わせるならば、「市民社会」派マルクス主義に対する佐藤のいらだちを表現しているようにも思われる。彼は、「市民社会」派の「階級闘争史観にたいする市民社会史観」は、「マルクス主義の古典派への逆行であり、マルクスをアダム・スミスに還元させるもの」(二二〇頁)だという批判を紹介している。このように『資本論』より『要綱』を評価する判断基準に関するかぎりで、佐藤はアントニオ・ネグリ(Antonio Negri, 1933–)と近いところにいた、と言えるかもしれない。ネグリも一九七九年の『マルクスを超えるマルクス』で、世界市場の成立を「資本の帝国主義的拡張過程」として描いた『要綱』の空間的視野の広さと、「社会的個人」という革命的主体の形成を見通す時間的展望の深さは、『資本論』を超える、と論じていたからである(Negri 1979)。ネグリのこの著書が翻訳されたのは、原著から四半世紀後の二〇〇三年だった。

なお、MEGAの第二部第三巻（一九七六―八二年）に六分冊で収められた『一八六一―六三年の経済学批判草稿』を対象とした研究としては、マルクスが利用した多くの文献に当たってマルクスの「相対的剰余価値の生産方法」論の構築過程を丹念に跡づけた、吉田文和（1950–）の『マルクス機械論の形成』（北海道大学図書刊行会、一九八七年）がある。

6 「ザスーリチへの手紙」草稿と『資本論』フランス語版の研究

一八八一年に書かれたロシアの女性革命家ヴェラ・イヴァノヴナ・ザスーリチ（Vera Ivanovna Zasulich, 1849–1919）宛てのマルクスの手紙の草稿は、『マルクス・エンゲルス・アルヒーフ』の編集者リャザーノフが一九一一年に発見したものであり、手紙本文は一九二三年に発見され、一九二四年にはじめて公表された。きわめて短い手紙本文と長短四つの草稿のフランス語原文は、ともに一九二五年の『アルヒーフ』第一巻に収録されたが、最も長い「第一草稿」では、文章の配列順序が原文とは大幅に変えられていた。現在では、草稿に忠実な形でMEGAの第一部第二五巻（一九八五年）に収められている。

この手紙の草稿がマルクス研究の一つの焦点となったのは、それが『資本論』フランス語版を引用しながら、『資本論』が展開している資本の本源的蓄積論が非西欧的な農業国ロシアにも適用できるかどうかを詳しく論じているからである。この手紙草稿の研究は、それと連動して『資本論』フランス語版の再検討を引き起こすことになった。フランス語版は、マルクス自身が校訂した「最後の『資本論』」として一八七二年から七五年にかけて刊行されたものであり、現在ではMEGA第二部第七巻（一九八九年）に収められている。

この手紙草稿を「マルクスの晩年を飾るにふさわしい労作」として最初に高く評価したのは、山之内靖の『マルクス・エンゲルスの世界史像』（未来社、一九六九年）であった。この本は、これまでのマルクス研究の「決定的欠陥」は彼の「世界史認識の全体系を、発展し、展開しつつあった動的思考としてつかもうとする意図が著しく稀薄であったこと」（山之内［一九六九］iv頁）だと指摘したうえで、「マルクス・エンゲルスの世界史認識を全体として三つの時期に区分しながら、その認識内容が、初期のいわば一元的・単線的・平面的なそれから後期の多元的・多層的・立体的なそれへと発展してゆく過程を検討」（vi頁）したものである。そして山之内がこの過程の到達点とみなすのが、「ほぼ一八六〇年をもってはじまる第三期のなかで……東ヨーロッパ型資本主義の形成過程における国家権力や財政・金融の果たした大きな役割が注目されるとともに、社会の非経済的上層建築の果たす相対的に独自な歴史決定力が、彼らの分析のなかではっきりと方法としての位置をしめるようになったこと」（ix頁）であった。つまり、「資本主義発展の「上から」の道」の解明である。

そのような問題視角から、山之内は「ザスーリチへの手紙」草稿を、「本源的蓄積過程における歴史的形態の差異に注目しつつ、そうした差異のうえに構築されたロシア資本主義を、西ヨーロッパのそれとははっきり類を異にする特殊型としてとらえた」（二六八頁）ものだと位置づけた。そこで明らかにされたのは、「半ば封建的な遅れた農業構造を抱えこみ、しかもこれを自己の存立基盤としている特殊類型の資本主義」(二六九頁) なのである。このような理解は、マルクスの手紙草稿を、戦前の「講座派」を代表する山田盛太郎(1897–1980)の『日本資本主義分析』(岩波書店、一九三四年) に引きつけた読解の結果だと言うことができるだろう。「ロシア資本主義」論には「日本資本主義」論争が投影されているのである。

したがって、マルクスの手紙草稿は、「第一に、ロシア資本主義の位置を世界史的運動の一環として見事に位置づけつつ、第二に、それゆえに生じた特殊類型的構造性を明らかにしたという点で、世界史認識の方法における画期的前進を示した記念さるべき文献であった」と評価される。しかし、その一方で、「農村共同体を拠点としたロシア社会再生の可能性」に言及したマルクスのロシア革命論の方は、「レーニンが「いわゆる市場問題について」(一八九三年)や「ロシアにおける資本主義の発展」(一八九九年)において示したような、この半農奴制的重圧の下にありながら、なお、たくましい雑草のように、下から生い茂ってこようとする農民的商品経済の客観的可能性を知覚していないという点で、一定の主観主義的傾向さえもまぬがれなかった」(山之内[一九六九]二八〇頁)、と批判されるのである。

それに対して山之内は、「エンゲルスの場合には、いますこし、ロシア農業そのものが生み出してくる農業生産力の発展を知覚していた」(二八二頁)として、エンゲルスの方を高く評価する。そして最終的に、「小農問題の検討にはじまり、耕作協同組合形成という基本方針を提示した」一八九四年のエンゲルスの論文「フランスとドイツの農業問題」のうちに、「晩年のマルクス・エンゲルスが追求した問題意識の、方法的到達点が示されている」と見た。その判断基準は、「このような到達点が、同時に二〇世紀マルクス主義の一成果たるレーニン『ロシア社会民主党の農業綱領』(一九〇八年)の問題意識と方法的に連なってゆく貴重な筋道を開拓するもの」(三五六頁)だということであった。本書の山之内は、後年のレーニンの立場からマルクスやエンゲルスを裁断しているのである。

この山之内の研究に触発されながら、それとは異なるマルクス像を描いたのが、淡路憲治(1921–1986)の『マルクスの後進国革命像』(未来社、一九七一年)であった。第一に、山之内が、マルクスの世界史認識は初期の一元的・単線的・平面的なものから後期の多元的・多層的・立体的なものへと発展していくととらえたのに対して、淡路は、初期に形成された「連続革命・永続革命論に見合うような複合的発展像」が『資本論』段階ではいったん「放棄され」、「一八七三年恐慌後の晩年のマルクスになると、ロシア社会の発展について再び複合的発展像が展開されるようになっていった」と理解する。第二に、山之内が最晩年のエンゲルスを「特殊類型の資本主義」認識の到達点と考えたのに対して、淡路は、「エンゲルスの場合は、『資本論』段階における単一的発展像が晩年のロシア像においてもほぼそのままひきつがれていった」(淡路[一九七二]v頁)と、ほぼ正反対の理解を示している。

この淡路の問題意識をよく表しているのが、次のような「単一的発展像」に対する批判的理解である。彼によれば、「単一的発展像では、一方では後進国発展の特殊性を一時的・経過的なものとして軽視し、後進国の急速な先進国型への発展を想定する見方と、他方では後進国に残存する前資本主義的諸関係を固定化して、「典型としての資本主義」との単純な対比のもとに、残存諸関係の過大評価による後進国の封建遺制の一方的強調におちいることになる」（二〇頁）。つまり、ロシア・マルクス主義とナロードニキとの間の「ロシア資本主義」論争も、この「単一的発展像」内部での両翼間の対立にすぎない、と言うのである。戦前の「日本資本主義」論争も、晩年のマルクスはそうではなかった、というのが淡路の主張の中心的論点になる。

淡路もまた、「ザスーリッチへの手紙」の草稿にマルクスの「晩年の理論的到達点をみる」（二五九頁）。しかし、それは山之内が言うように「半ば封建的な遅れた農業構造を抱えこみ、しかもこれを自己の存立基盤としている特殊類型の資本主義」を解明したからではない。重要なのは、「このような［一八七三年恐慌以降の］危機に直面している西欧資本主義とロシアの農村共同体が同時的並存関係にあるが故に、後者がロシアの「社会的再生の起点」となりうることがより容易なのである」という「マルクスの歴史認識」（二八五頁）である。マルクスは「共同体が土地の共同所有を発展させ、私的所有の原理を除去していく」可能性を、「ロシアの農村共同体の発展にとって二者択一の可能な「二つの道」のうちの一つ」として想定し、「現実にいずれの道が勝利するかは、「歴史的環境」による」としているのだが、淡路によれば、「ここに西欧資本主義との同時的並存という歴史的環境のもとに、農村共同体が広汎に残存している後進国ロシアこそがかえって社会主義を目指す闘いにおいて、先進資本主義国に優越しうるという逆説的な複合的発展像が主張されている」（二九三頁）のである。

それに対して、淡路によれば、晩年のエンゲルスの場合には、「『資本論』第一部第一版序文において想定されていた「先進国は後進国発展の未来像である」という命題に見合うような後進国像が、ロシアの場合にも想定されている」(三一八頁)のであり、「このエンゲルスの見解は、八一年のザスーリッチあての手紙の草稿でマルクスがロシアの特殊性を重視して展開していた「複合的発展像」とは異なるものであり、「先進国は後進国発展の未来像である」という意味での「単一的発展像」に見合うものとして、ロシア社会の発展をとらえていることを示すものである」(三四八頁)とされる。したがって、山之内が後年のレーニンの『ロシアにおける資本主義の発展』につながるとして評価したエンゲルスのロシア資本主義発展論は、淡路の場合にはマルクスの『資本論』初版序文と同一水準にあるものとして批判されるのである。こうして、「ザスーリチへの手紙」草稿の研究は、この手紙草稿と『資本論』との関係という新しい問題を提起することになった。

この問題に対する最初の見通しを与えたのが、すでに第五節でふれた、平田清明の『経済学と歴史認識』であった。この本の第五章で平田は、次のように述べている。イギリスを典型とする本源的蓄積過程の妥当範囲を「西ヨーロッパの他のすべての国」と明示した「フランス語版での改訂は、次の重大な論点を提起している。すなわち、『資本論』の直接的妥当範囲を明確に、意識的に、西ヨーロッパ諸国に限定することによって、これとは異なる諸国における資本主義を、類型的に区別したということである。つまり、資本主義という形態規定において同一な諸社会のなかに、類型的差別を設定したということである。原蓄の過程と構造のなかに、類型的差別が存在するならば、資本家的蓄積の過程と構造も類型的に異なるほかない。資本・賃労働関係という一点において同一な社会関係も、それが、共同体の解体のうえに成立しているか、その存続のうえに成立しているかによって、きわめて重大な性格的区別を刻印される」(平田[一九七一]四七一頁)。これは、先に見た山之内の「特殊類型的構造性」認識論とほぼ同じ見解である。

さらに「ザスーリチへの手紙」について、平田はこう述べる。「特殊にロシア論にかぎって言えば、マルクスは西欧原蓄の基礎的・基底的な過程をなす所有権法転回の必然的過程をロシアにおいて見いださなかったこと、つまり所有権法転回論としての農民層分解論が直接にはロシアに適用されえないものであることこそ、今日のわれわれが確認せねばならないところのものである。この一点において、ザスーリチあての手紙は、レーニンの『ロシアにおける資本主義の発展』と真正面から対立する」(四七〇頁)。このようにマルクスとレーニンを対比させる認識の仕方そのものは、やはり山之内と変わらない。

ただし、平田の次のような結論は、むしろ淡路の「複合的発展像」に近いものである。「最後の『資本論』たるフランス語版『資本論』は、その主要研究素材にしたがってまたその直接的妥当範囲を西ヨーロッパに明示的に限定することによって、そこにおける市民的資本主義の展開過程＝構造連関を体系的論理基準とすることによって、非西欧的地帯における資本主義の類型的把握を用意するものであると同時に、この西欧的基準そのものをひろく人類史的視点から批判しようとするものであり、また、このことを通じて、西欧文明的な発展段階を宿命として経過することなき非西欧諸民族社会の人類史的発展と西洋諸社会における文明史の人類史への揚棄との同時的可能性を客観的に明らかにしようとするものであった」(四八〇頁)。

この本を出版した後、平田は改めて「ザスーリチへの手紙」草稿の検討に取りかかった。それが、一九七一年の雑誌『展望』一〇―一二月号に連載された論文「歴史における必然と選択――マルクスをこえるマルクス」である。マルクスが言いたかったのは、平田によれば、まさに次のことにある。ロシアにおける資本主義発展を「歴史的宿命とみなすのは、ブルジョアイデオロギーにほかならない。このまさにブルジョア的なイデオロギーが、ロシアの革命運動を、毒している。こともあろうに「マルクス主義」の名において」（平田［一九八二b］二三七頁）。

ただし、このような「ブルジョア的イデオロギー」は、『資本論』第一巻初版序文の「産業的により発展した国は、その発展のより低い国に、ただこの国自身の未来の姿を示しているだけである！」という文章を素直に読めば当然に生まれる理解にほかならない。したがって、「マルクスがフランス語版『資本』の原蓄（＝および資本家的蓄積）論に加えた「明示的限定」は、第一部序文そのものへの限定でもあったのである。……第一部刊行時点におけるマルクスの社会＝歴史認識には、西欧文明と世界人類史との区別が実質上成立していたが、いまだ明確な原理的自覚にまでは到達していなかった、というマルクス自身の問題がここに伏在している」（二八三頁）、というのが平田の結論であった。

その直後に、ロシア史研究者の日南田静真（1929–2006）によって「ザスーリチへの手紙」の四つの草稿の執筆順序に関する画期的な文献考証が行われた。日南田は、「資本家的生産の創生」や「農耕共同体」といった言葉の使い方などの四つの論拠に基づいて、現行の「第一草稿」と「第二草稿」は執筆順序からいえば逆であることを論証した（「ザスーリッチの手紙への回答およびそれの下書き」（福冨正実）への「コメント」、現代の理論編集部編『マルクス・コメンタールV』現代の理論社、一九七三年、二三〇―二三四頁）。

そのうえで日南田は、「マルクスは、まさに「同時存在性」の肯定面のみでなく否定面をも含む全体的歴史的環境の中でのロシア共同体の分析から発して、「資本主義世界体制のもとでの後発資本主義国の共同体」の一般問題を「理論」化しなければならなかったのではないか」と疑問を呈し、「しかしマルクスは、そのような方法をとらなかった」(日南田［一九七三］二三四頁)と結論づけている。具体的に言えば、「肝要なのは共同体農民がいかにして主体的に集団的労働に移行しうるのかを明らかにすること」(二三七頁)であるのに、「草稿」ではそれが明らかにされていない、ということである。

ただし、その一方で日南田は、マルクスが示した「政府組織の郷(ヴォロスチ)のかわりにもろもろの共同体そのものによって選ばれかつそれらの共同体の利益を守る経済・行政機関たる農民会議を設置」するという展望が、「一九〇五年革命期の「全村取りきめ運動」およびその発展としての一七年革命期の「郷委員会権力獲得運動」の基本的経過とあまりにも似ている」ので、「私は二、三〇年前のマルクスのこの深い予見に驚くのである」(二三五頁)、とも記している。

このような日南田の問題提起をふまえて、マルクスのこの手紙草稿の意味をロシアの歴史的文脈に即して詳しく解読したのが、和田春樹(1938–)の『マルクス・エンゲルスと革命ロシア』(勁草書房、一九七五年)だった。和田は、「従来の論稿の多くが、マルクス、エンゲルスの著作、書簡のテキストの吟味、再吟味に終始しているため、認識はある壁を破れないでいる」ことを指摘し、それらの著作が「どのような動機に基づいて、どのような場で、どのような相手に向かって、どのような形で発せられたメッセージか」(和田［一九七五］i頁)を正しくつかむ必要があることを強調し、それを実践してみせた。

マルクスのロシア論に関して和田が指摘するのは、第一に、「インターナショナルにおけるバクーニンとの敵対が与えているインパクト」(二〇頁)の大きさであり、第二に、N・チェルヌイシェフスキー(Nikolai Gavrilovich Chernyshevskii, 1828–1889)への評価の大きな変化である。和田によれば、マルクスは一八七〇年までは「共同体的土地所有をロシアの変革=再生の出発点とするナロードニキ主義をスラヴ主義的幻想として斥けつづけていた」(二九頁)が、チェルヌイシェフスキーを読むことによってその評価が変わる。それを示すのが『資本論』ドイツ語版「第二版へのあとがき」である。「ゲルツェンのナロードニキ主義への冷笑を削除し、チェルヌイシェフスキーの経済学への称讃を入れたところに、彼のロシア認識の段階が示されている。ナロードニキ主義と共同体の問題は真剣に研究すべき課題として意識されていたのである」(四〇頁)。さらに『資本論』フランス語版の本源的蓄積論の改訂によって、「マルクスはチェルヌイシェフスキーの主張にふれて考えてきた結論を確実に述べたのである」(六五頁)。

文献考証に関して特筆すべきは、『祖国雑記』編集部宛ての手紙の執筆時期の推定である。和田は、ロシア人活動家とマルクスとの手紙のやりとりを細かく分析することによって、「マルクスがこの論文を読んで、反論しようという気持ちにかられ、有名な『祖国雑記』編集部あての手紙」を書いた時点は、エンゲルス以降これまですべての論者が一致して、いかなる積極的根拠もなしに主張していた一八七七年末よりはるかにおそく、この一八七八年一一月以後、ほぼこの年末だと考えられる」(一〇一―一〇二頁)、と結論した。また、ザスーリチ宛ての手紙「草稿」の執筆順序に関しては、和田も「テキストについて検討した結果、日南田氏の主張が正しいとの結論に達した」（一七五頁）。

手紙「第一草稿」の内容については、和田はこう述べている。「先進西欧の存在を条件として、ロシアの共同体が飛躍できるというのは、マルクスが一八七二年末―七三年はじめに読んだチェルヌイシェフスキーのロシア共同体論」であり、一八七五年のマルクスは「このチェルヌイシェフスキーの論理をみとめつつ、条件としての「先進西欧」の内実を、西欧におけるプロレタリア革命の「勝利」と勝利した革命による物質的援助という二点でとらえた」と思われるが、「その後マルクスの考えは変化し」、「同じチェルヌイシェフスキー的論理の枠の中で、ロシア革命の自ら救う力を尊重する方向に、逆転しているのである」（一七九頁）。

このように見たうえで、和田は、マルクスのロシア論の到達点について、次のような結論を下している。「マルクスのロシア論は、革命が成就しなければ、共同体は解体され、ロシアも西欧の資本主義国に近づくと見通すものであった」のに対して、現実には一八八一年以後「ツァーリズムの主導したロシア資本主義化の路線」が勝利し、その結果、「雇役制と共同体によって特徴づけられる農村構造は資本主義の発展とともに解体するどころか、ロシア資本主義の構造の一要素として定着していった」。したがって、マルクスには「資本主義の世界史的発展段階の把握に基づく後進ロシア資本主義の構造的把握は、いまだ成立していなかったといわねばならない」（二一二―二一三頁）。

したがって、和田によれば、山之内のように、マルクスがロシア資本主義の「特殊類型的構造性を明らかにした」というのは「読み込みすぎで、マルクスの認識が革命の成否を軸にして立てられていたことが無視されてしまう」（二一五頁）ことになる。

さらに和田は、淡路と同様に、一八九四年のエンゲルスの「『ロシアの社会状態』へのあとがき」が「ザスーリチへの手紙およびその草稿におけるマルクスの見解を否定している」ことを認めるが、それは『資本論』初版序文への逆戻りではなく、むしろ「八四―八五年のプレハーノフ、ザスーリチらの見解、『われわれの意見の相違』で述べられた見解に接近している」（三三五頁）ものであった。問題はロシア資本主義の発展の不可逆性の評価にあり、エンゲルスは「資本主義は発展するだろう、しかし、共同体がのこっていれば、それはなおロシア社会再生の出発点の一つになりうる、と主張したのである」（三三八頁）。

その後のロシア史に関して、和田は、「マルクス、エンゲルスのロシア共同体論、農民論をロシア・マルクス主義者、社会民主主義者が無視し、エスエル〔ナロードニキ系の社会革命党〕が継承しようとした」（三八三頁）こと、現実に進行した「農民革命」は「ロシア・マルクス主義の流れが打ち出した革命像よりも、ナロードニキ主義が打ち出した革命像、その影響下にマルクス、エンゲルスが打ち出した革命像に近い」ものであって、「革命を主導したレーニンたちボリシェヴィキは、この革命の構造、革命と共同体の関係を明確につかむことができなかった」（四一一頁）こと、そして、「レーニンは、ついに、共同体の積極的評価はもたず、マルクス・エンゲルスのロシア共同体論を受け入れなかった」（四一四頁）ことを指摘している。その結果、最終的に「スターリン体制は、一切の異端の否定の上に、ナロードニキ主義の徹底的な否定の上に成立した。マルクス、エンゲルスの発言は、いまや弊履のごとく投げすてられたのである」（四五六頁）。

その後、この「ザスーリチへの手紙」草稿に関する新しい文献考証やモノグラフは現れていない。その中で注目すべきは、若森章孝（1944－）の『資本主義発展の政治経済学』（関西大学出版部、一九九三年）第六章である。従来の諸研究は、山之内や平田のようにこの草稿を資本主義の「特殊類型的構造性」の分析と読むにしろ、淡路のように「後進国の複合的発展像」と見るにしろ、ともに後発資本主義分析（「上から」の資本主義論）の視角からこれを論じていた。それに対して、この草稿に示された「ロシアは、近代の歴史的環境のうちに存在し、より高次な文化と同時的に存在しており、資本主義的生産の支配している世界市場に結びつけられている」、「ロシアは近代世界から孤立して存在しているのではない」といったマルクスの空間認識を重視して、それを周辺資本主義分析（「外から」の資本主義論）および生産様式接合論の視角から読むのが、若森の試みである。

これは、晩年のマルクスの認識をレーニンやロシア革命と関連させて歴史的に位置づけるにとどまらず、サミール・アミンの不均等発展論やイマニュエル・ウォーラーステインの世界システム論につながる形でその理論的可能性を開く読解だと言うことができる。

7 「市民社会」とアソシエーション

以上、主として一九六〇年代から七〇年代を中心として戦後日本のマルクス研究の到達点を確認してきた。文献考証的研究に関していえば、現在まだ残されているのは、『資本論』第二部・第三部の諸草稿とエンゲルス編集版との関係をめぐる問題である。

一八六七年の『資本論』第一巻（第一部「資本の生産過程」）出版以後、マルクスは一八七二年にその改訂第二版、一八七二―七五年には著者校閲フランス語版を出版したが、同時に、第二部「資本の流通過程」、第三部「総過程の姿態」、第四部「理論の歴史のために」の完成を目指した。しかし、一八八三年に第二部以降の完成を見ることなくマルクスが死去した後、残された膨大な草稿の処理はエンゲルスに委ねられる。彼は草稿の整理・解読・編集に専念し、『資本論』第二巻（第二部）を一八八五年に、第三巻（第三部）を一八九四年に出版した。第一巻も、一八八三年にフランス語版の改訂を部分的に取り入れた改訂第三版、一八九〇年には第四版が刊行され、後者がその後の普及版の底本になった。

こうしてエンゲルスは、マルクスの遺稿の管理者、編集・刊行者となることによって、同時にマルクスの特権的な注釈者・解説者となった。たとえば、彼が執筆した『資本論』第三巻の「補遺」では、価値法則は、資本主義社会に歴史的に先行する「単純商品生産の全時代にわたって」妥当する法則として説明されている。しかし、このような価値法則理解は、資本主義的生産の「内的法則」というマルクスの認識とは明らかに異なっている。つまり、マルクスとエンゲルスには、資本主義認識に関しても説明の仕方に関しても、見過ごすことのできない差異があるのである。

そのエンゲルスが、『資本論』第二巻・第三巻の刊行に際して、マルクスの草稿を自分の判断で取捨選択して配列し直しただけでなく、マルクスの原文に手を加えて書き直しており、しかも用語や文体の変更だけでなく、内容を改変している場合さえあることが、明らかになっている。つまり、『資本論』第二巻・第三巻の現行版は、マルクスの思考と論理を正確に伝えているとは言えないのである（大村泉・宮川彰編『マルクスの現代的探究』八朔社、一九九二年。大村泉『新MEGAと「資本論」の成立』八朔社、一九九八年、参照）。

その後、マルクスが残した第三巻のための草稿原文はMEGA第二部第一四巻（二〇〇三年）、第二巻のための草稿原文は第二部第一一巻（二〇〇八年）として出版された。なお、マルクスの草稿解読に大きく貢献し、MEGA第二部第一一巻の編集者の一人でもあった大谷禎之介（1934–2019）は、二〇一八年に『資本論』第二部第八稿全文とその関連資料の翻訳を収録した著書『資本論草稿にマルクスの苦闘を読む』（桜井書店）を出版した後、二〇一九年に八四年の生涯を終えた。マルクスの草稿に即した実証的な研究は、まだ始まったばかりなのである。

最後に、個々の文献研究を超えた、マルクスの思想の全体的理解にかかわる研究について見ることにしよう。マルクスは生涯を通して何を批判し、何を実現しようとしたのか、ということの理解をめぐって論議を引き起こした研究を取り上げることにする。

一つ目は、平田清明の『市民社会と社会主義』（岩波書店、一九六九年）である。チェコ事件の直後に出版されたこの本が提起したのは、マルクスにおける「市民社会」概念の再評価という問題であった。平田はこう述べている。「東欧社会の知的世界は、いま、西欧市民社会形成期の思想を、社会主義のより高い次元への飛躍を求めて、追求しているのである。彼らにとって資本主義的な市民社会への逆行は問題外なのであり、社会主義的市民社会の形成だけが問題なのである」（平田［一九六九］三七頁）。ここで平田が「市民社会」と呼ぶのは、「社会的分業であり、人間諸個体の生産と交通との分離とその過程的統一」のことなのだが、その後論議を呼び、多く批判を浴びたのは、次のような平田のマルクス理解であった。

平田はこのように断言する。「市民社会と資本家社会、これが近代社会についてマルクスが用いた概念であることを、確認せよ。……経済的・政治的・道徳的諸過程の共時的展開としての社会形成、これをこそ、市民社会の資本家社会への転成の過程として、マルクスは把握したのである。……市民社会という第一次的社会形成の資本家的な第二次的社会形成への不断の転成として、現実的な社会形成が展開するのである」（五二―五三頁）。

このような理解は、平田独自の『資本論』読解によるものであった。彼はこう説明している。『資本論』は、その第一巻第一篇商品・貨幣論においてまず、市民的生産様式の形態的特質を展開し、第二篇貨幣の資本への転化論において、市民的生産様式の資本家的生産様式への転変の形態論的叙述をおこない、ついで第三・四・五・六篇剰余価値・労賃論において、この転変の実体論を展開し、さらに第七篇蓄積論において、資本家的蓄積様式という姿であらわれる支配のブルジョア的形態を明らかにし、そして最後の第八篇において、この転変の歴史的理論的意義を明らかにしたのである」（六〇頁）。

このような独自の『資本論』読解に基づいて、平田は「所有・交通・市民社会」という「マルクスにとっての核心的な経済的社会的諸範疇」が「これまで見失われてきた」（一二八頁）と主張し、さらに「アジアにおけるような、個人が成立しないところでは、所有もまた成立しない」（一四〇頁）ということを根拠として、「日本のマルクス研究者のあいだで、「個体的所有」というマルクス的範疇が、『資本論』導入五〇年の今日にいたるまで理解されてこなかった」（一四六―一四七頁）ことを強調した。

平田のこのような発言は、一方で『資本論』第一巻末尾の「個体的所有の再建」論の理解をめぐる広汎な論争を引き起こすとともに、他方では、「市民社会」概念の再検討をも促した。マルクスの著作の中で「市民的」という形容詞が「資本家的」という言葉に置きかえられていく過程をていねいに跡づけた重田澄男(1931‒)は、『資本主義の発見——市民社会と初期マルクス』(御茶の水書房、一九八三年)と題した著書で、両者の指示内容は同じであって、「市民社会」という言葉は「「資本家的生産様式」という表現を確定した後期マルクスにあっては〝廃語〟として消滅の道をたどらざるをえないものである」(重田［一九九二］二九七頁)ことを論証し、「平田氏の所説は、……「領有法則転回論」についての強烈な問題意識にひきよせすぎて、「市民的生産様式の資本家的生産様式への不断の転変」という逸脱が生じたものと思われる」(三〇八頁)と指摘した。

それに対して、平田自身も、一九七三—七四年のフランスでの在外研究(初めてのヨーロッパ体験)を経て西欧「市民社会」への過大評価を改め、「社会主義的市民社会」というような表現をしなくなった。一九八二年の『経済学批判への方法叙説』(岩波書店)では、平田は、マルクスの「市民社会」概念を「ブルジョア社会」あるいは「市民社会としての資本家社会」と表現するようになり、さらにマルクスの変革理念が「市民社会」ではなく「アソシアシオン」であることを認識している。「個体的所有の再建」論の内実も、ここでは「アソシアシオン」概念との関連において把握されている。だからこそ、それに続いて山田鋭夫も「労働アソシアシオンの形成」を『要綱』の描く未来社会像として論じることができたのである(山田［一九八五］三六五頁)。

二つ目は、その「アソシアシオン」概念のマルクスにおける意義を強調した田畑稔（1942–）の『マルクスとアソシエーション――マルクス再読の試み』（新泉社、一九九四年）である。田畑はまず、「アソシエーション＝諸個人の自由意志に基づく社会形成」概念が日本で「事実上抹消され続けてきた」ことを、統一的訳語の不在に即して明らかにし（序論）、次いで、マルクスのこの語の最初の用例を一八四三年夏のルソー『社会契約論』抜粋ノートのうちに発見し（第一章）、さらに『ドイツ・イデオロギー』における「諸個人の連合化」論をその原型だと見たうえで（第二章）、マルクスのさまざまな情況的発言の中に現れる「移行諸形態」としての「アソシエーション」論の整理を試みる（第三章）。最後に第四章で、田畑は「《自由な個人性》の全面展開というモチーフが、マルクスのアソシエーション論の大きな柱になっている」（田畑［二〇一五］一五七頁）ことを確認し、『要綱』や『資本論』第三部草稿を素材として、「アソシエイティッドな諸個人」形成へといたる「《個人》概念を基軸にして見たマルクスの世界史像の骨格」（一九三頁）を明らかにしている。

田畑のこの書の思想史研究としての独自性は、「モラル的集合的団体」の生産行為に力点を置くルソーの政治的アソシアシオン論が初期マルクスの「人間的解放」像に及ぼした影響を重視し、それと彼の「アソシエーション」論との連続性を強調する点にある。そのうえで、田畑は、「個人性」生成視点を「共同所有」や「共同のコントロール」をはじめとする「共同社会性」に結びつける「形態」こそが「アソシエーション」なのだ（七三頁）と理解し、さらに、「アソシエーション過程としての未来社会への前進」は「さまざまな脱アソシエーション化の力」による変質・歪曲とそれに対抗する「再アソシエーション化」という曲折した歴史的プロセスにほかならない（一〇三頁）、と指摘している。

田畑は本書を、「マルクス論としては、かなり根本的な《マルクス像の変革》を企てるものであり、またそのことによって、《アソシエーション論的転回》とでも表現すべき、われわれの再出発の方向づけのために、いくつかの基本的な足場を提示しようと試みるものである」（八頁）と宣言している。「市民社会からアソシエーションへ」という言葉が使われていることからもわかるが、内容的に見れば、これは、平田「市民社会」論が提起した、共同体と市民社会、個体的所有の再建、自由時間と社会的個体、等々の問題群を継承したうえで、マルクスの変革理念の方向性を明確化しようとするものであった。

その後、柄谷行人（1941–）も、「生産者—消費者協同組合のグローバルなアソシエーションによって、資本と国家を揚棄すること」こそがマルクスの構想した「可能なるコミュニズム」であり、マルクスのコミュニズムは「アソシエーショニズム」であることを強調している（『可能なるコミュニズム』太田出版、二〇〇〇年）。

ただし、このような英語表現には違和感が残る。同じカタカナでも英語表現の「アソシエーション」よりフランス語表現の「アソシアシオン」の方が、この概念の歴史的文脈とマルクスがこの語を選択した含意を正確に示すはずである。また、「アソシアシオン」に対応する英語表現は、一八六〇年代のマルクスの用語法で言えばむしろ〈cooperative〉であり、一八七〇年代にはマルクス自身が〈Genossenschaft〉というドイツ語を選択するのだから、重要なのはやはり、これらを包括的に表現する日本語の確定であろう。

その際に留意すべきは、マルクスがそれらの語を、資本主義的企業に取って代わる生産組織としての「協同組合」と、複数の協同組合が織り成す国民的規模での社会経済的ネットワークとしての「協同社会」という二つの水準を含むものとして使っていることである。田畑の言う「アソシエイティッドな生産様式」とは、この総体を表す概念なのである（植村［二〇〇一］第三章、参照）。これをどのような日本語で表現するかは、まさに資本主義的生産様式に取って代わるべき「意識的で計画的な新しい協同的生産様式」をどのような具体的総体として表象することができるか、という私たちの構想力の問題である。

その後、田畑は、もう一つの重要なマルクス研究『マルクスと哲学――方法としてのマルクス再読』（新泉社、二〇〇四年）を公刊した。これもまた、緻密な読解によってマルクス自身にとっての「唯物論」の意味を明らかにした労作である。『マルクスの哲学』ではないことに注意されたい。本書は「マルクスの「唯物論」のほぼ全面的な読み直し作業」（田畑［二〇〇四］七頁）の記録であって、著者は一貫して「マルクス自身に徹底内在して論じるという姿勢」（二七頁）を保ち、「論者各々が自分の哲学定義をマルクスの中に持ち込むという外挿法」（三〇頁）を厳しく批判する。

田畑によれば、「哲学に対するマルクスの関係」は次のように整理される。マルクスは、最初は理性主義的観念論の立場（「意志としての哲学」）に立ち、『ヘーゲル法哲学批判序説』では「哲学とプロレタリアートの歴史的ブロック」構想へと進んだが、『ドイツ・イデオロギー』前後に一転して「イデオロギーとしての哲学」という基本了解にいたり、六〇年代には『資本論』でヘーゲル弁証法を再評価するものの、最晩年にも自分の思想が一種の「歴史哲学」と見られることを拒否し続けた。したがって、「マルクス主義哲学」なるものは「「イデオロギー」としての哲学への退行」(五三頁)にほかならないのである。

「唯物論」についてもマルクス自身の用例を丹念に追跡することによって、田畑は次のように結論づける。マルクスは「弁証法的唯物論」「史的唯物論」「唯物論的歴史観」などとは一言も言っていない(一七七頁)。マルクスの唯物論は、諸現象を物質的なものへ還元する「還元の唯物論」でも、物質的なものが他の何かを一義的に決定する「決定の唯物論」でもなく、「物質的生活の諸制約(諸条件)」を直視しようとする唯物論である(三七八頁)。だから、土台と上部構造という「建築物との比喩は、「土台」が隠れているのに対して「上部構造」が「そびえ立つ」という、直接的意識に対する社会関係の転倒的現れを特徴づける点ではある種の有効性をもつ」が、「イメージ的非概念的」表現にすぎない(四五五頁)。

本書は全体として、文献実証的に反論の余地のない読解を通して、「マルクスを、晩年のエンゲルスによって叙述された「マルクス主義」ないし「マルクス主義哲学」に対する一つのオールタナティヴとして、つまりもう一つの選択肢として読むこと」(五〇九頁)に成功している。そのような問題意識そのものは、一九六〇年代後半以降「西側」諸国のマルクス研究の通奏低音であり続けてきたと言うことができるが、「マルクス主義」的概念の「外挿」を排除する作業がここまで徹底されたことはなかった。その意味で、本書は、今後のマルクス研究を基礎づける一つの到達点であるだけでなく、より一般的に思想史的なテクスト読解の方法論という点でも一つの模範例を示したものだと言うことができる。

この節の最後に、青木孝平（1953–）の『コミュニタリアン・マルクス――資本主義批判の方向転換』（社会評論社、二〇〇八年）を紹介しておきたい。第一部「現代資本主義の批判は可能か」と第二部「資本主義批判の方向転換」からなる本書で、青木は、「資本主義に対する既存の批判のスタンス」を二つに大別する。一つは、「客観主義的な歴史の進化理論をうち立てて、資本主義の世界史的な生成・発展のプロセスをたどり、それが最終的に崩壊ないし別の体制に移行する必然性を導き出そうとするもの」であり、もう一つは、「普遍主義的な正義の規範理論を想定し、それに照らして資本主義が搾取や支配、不公正や疎外といった社会病理をもたらすことを論証し、これを倫理的に告発してあるべき社会の理念や構想を対置するもの」である（青木［二〇〇八］四頁）。それに対して、それらはともに限界に突き当たっていることを明らかにしようとするのが、青木の問題意識である。

題名の「コミュニタリアン・マルクス」というのは、「マルクスは社会哲学的にみて実はコミュニタリアンであった」（三頁）ということではない。むしろ「マルクスの規範理論のなかに含まれているコミュニタリアン的要素を積極的に汲み取りつつ、いまだそこに残存していたリベラリズムと共通する普遍主義的正義の哲学をラディカルに払拭していく」こと、そして、それによってコミュニタリアンの主張を「広く資本主義批判そのものとして提示できる規範理論を追求」（一五二頁）することが、青木の問題意識なのである。

青木は、「近年、マルクスの社会主義のヴィジョンを、自立した個人が自由意思によってそれぞれの財貨と能力を拠出するアソシエーションとみなす見解が有力になりつつある」と見るが、「それはまさに、自己の選好以前にどんな道徳的紐帯も認めず個人の自由意思によってヴォランタリーに加入し離脱できるというリベラリズムの社会契約論を、そのままマルクスの社会主義論に投影した結果ではなかろうか」（八六頁）、というのが彼の独自の問題提起である。つまり、これは、マルクスの「市民社会」論的理解や「アソシエーション論的転回」に対する根本的な批判なのである。

青木によれば、『資本論』こそは、「自由と平等および「労働」に基づく所有の王国」という権利ないし正義のイデオロギーが成立する根拠を、資本主義の深層構造から暴露した、すぐれてコミュニタリアン・マルクスによる規範哲学の古典的テキストなのである」（一六八頁）。そして、その核心は、次のようなものである。「マルクスの労働概念は、たんなる労働力の個人的所有（自己所有権）なるものの結果ではない。むしろ労働力の消費による労働・生産過程と、労働生産物の消費による労働力の再生産過程との反復をつうじて社会＝共同体そのものを再生産する人間の協働行為であり、それは共同体への帰属を通して諸個人のアイデンティティを確立し、同時に社会的に共生する他者への貢献原理を表現している」（一九四頁）。そのようなマルクスの労働概念を、青木は、「E・レヴィナスのいう、他者に対する無起源的な責任（responsabilité anarchique）によって自己が負うべき他者への片務的な贈与としての善」（一九四頁）とも共通するものとして理解している。

マルクスは、はたして「アソシエーショニスト」なのか、それとも「コミュニタリアン」なのか。もう少し正確に言うならば、今日の私たちにとって、マルクスの中に「アソシエーショニスト的要素」を読み込むことと、「コミュニタリアン的要素」を汲み取ることと、どちらが切実な読解なのか。青木が改めて提起しているのは、そういう問題である。

これは、財産共有を主張する共産主義者と「アソシアシオン」を主張する社会主義者との対立を眼前にしていたマルクスが、共産主義者を自称しながら「アソシアシオン」を変革の目標として掲げ続けたのはなぜなのか、あるいは、「アソシアシオン」を主張しながらも共産主義の旗印をおろさなかったのはなぜなのか、という彼の思想の性格づけにかかわる根本的な問題でもある。

8 もう一度マルクスを読む

最後に、斎藤幸平（1987–）の業績に触れて終わることにしたい。「新書大賞二〇二一」に選ばれて一つのブームを作ったのは、斎藤の『人新世の「資本論」』（集英社新書、二〇二〇年）だが、彼のマルクス研究の現時点での主著である『大洪水の前に――マルクスと惑星の物質代謝』（堀之内出版、二〇一九年）は、マルクスの思想とエコロジーとの関係を考えるうえで、世界的視野から見て、誰もが参照すべき標準的テクストだと言うことができるだろう。元になったのは斎藤のドイツ語と英語の著書（Saito 2016, 2017）だが、本書はそれらのたんなる日本語版ではなく、内容的にも改訂されて、より説得力のあるものになっている。

アメリカの研究者ジョン・ベラミ・フォスター（John Bellamy Foster, 1953– ）やポール・バーケット（Paul Burkett）の研究（Foster 1994, 2000; Burkett 1999, 2006）は日本でも知られているが、斎藤の著書は、アメリカやヨーロッパでの議論を踏まえながら、マルクスの未公刊の抜粋ノートや個人的蔵書の書き込みなどを利用して、マルクスの自然観と「物質代謝」論にかかわる詳細な論争的・文献的背景を明らかにした画期的労作である。

フォスターやバーケットの研究は、アメリカ的文脈の中で、エコロジストやディープ・エコロジストからのマルクス批判に対する応答という色合いが強いが、斎藤の著書の特徴は、そのような現代的文脈をふまえたうえで、新MEGAで新たに公開された資料と未公刊の資料を使ってマルクス読解を深化させたことにある。その最大の貢献は、第一に、ドイツの化学者ユストゥス・フォン・リービヒ（Justus Freiherr von Liebig, 1803–1873）の『農芸化学』第七版がマルクスの略奪農業認識を深化させた経緯を、リービヒ以外の膨大な読書や経済学者ヴィルヘルム・ロッシャー（Wilhelm Georg Friedrich Roscher, 1817–1894）からの影響なども含めて詳細に解明したこと、そして第二に、『資本論』初版以後のマルクスのリービヒ評価の変化を分析し、一八六八年に作成したドイツの農学者カール・フラース（Carl Nikolaus Fraas, 1810–1875）の著作からの抜粋ノート「フラース抜粋」がマルクスに理論的転回を促した経緯を明らかにしたことにある。

そのような緻密な文献学的読解に基づいて斎藤が描き出す晩年のマルクスは、資本主義による「物質代謝の亀裂」を重視し、環境危機を深刻に受け止めている思想家である（斎藤［二〇一九］二八八頁）。このマルクス像の現代的意味を前面に押し出したのが『人新世の「資本論」』だった。しかし、このような自然認識の変化がマルクスの思想にとってもつ意味を十分に理解するためには、晩年のマルクスが作成した抜粋ノートの全体像を把握する必要がある。その一端は、大谷禎之介・平子友長編『マルクス抜粋ノートからマルクスを読む』（桜井書店、二〇一三年）でも明らかにされているが、それもまだ、いわば「氷山の一角」にすぎない。抜粋ノートの全体がまだ公開されていいないからである。

マルクスのテクストは、一五〇年以上にわたって隅々まですでに読み尽くされているように見えるかもしれないが、マルクスを読むこと、マルクス研究には、このように未決定の大きな沃野が開けているのである。

参照文献一覧

1　マルクスの著作

マルクスの著作からの引用に際しては、名前の後に出版された年（草稿などは執筆された年）を記し、原則として国際版『マルクス・エンゲルス全集（略称：ＭＥＧＡ）』(Karl Marx und Friedrich Engels, *Gesamtausgabe*, Berlin: Dietz/Akademie/Walter de Gruyter, 1975–）のページ数で示す。ＭＥＧＡに収録されていないテクストは、ドイツ語の場合は『マルクス・エンゲルス著作集（略称：ＭＥＷ）』(Karl Marx und Friedrich Engels, *Werke*, Berlin: Dietz, 1956–1990）を用いる。エンゲルスの著作も同様に表記する。翻訳は、原則として日本語版『マルクス・エンゲルス全集（略称：『全集』）』(大月書店、一九五九―一九九一年）を用いる。

Marx, Karl [1842], Verhandlungen des 6. Rheinischen Landtages. Dritter Artikel. Debatten über das Holzdiebstahlsgesetz, in: MEGA, I/1.　平井俊彦・細見英訳「第六回ライン州議会の議事　第三論文　木材窃盗取締法にかんする討論」、『全集』第一巻

——— [1844a], Zur Kritik der Hegelschen Rechtsphilosophie. Einleitung, in: MEGA, I/2.　城塚登訳『ユダヤ人問題によせて／ヘーゲル法哲学批判序説』岩波文庫、一九七四年

——— [1844b], Exzerpte aus Adam Smith: Recherches sur la natur et les causes de la richesse des nations, in: MEGA, IV/2.

——— [1844c], Ökonomisch-philosophische Manuskripte, in: MEGA, I/2.　城塚登・田中吉六訳『経済学・哲学草稿』岩波文庫、一九六四年
——— [1844d], Kritische Randglossen zu dem Artikel "Der König von Preußen und die Sozialreform. Von einem Preußen", in: MEGA, I/2.　鎌田武治・長洲一二訳「論文『プロイセン国王と社会改革——一プロイセン人』(『フォアヴェルツ!』第六〇号) に対する批判的論評」、『全集』第一巻
——— [1844e], Exzerpte aus James Mill: Élémens d'économie politique, traduits par J. T. Parisot, Paris, 1823, in: MEGA, IV/2.　細見英訳「ジェイムズ・ミル著『政治経済学要綱』(J・T・パリゾ訳、パリ、一八二三年) からの抜粋」、『全集』第四〇巻
——— [1844–47], Notizbuch aus den Jahren 1844–1847, in: MEGA, IV/3.
——— [1847], *Misère de la philosophie. Réponse à la Philosophie de la Misère de M. Proudhon*, Paris: A. Frank & Bruxelles: C. G. Vogler.　平田清明訳「哲学の貧困」、『全集』第四巻
——— [1851], Exzerpte und Notizen. März bis Juni 1851, in: MEGA, IV/8.
——— [1852a], Der 18. Brumaire des Louis Bonaparte, in: MEGA, I/11.　植村邦彦訳『ルイ・ボナパルトのブリュメール一八日』平凡社ライブラリー、二〇〇八年
——— [1852b], The Election - Tories and Whigs, in *New-York Daily Tribune*, Nr. 3540, 21. August 1852. In: MEGA, I/11.　土屋保男訳「イギリスの選挙——トーリ党とウィッグ党」、『全集』第八巻
——— [1857–58], Grundrisse der Kritik der politischen Ökonomie, in: MEGA, II/1.1–2.　資本論草稿集翻訳委員会訳「経済学批判要綱」、『マルクス資本論草稿集』1・2、大月書店、一九八一／一九九三年
——— [1859], Zur Kritik der politischen Ökonomie, in: MEGA, II/2.　杉本俊朗訳『経済学批判』、『全集』第一三巻
——— [1861–63], Zur Kritik der politischen Ökonomie (Manuskript 1861–1863). in: MEGA, II/3.1.　大谷禎之介他訳「経済学批判 (一八六一—一八六三年草稿)」、『マルクス資本論草稿集』4、大月書店、一九七八年

——— [1863–65], Das Kapital (Ökonomisches Manuskript 1863–1865), in: MEGA, II/4.2.　岡崎次郎訳『資本論』第三巻、『全集』第二五巻

——— [1865], Das Kapital (Ökonomisches Manuskript 1863–1865). Zweites Buch (Manuskript I), in: MEGA, II/4.1.　中峯照悦・大谷禎之介他訳『資本の流通過程——『資本論』第二部第一稿』大月書店、一九八二年

——— [1867], *Das Kapital: Kritik der politischen Oekonomie*, Bd.1, in: MEGA, II/5.　岡崎次郎訳『資本論』第一巻、『全集』第二三巻

——— [1868–70], Das Kapital (Ökonomisches Manuskript 1868–1870), Zweites Buch (Manuskpirt II), in: MEGA, II/11.　岡崎次郎訳『資本論』第二巻、『全集』第二四巻

——— [1869], Report of the General Council of the International Working Men's Association on the Right of Inheritance, in: MEGA, I/21.　村田陽一訳「相続権についての総評議会の報告」、『全集』第一六巻

——— [1871a], The Civil War in France. Address of the General Council of the International Working Men's Association, in: MEGA, I/22.　村田陽一訳「フランスにおける内乱」、『全集』第一七巻

——— [1871b], Der Bürgerkrier in Frankreich. Adresse des Generalrats der Internationalen Arbeitsassoziation an alle Mitglieder in Europa und den Vereinigten Staaten, Übersetzung aus dem Englischen von Friedrich Engels, in: MEW, Bd. 17.　村田陽一訳「フランスにおける内乱」、『全集』第一七巻

——— [1872], Das Kapital, Bd.1, Zweite Auflage, in: MEGA, II/6.　岡崎次郎訳『資本論』第一巻、『全集』第二三巻

——— [1875], Randglossen zum Programm der deutschen Arbeiterpartei, in: MEGA, I/25.　望月清司訳『ゴータ綱領批判』岩波文庫、一九七五年

——— [1877–1881], Das Kapital. Zweites Buch: Der Zirkulationsprozeß des Kapitals. (Manuskript VIII), in: MEGA, II/11.　岡崎次郎訳『資本論』第二巻、『全集』第二四巻

——— [1882], Brief an Friedrich Engels, vom 15. Januar 1882, in: MEW, Bd. 35.　岡崎次郎訳「マルクスからエン

ゲルス（在ロンドン）へ、一八八二年一月一五日」、『全集』第三五巻
——— [1887], *Capital*, translated by Samuel Moore and Edward Aveling, edited by Frederick Engels, London: Swan Sonnenschein, Lowrey & Co. In: MEGA, II/9.
——— [1999], Die Bibliotheken von Karl Marx und Friedrich Engels, in: MEGA, IV/32.
Marx, Karl und Friedrich Engels [1845–46], Deutsche Ideologie: Manuskripte und Druck (1845–1847), in: MEGA, I/5. 渋谷正編訳『草稿完全復元版ドイツ・イデオロギー』新日本出版社、一九九八年
Marx, Karl and Friedrich Engels [2002], *The Communist Manifesto*, translated by Samuel Moore in cooperation with Frederick Engels, with an Introduction and Notes by Gareth Stedman Jones, London: Penguin Books.

2 その他の参照文献

Althusser, Louis [1965a], *Pour Marx*, Paris: Maspero. 河野健二他訳『マルクスのために』平凡社ライブラリー、一九九四年
——— [1965b], *Lire le Capital*, Paris: Maspero. 今村仁司訳『資本論を読む』全三巻、ちくま学芸文庫、一九九七年
——— [1993], *Écrits sur la psychanalyse: Freud et Lacan*, Paris: Stock / IMEC. 石田靖夫他訳『フロイトとラカン——精神分析論集』人文書院、二〇〇一年
Ambrosius, Gerold [1981], *Zur Geschichte des Begriffs und der Theorie des Staatskapitalismus und des staatsmonopolistischen Kapitalismus*, Tübingen: J. C. B. Mohr.
Amin, Samir [1971], *L'accumulation à l'échelle mondiale: Critique de la théorie du sous-développement*, 2ème edition, Paris: Éditions Anthropos. 野口祐他訳『世界的規模における資本蓄積〈第一分冊〉世界資本蓄積論』柘植書房、一九七九年

——— [1973], *Le développement inégal: Essai sur les formations sociales du capitalisme périphérique*, Paris: Minuit. 西川潤訳『不均等発展』東洋経済新報社、一九八三年

——— [2005], “A Note on the Death of André Gunder Frank (1929–2005),” translated from the French by Shane Mage, in *Monthly Review: An Independent Socialist Magazine*, Vol. 57, No. 2.

Amin, Samir, Giovanni Arrighi, Andre Gunder Frank, et Immanuel Wallerstein [1982], *La crise, quelle crise?* Paris: Maspéro-La Découverte.

——— [1990], *Transforming the Revolution: Social Movements and the World-system*, New York & London: Monthly Review Press.

Arrighi, Giovanni [2010], *The Long Twentieth Century: Money, Power and the Origins of our Times*, New and updated edition, London & New York: Verso.

Bahro, Rudolf [1977], *Die Alternative: Zur Kritik des real existierenden Sozialismus*, Köln: Bund-Verlag. 永井清彦他訳『社会主義の新たな展望I——現実に存在する社会主義の批判』岩波書店、一九八〇年

Bettelheim, Charles [1974], *Les luttes de classes en URSS: Première période 1917–1923*, Paris: Maspero/Seuil. 高橋武智他訳『ソ連の階級闘争 1917–1923』第三書館、一九八七年

Blanqui, Louis Auguste [2008a], Le procès des quinze. Defénse du Citoyen Louis-Auguste Blanqui devant la cour d’assises, 12 janvier 1832, in: Blanqui, *Textes choisis*. Préface et notes de V. P. Volguine, Édition électronique, Chicoutimi: Université du Québec. 加藤晴康訳「一五人裁判［一八三二年一月一二日］——重罪裁判所における市民ルイ＝オーギュスト・ブランキの陳述」、『ブランキ革命論集』上、現代思潮社、一九六七年

——— [2008b], Rapport sur la situation intérieure, et extérieure de la France depuis la Révolution de Juillet. Discours prononcé à la séance du 2 février 1832 de la Société des Amis du Peuple, in: Blanqui, *Textes choisis*. 加藤晴康訳「七月革命以後のフランス内外の状況に関する報告——一八三二年二月二日、「人民の友協会」の会議でなされた演説」、『ブランキ革命論集』上、現代思潮社、一九六七年

——— [2008c], Qui fait la soupe doit la manger, in: Blanqui, *Textes choisis.* 加藤晴康訳「スープはつくった者が飲むべきである」、『ブランキ革命論集』上、現代思潮社、一九六七年
Bray, John Francis [1839], *Labour's Wrongs and Labour's Remedy; or, The Age of Might and the Age of Right*, Leeds: David Green, Briggate.
Brink, Bert van den und Willem van Reijen (Hrsg.) [1995], *Bürgergesellschaft, Recht und Demokratie*, Frankfurt am Main: Suhrkamp.
Buck-Morss, Susan [2009], *Hegel, Haiti, and Universal History*, Pittsburgh: University of Pittsburgh Press. 岩崎稔・高橋明史訳『ヘーゲルとハイチ——普遍史の可能性にむけて』法政大学出版局、二〇一七年
Burkett, Paul [1999], *Marx and Nature: A Red and Green Perspective*, London: Macmillan.
——— [2006], *Marxism and Ecological Economies: Toward a Red and Green Political Economy*, Leiden/Boston: Brill.
Deppe, Rainer und Dietrich Hoss [1989], *Arbeitspolitik im Staatssozialismus. Zwei Varianten: DDR und Ungarn. Forschungsberichte des Instituts für Sozialforschung Frankfurt am Main*, Frankfurt am Main: Campus Verlag.
Dunbar, Robin Ian MacDonald [1992], "Neocortex size as a constraint on group size in primates," in *Journal of Human Evolution*, Vol. 22, No. 6.
——— [1993], "Coevolution of neocortical size, group size and language in humans," in *Behavioral and Brain Sciences*, Vol. 16, No. 4.
Ehrenberg, John [1999], *Civil Society. The Critical History of an Idea*, New York: New York University Press. 吉田傑俊監訳『市民社会論——歴史的・批判的考察』青木書店、二〇〇一年
Engels, Friedrich [1859], Karl Marx, Zur Kritik der politischen Ökonomie, in: *Das Volk*, Nr. 14, 6. August 1859. In: MEGA, II/2. 松村一人訳「カール・マルクス：経済学批判（書評）」、『全集』第一三巻
——— [1885], How not to translate Marx, in *The Commonweal*, Vol. 1, No. 10, november 1885. In: MEGA, I/30. 杉本俊朗訳「いかにマルクスを翻訳してはならないか」、『全集』第二一巻

——— [1888], Vorbemerkung zu “Ludwig Feuerbach und der Ausgang der klassischen deutschen Philosophie,” in: MEGA, I/31.　藤川覚訳「『ルートヴィヒ・フォイエルバッハとドイツ古典哲学の終結』校訂単行本「まえがき」」、『全集』第二一巻

Engler, Wolfgang [1992], *Die zivilisatorische Lücke: Versuche über den Staatssozialismus*, Frankfurt am Main: Suhrkamp.

——— [1995], *Die ungewollte Moderne: Ost-West-Passagen*, Frankfurt am Main: Suhrkamp.

——— [1999], *Die Ostdeutschen: Kunde von einem verlorenen Land*, Berlin: Aufbau.　岩崎稔・山本裕子訳『東ドイツのひとびと――失われた国の地誌学』未来社、二〇一〇年

——— [2002], *Die Ostdeutschen als Avantgarde*, Berlin: Aufbau.

Engler, Wolfgang und Lutz Marz [1990], Angst oder Aufbruch? Ein neues Bündnis für eine neue Zukunft, in: *Wirtschaftsreform der DDR. Internationale Wirtschafts-konferenz des NEUES FORUM, Berlin-Buch, 25. /26. November 1989. Protokolle und Beiträge*, Berlin: Nicolai.

Ferguson, Adam [1768], *An Essay on the History of Civil Society*, The Second Edition, corrected, London: A. Millar and T. Cadell, and Edinburgh: A. Kinkaid and J. Bell.

——— [1783], *Essai sur l’histoire de la société civile*. Ouvrage traduit de l’Anglois par M. Bergier, Paris: Veuve Desaint, 2 tomes.

——— [1966], *An Essay on the History of Civil Society 1767*, edited, with an introduction, by Duncan Forbes, Edinburgh: Edinburgh University Press.　天羽康夫・青木裕子訳『市民社会史論』京都大学学術出版会、二〇二〇年

——— [1980], *An Essay on the History of Civil Society*, edited and New Introduction by Louis Schneider, New Brunswick, NJ: Transaction Publishers.

Filmer, Robert [1991], *Patriarcha and Other Writings*, edited by Johann P. Sommerville, Cambridge: Cambridge University Press.　伊藤宏之・渡部秀和訳「家父長制君主論」、『フィルマー著作集』京都大学学術出版会、二〇一

六年
Foster, John Bellamy [1994], *The Vulnerable Planet: A Short Economic History of the Environment*, New York: Monthly Review Press. 渡辺景子訳『破壊されゆく地球——エコロジーの経済史』こぶし書房、二〇〇一年
——— [2000], *Marx's Ecology: Materialism and Nature*, New York: Monthly Review Press. 渡辺景子訳『マルクスのエコロジー』こぶし書房、二〇〇四年
Frank, Andre Gunder [1966], "The Development of Underdevelopment," in *Monthly Review: An Independent Socialist Magazine*, Vol. 18, No. 4.
——— [1967], *Capitalism and Underdevelopment in Latin America: Historical Studies of Chile and Brazil*, New York & London: Monthly Review Press. 大崎正治他訳『世界資本主義と低開発——収奪の《中枢—衛星》構造』柘植書房、一九七六年
——— [1979], *Dependent Accumulation and Underdevelopment*, New York & London: Monthly Review Press. 吾郷健二訳『従属的蓄積と低開発』岩波書店、一九八〇年
——— [1998], *ReOrient: Global Economy in the Asian Age*, Berkeley: University of California Press. 山下範久訳『リオリエント——アジア時代のグローバル・エコノミー』藤原書店、二〇〇〇年
Fürstenberg, Friedrich [2011], *Die Bürgergesellschaft im Strukturwandel. Problemfelder und Entwicklungschancen*, Münster: LIT.
Geffroy, Gustave [1919], *L'enfermé, avec le masque du Blanqui*, 2er édition, Paris: Bibliothèque Charpentier. 野沢協・加藤節子訳『幽閉者——ブランキ伝』現代思潮社、一九七三年
Gensicke, Thomas, Thomas Olk, Daphne Reim, Jenny Schmithals und Hans-Liudger Dienel [2009], *Entwicklung der Zivilgesellschaft in Ostdeutschland: Quantitative und qualitative Befunde*. In Auftrag gegeben und herausgegeben vom Bundesministrium für Verkehr, Bau und Stadtentwicklung, vorgelegt von TNS Infratest Sozialforschung, Wiesbaden: VS Verlag für Sozialwissenschaften.

Geras, Norman [1985], “The Controversy about Marx and Justice,” in *New Left Review*, No. 150, London.
Giddens, Anthony [1998], *The Third Way: The Renewal of Social Democracy*, Cambridge: Polity Press.　佐和隆光訳『第三の道――効率と公正の新たな同盟』日本経済新聞社、一九九九年
Graeber, David [2011], *Debt: The First 5,000 Years*, New York: Melville House.　酒井隆史監訳『負債論――貨幣と暴力の五〇〇〇年』以文社、二〇一六年
Habermas, Jürgen [1990], *Strukturwandel der Öffentlichkeit*, Neuauflage, Frankfurt am Main: Suhrkamp.　山田正行訳「一九九〇年新版への序言」、細谷貞雄訳『公共性の構造転換　第二版』未来社、一九九四年
――― [1992], *Faktizität und Geltung*, Frankfurt am Main: Suhrkamp.　河上倫逸・耳野健二訳『事実性と妥当性』未来社、二〇〇二年
――― [1998], *Die postnationale Konstellation: Politische Essays*, Frankfurt am Main: Suhkamp.
――― [2013], *Im Sog der Technokratie. Kleine politische Schriften XII*, Berlin: Suhkamp.　三島憲一訳『デモクラシーか資本主義か――危機のなかのヨーロッパ』岩波現代文庫、二〇一九年
――― [2014], »Fur ein starkes Europa« – aber was heißt das?　In: *Blätter für deutsche und internationale Politik*, 3/2014.　三島憲一訳『デモクラシーか資本主義か――危機のなかのヨーロッパ』岩波現代文庫、二〇一九年
Harrington, James [1992], *The Commonwealth of Oceana and A System of Politics*, edited by J. G. A. Pocock, Cambridge: Cambridge Univertsity Press.
Harvey, David [2010], *A Companion to Marx’s Capital*, London & New York: Verso.　森田成也・中村好孝訳『〈資本論〉入門』作品社、二〇一一年
――― [2013], *A Companion to Marx’s Capital, Vol. 2*, London & New York: Verso.　森田成也・中村好孝訳『〈資本論〉第二巻・第三巻入門』作品社、二〇一六年
Hegel, Georg Wilhelm Friedrich [1970], *Grundlinien der Philosophie des Rechts*, in: *Werke*, Bd. 7, Frankfurt am Main: Suhrkamp.　上妻精・佐藤康邦・山田忠彰訳『法の哲学』上・下、岩波文庫、二〇二一年

Henze, Stefan [2009], *Die Zivilgesellschaft Ostdeutschlands als Avantgarde?! Demokratischer Aufbruch und/ oder Demokratischer Abbruch?!* München: GRIN Verlag.

Hill, Jack A. [2013], "Marx's Reading of Adam Ferguson and the Idea of Progress," in *Journal of Scottish Philosophy*, Vol. 11, Issue 2.

Hill, Lisa [2007], "Adam Smith, Adam Ferguson and Karl Marx on the Division of Labour," in *Journal of Classical Sociology*, Vol. 7, No. 3.

Hobsbawm, Eric [2011], *How to Change the World: Tales of on Marx and Marxism*, London: Little, Brown.　水田洋監訳『いかに世界を変革するか――マルクスとマルクス主義の二〇〇年』作品社、二〇一七年

Hodgskin, Thomas [1922], *Labour Defended Against the Claims of Capital; Or, The Unproductiveness of Capital Proved with Reference to the Present Combinations Amongst Journeymen*, with an Introduction by G. D. H. Cole, London: The Labour Publishing Company.　安藤悦子訳「労働擁護論」、『世界教養全集5　イギリスの近代経済思想』河出書房、一九六四年

Hoffmann, Stefan-Ludwig [2006], *Civil Society 1750–1914*, Basingstoke: Palgrave Macmillan.　山本秀行訳『市民結社と民主主義』岩波書店、二〇〇九年

Hugo, Victor [1957], *Les Misérables*, tome 2, Paris: Éditions Garnier Frères.　西永良成訳『レ・ミゼラブル 4』ちくま文庫、二〇一三年

Kautsky, Karl [1881], Der Staatssozialismus und die Sozialdemokratie. Von Symmachos. In: *Der Sozialdemokrat*, vom 6. März 1881.

Kukutz, Irena [2009], *Chronik der Bürgerbewegung Neues Forum 1989–1990*, Berlin: Basis Druck.

Laclau, Ernesto [1971], "Feudalism and Capitalism in Latin America," in *New Left Review*, No. 67.

Lapin, Nikolai [1969], Vergleichende Analyse der drei Quellen des Einkommens in den „Ökonomisch-philosophischen Manuskripten" von Marx, in: *Deutsche Zeitschrift für Philosophie*, Heft 2, 17. Jahrgang.　細見英訳「マルクス『経済

学・哲学草稿』における所得の三源泉の対比的分析」、『思想』一九七一年三月号

Locke, John [1967], *Two Treatises of Government*, a critical edition by Peter Laslett, 2nd ed. Cambridge: Cambridge University Press.　加藤節訳『完訳　統治二論』岩波文庫、二〇一〇年

Lukács, Georg [1968], *Geschichte und Klassenbewußtsein*, Neuwied und Berlin: Luchterhand.　城塚登・古田光訳『歴史と階級意識』白水社イデー叢書、一九九一年

Luxemburg, Rosa [1975a], *Die Akkumulation des Kapitals*, in: *Gesammelte Werke*, Bd. 5, Berlin: Dietz.　長谷部文雄訳『資本蓄積論』上・中・下、青木文庫、一九五二―五五年

——— [1975b], *Einführung in die Nationalökonomie*, in: *Gesammelte Werke*, Bd. 5, Berlin: Dietz.　岡崎次郎・時永淑訳『経済学入門』岩波文庫、一九七八年

——— [1984a], *Gesammelte Briefe*, Bd. 5, Berlin: Dietz.　ルイーゼ・カウツキー編、川口浩・松井圭子訳『ローザ・ルクセンブルクの手紙』岩波文庫、一九六三年

——— [1984b], *Gesammelte Briefe*, Bd. 5, Berlin: Dietz.　大島かおり編訳『獄中からの手紙――ゾフィー・リープクネヒトへ』みすず書房、二〇一一年

Macpherson, Crawford Brough [1962], *The Political Theory of Possessive Individualism*, Oxford: Oxford University Press.　藤野渉他訳『所有的個人主義の政治理論』合同出版、一九八〇年

Marcuse, Herbert [1932], Neue Quellen zur Grundlegung des historischen Materialismus: Interpretation der neuveröffentlichten Manuskripte von Marx, in: *Die Gesellschaft*. 9. Jg. (1932), Nr. 8. In: Herbert Marcuse, *Kultur und Gesellschaft* 2, Frankfurt am Main: Suhrkamp, 1965.　良知力・池田優三訳『初期マルクス研究――「経済学　哲学手稿」における疎外論』未来社、一九六一年

——— [1933], Über die philosophischen Grundlagen des wirtschaftswissenschaftlichen Arbeitsbegriffs, in: *Archiv für Sozialwissenschaft und Sozialpolitik*, Bd. 69. In: Herbert Marcuse, *Kultur und Gesellschaft* 2, Frankfurt am Main: Suhrkamp, 1965.　良知力・池田優三訳『初期マルクス研究――「経済学　哲学手稿」における疎外論』未来社、

一九六一年
Mason, Paul [2016], *Postcapitalism: A Guide to Our Future*, London: Penguin Books.　佐々とも訳『ポストキャピタリズム――資本主義以後の世界』東洋経済新報社、二〇一七年
Mauss, Marcel [1925], Essai sur le don: Forme et raison de l'échange dans les sociétés archaïques, in *l'Année Socilogique, nouvelle série*, tome 1 (1923–1924), Paris: Félix Alcan.　森山工訳『贈与論　他二篇』岩波文庫、二〇一四年
Michnik, Adam [1985], *Letters from Prison and Other Essays*, translated by Maya Katynski, Berkeley: University of California Press.
Mizuta, Hiroshi [1980], "Two Adams in the Scottish Enlightenment: Adam Smith and Adam Ferguson on Progress," in *Studies on Voltaire and the Eighteenth Century*, 191.　水田洋「二人のアダム――スミスとファーガスン」[一九七九年の国際一八世紀学会での報告]、『アダム・スミス論集――国際的研究状況のなかで』ミネルヴァ書房、二〇〇九年
Negri, Antonio [1979], *Marx oltre Marx: quaderno di lavoro sui Grundrisse*, Milano: Feltrinelli. cf. also *Marx au-delà de Marx: Cahiers de travail sur les "Grundrisse"*, traduit de l'italien par Roxane Silberman, Paris: Christian bourgois editeur.　清水和己・大町慎浩・小倉利丸・香内力訳『マルクスを超えるマルクス――『経済学批判要綱』研究』作品社、二〇〇三年
NEUES FORUM [1990], *Wirtschaftsreform der DDR. Internationale Wirtschaftskonferenz des NEUES FORUM, Berlin-Buch, 25. /26. November 1989. Protokolle und Beiträge*, Berlin: Nicolai.
Perrow, Charles [1984], *Normal Accidents: Living with High-Risk Technologies*, New York: Basic Books.
Prebisch, Raúl [1963], *Towards a Dynamic Development Policy for Latin America*, New York: United Nations.
――― [1964], *Towards a New Trade Policy for Development: Report by the Secretary- General of the United Nations Conference on Trade and Development*, New York: United Nations.
Proudhon, Pierre-Joseph [1840], *Qu'est-ce que la propriété ? ou Recherche sur le principe du Droit et du Gouvernement*,

Paris: Prévot.　長谷川進訳「所有とは何か」、『アナキズム叢書　プルードンⅢ』三一書房、一九七一年
——— [1846], *Système des contradictions économiques, ou Philosophie de la misère*, 2 tomes, Paris: Guillaumin.　斉藤悦則訳『貧困の哲学』上・下、平凡社ライブラリー、二〇一四年
Putnam, Robert David [2000], "Bowling Alone: America's Declining Social Capital," in *Journal of Democracy*, Vol. 6, No. 1, 1995. Reprinted in *Culture and Politics: A Reader*, edited by Lane Crothers and Charles Lockhart, Basingstoke: Palgrave Macmillan.
Reimann, Günter [1939], *The Vampire Economy: Doing Business Under Fascism*, New York: Vanguard Press.
——— [1968], *Der rote Profit. Preise, Märkte, Kredite im Osten. Eine Reportage und kritische Untersuchung der Revision des Staatssozialismus*, Frankfurt am Main: Fritz Knapp.
Rojahn, Jürgen [1983], Der Fall der sog. „Ökonomisch-philosophischen Manuskripte aus dem Jahre 1844".　山中隆次訳「いわゆる『一八四四年経済学・哲学草稿』問題——「マルクス没後百年記念リンツ集会」報告」、『思想』一九八三年八月号
Saito, Kohei [2016], *Natur gegen Kapital: Marx' Ökologie in seiner unvollendeten Kritik des Kapitalismus*, Frankfurt am Main: Campus Verlag.
——— [2017], *Karl Marx's Ecosocialism: Capital, Nature, and the Unfinished Critique of Political Economy*, New York: Monthly Review Press.
Schaff, Adam [1963], *A Philosophy of Man*, translated from Polish, London: Lawrence & Wishart.　藤野渉訳『人間の哲学——マルクス主義と実存主義』岩波書店、一九六四年
Schöler, Ulrich [1999], *Ein Gespenst verschwand in Europa: Über Marx und die sozialistische Idee nach dem Scheitern des sowjetischen Staatssozialismus*, Bonn: Dietz Nachfolger.
Scott, James C. [2017], *Against the Grain: A Deep History of Earliest States*, New Haven and London: Yale University Press.　立木勝訳『反穀物の人類史——国家誕生のディープヒストリー』みすず書房、二〇一九年

Smith, Adam [1802], *Recherches sur la natur et les causes de la richesse des nations*. Traduction nouvelle, avec des notes et observations par Germain Garnier, 5 tomes, Paris: H. Agasse.

——— [1976], *An Inquiry into the Nature and Causes of the Wealth of Nations*, edited by R. H. Campbell, A. S. Skinner and W. B. Todd, Oxford: Clarendon Press.　水田洋監訳、杉山忠平訳『国富論』全四冊、岩波文庫、二〇〇〇—二〇〇一年

Solnit, Rebecca [2010], *A Paradise built in Hell: The Extraordinary Communities That Arise in Disaster*, London: Penguin Books.　高月園子訳『定本　災害ユートピア——なぜそのとき特別な共同体が立ち上がるのか』亜紀書房、二〇一〇年

Spivak, Gayatri Chakravorty [1999], *A Critique of Postcolonial Reason: Toward a History of the Vanishing Present*, Cambridge, Massachusetts: Harvard University Press.　上村忠男・本橋哲也訳『ポストコロニアル理性批判——消え去りゆく現在の歴史のために』月曜社、二〇〇三年

Städtler, Thomas [2009], *Der Sozialismus glaubt an das Gute, der Kapitalismus an den Bonus: Ein Schlagabtausch in 150 Sätzen*, Frankfurt am Main: Eichborn.

Streeck, Wolfgang [2013], *Gekaufte Zeit. Die vertagte Krise des demokratischen Kapitalismus*, Berlin: Suhrkamp.　鈴木直訳『時間かせぎの資本主義——いつまで危機を先送りできるか』みすず書房、二〇一六年

——— [2014], "How will capitalism end?" in *New Left Review*, No. 87.

——— [2016], *How Will Capitalism End?* London & New York: Verso.　村澤真保呂・信友建志訳『資本主義はどう終わるのか』河出書房新社、二〇一七年

Taps, Claudia [2000], *Bürgergesellschaft: Politische Freiheit im Zeitalter Ökonomischen Umbruchs*, Frankfurt am Main: Peter Lang.

Thompson, Edward Palmer [1963], *The Making of the English Working Class*, London: Victor Gollanz.　市橋秀夫・芳賀健一訳『イングランド労働者階級の形成』青弓社、二〇〇三年

Vajda, Mihály [1988], East-Central European Perspectives, in *Civil Society and the State: New European Perspectives*, edited by John Keane, London: Verso.

Vileisis, Danga [2010], Der unbekannte Beitrag Adam Fergusons zum materialistischen Geschichtsverständnis von Karl Marx, in: *Beiträge zur Marx-Engels-Forschung*. Neue Folge 2009, Hamburg: Argument Verlag. 玉岡敦訳「ファーガソンと史的唯物論」、大村泉・渋谷正・窪俊一編『新ＭＥＧＡと『ドイツ・イデオロギー』の現代的探求――廣松版からオンライン版へ』八朔社、二〇一五年

Wagenknecht, Sahra [2012], *Freiheit statt Kapitalismus: Über vergessene Ideale, die Eurokrise und unsere Zukunft*, Erweiterte Neuauflage, Frankfurt am Main: Campus Verlag.

Wallerstein, Immanuel [1974], *The Modern World-system I: Capitalist Agriculture and the Origins of the European World-Economy in the Sixteenth Century*, San Diego & London: Academic Press. 川北稔訳『近代世界システムⅠ――農業資本主義と「ヨーロッパ世界経済」の成立』名古屋大学出版会、二〇一三年

――― [1979], *The Capitalist World-Economy: Essays*, Cambridge: Cambridge University Press. 藤瀬浩司他訳『資本主義世界経済Ⅰ――中核と周辺の不平等』名古屋大学出版会、一九八七年

――― [2011], *The Modern World-System, Vol. IV: Centrist Liberalism Triumphant, 1789–1914*, Berkeley: University of California Press. 川北稔訳『近代世界システムⅣ――中道自由主義の勝利　１７８９―１９１４』名古屋大学出版会、二〇一三年

――― [2013], Structural Crisis, or Why Capitalists May No Longer Find Capitalism Rewarding, in Immanuel Wallerstein, Randall Collins, Michael Mann, Georgi Derluguian, and Craig Calhoun, *Does Capitalism Have A Future?* Oxford: Oxford University Press. 若森章孝・若森文子訳『資本主義に未来はあるか――歴史社会学からのアプローチ』唯学書房、二〇一九年

Weber, Max [1924], Der Sozialismus. Rede zur allgemeinen Orientierung von österreichischen Offizieren in Wien 1918, in: Max Weber, *Gesammelte Aufsätze zur Soziologie und Sozialpolitik*, herausgegeben von Marianne Weber,

Tübingen: J. C. B. Mohr.　濱島朗訳『社会主義』講談社学術文庫、一九八〇年
―――― [2012], Brief an Georg Lukács [Februar / März 1920], in: Max Weber, *Gesamtausgabe*, Abt. II, Bd. 10.2, Tübingen: J. C. B. Mohr.
Williams, Eric Eustace [1994], *Capitalism & Slavery*, with a New Introduction by Colin A. Palmer, Chapel Hill: The University of North Carolina Press.　中山毅訳『資本主義と奴隷制』ちくま学芸文庫、二〇二〇年
Wohlleben, Peter [2015], *Das Geheime Leben der Bäume*, München: Ludwig.　長谷川圭訳『樹木たちの知られざる生活――森林管理官が聴いた森の声』ハヤカワＮＦ文庫、二〇一八年

青木孝平［2008］『コミュニタリアン・マルクス――資本主義批判の方向転換』社会評論社
足立啓二［2018］『専制国家史論――中国史から世界史へ』ちくま学芸文庫
足立芳宏［2011］『東ドイツ農村の社会史――「社会主義」経験の歴史化のために』京都大学学術出版会
淡路憲治［1971］『マルクスの後進国革命像』未来社
石井聡［2010］『もう一つの経済システム――東ドイツ計画経済下の企業と労働者』北海道大学出版会
今村仁司［1992］『排除の構造――力の一般経済序説』ちくま学芸文庫
植村邦彦［1990］『シュルツとマルクス――「近代」の自己認識』新評論
――――［2001］『マルクスを読む』青土社
――――［2006a］『アジアは「アジア的」か』ナカニシヤ出版
――――［2006b］『マルクスのアクチュアリティ――マルクスを再読する意味』新泉社
――――［2010］『市民社会とは何か――基本概念の系譜』平凡社新書
――――［2016a］『ローザの子供たち、あるいは資本主義の不可能性――世界システムの思想史』平凡社
――――［2016b］「思想としての社会主義／現に存在した社会主義」、川越・河合編［2016］所収
――――［2016c］「ドイツにおける「市民社会」概念――一六世紀から二一世紀まで」、『社会思想史研究』第四〇

号
——［2019］『隠された奴隷制』集英社新書
後房雄・坂本治也編［2019］『現代日本の市民社会——サードセクター調査による実証分析』法律文化社
内田弘［1982］『「経済学批判要綱」の研究』新評論
——［1985］『中期マルクスの経済学批判——「要綱」とヘーゲル「論理学」』有斐閣
内田義彦［1966］『資本論の世界』岩波新書
大杉栄［1971］『自叙伝』、『自叙伝・日本脱出記』岩波文庫
大塚久雄［1955］『共同体の基礎理論』岩波書店
大谷禎之介［2018］『資本論草稿にマルクスの苦闘を読む』桜井書店
大谷禎之介・平子友長編［2013］『マルクス抜粋ノートからマルクスを読む』桜井書店
大村泉［1998］『新ＭＥＧＡと「資本論」の成立』八朔社
大村泉編［2018］『唯物史観と新ＭＥＧＡ版『ドイツ・イデオロギー』』社会評論社
大村泉・渋谷正・窪俊一編［2015］『新ＭＥＧＡと『ドイツ・イデオロギー』の現代的探求——廣松版からオンライン版へ』八朔社
大村泉・宮川彰編［1992］『マルクスの現代的探究』八朔社
大村敬一［2009］「集団のオントロギー——「分かち合い」と生業のメカニズム」、河合香吏編『集団——人間社会の進化』京都大学学術出版会、第五章
勝俣鎮夫［1992］「一味神水」、『日本史大事典1』平凡社
柄谷行人［2000］『可能なるコミュニズム』太田出版
——［2021］『ニュー・アソシエーショニスト宣言』作品社
川北稔［2008］『民衆の大英帝国』岩波現代文庫
川越修・河合信晴編［2016］『歴史としての社会主義——東ドイツの経験』ナカニシヤ出版

北村光二［2013］「制度以前と以後を繋ぐものと隔てるもの」、河合香吏編『制度――人間社会の進化』京都大学学術出版会、第一一章
工藤秀明［1997］『原・経済学批判と自然主義――経済学史と自然認識』千葉大学経済研究叢書
工藤律子［2016］『ルポ 雇用なしで生きる――スペイン発「もうひとつの生き方」への挑戦』岩波書店
熊野聡［1976］『共同体と国家の歴史理論』青木書店
黒川伊織［2014］『帝国に抗する社会運動――第一次日本共産党の思想と運動』有志舎
経済学史学会編［1967］『「資本論」の成立』岩波書店
幸徳秋水［1953］『社会主義神髄』岩波文庫
小谷汪之［1979］『マルクスとアジア――アジア的生産様式論争批判』青木書店
斎藤幸平［2019］『大洪水の前に――マルクスと惑星の物質代謝』堀之内出版
――［2020］『人新世の「資本論」』集英社新書
桜井英治［2017］『交換・権力・文化――ひとつの日本中世社会論』みすず書房
佐藤金三郎［1968］『「資本論」と宇野経済学』新評論
――［1987］「「中期マルクス」とは何か――内田弘と山田鋭夫の『経済学批判要綱』研究によせて」、高須賀編［1989］所収
塩沢君夫［1970］『アジア的生産様式論』御茶の水書房
重田澄男［1992］『増補新版 資本主義の発見――市民社会と初期マルクス』御茶の水書房
鈴木直［2016］『マルクス思想の核心――二一世紀の社会理論のために』NHKブックス
千松信也［2012］『ぼくは猟師になった』新潮文庫
高須賀義博編［1989］『シンポジウム「資本論」成立史――佐藤金三郎氏を囲んで』新評論
高橋誠一郎・藤本幸太郎・武井大助・高垣寅次郎・上田辰之助［1950］「座談会 一橋経済学の七十五年」、『一橋論叢』第二四巻第三号

田畑稔［1994］『マルクスとアソシエーション――マルクス再読の試み』新泉社
――［2004］『マルクスと哲学――方法としてのマルクス再読』新泉社
――［2015］『増補新版　マルクスとアソシエーション――マルクス再読の試み』新泉社
寺嶋秀明［2009］「「今ここの集団」から「はるかな集団」まで」、河合香吏編『集団――人間社会の進化』京都大学学術出版会、第八章
中川弘［1997］『マルクス・エンゲルスの思想形成――近代社会批判の展開』創風社
夏目漱石［1966］「明治三五年三月一五日付、中根重一宛書簡」、『漱石全集』第一四巻、岩波書店
――［1967］「漱石山房蔵書目録」、『漱石全集』第一六巻、岩波書店
花崎皋平［1969］『マルクスにおける科学と哲学』盛田書店。増補改訂版、社会思想社、一九七二年
浜忠雄［2003］『カリブからの問い――ハイチ革命と近代世界』岩波書店
浜林正夫［1983］『イギリス名誉革命史』下、未来社
日南田静真［1973］「ザスーリッチの手紙への回答およびそれの下書き」（福冨正実）への「コメント」、現代の理論編集部編『マルクス・コメンタールV』現代の理論社
平田清明［1969］『市民社会と社会主義』岩波書店
――［1971］『経済学と歴史認識』岩波書店
――［1982a］『経済学批判への方法叙説』岩波書店
――［1982b］『新しい歴史形成への模索』新地書房
廣松渉［1968a］『エンゲルス論――その思想形成過程』盛田書店
――［1968b］『マルクス主義の成立過程』至誠堂
――［1969］『マルクス主義の地平』勁草書房
――［1971］『青年マルクス論』平凡社
廣松渉編［1974］『手稿復元・新編輯版ドイツ・イデオロギー』河出書房新社

福田徳三［1919］「資本論解説に序す」、カール・カウツキー『マルクス資本論解説』高畠素之訳、売文社出版部
細見英［1967］「マルクスとヘーゲル——経済学批判と弁証法」、経済学史学会編［1967］所収
——［1979］『経済学批判と弁証法』未来社
松井暁［2012］『自由主義と社会主義の規範理論——価値理念のマルクス的分析』大月書店
的場昭弘［1995］『パリの中のマルクス——一八四〇年代のマルクスとパリ』御茶の水書房
マルクス、カール［1920–24］『資本論』（全一〇冊）、高畠素之訳、大鐙閣（福田徳三校註『マルクス全集』第一—九冊）
マルクス、カール／エンゲルス、フリードリヒ［1926］『共産党宣言』幸徳秋水・堺利彦訳、羅府日本人労働協会発刊
——［1945］『共産党宣言』幸徳秋水・堺利彦訳、彰考書院
——［1952］『共産党宣言』幸徳秋水・堺利彦訳、彰考書院。復刻版、アルファベータ、二〇〇八年
丸山眞男［1995a］「日本における自由意識の形成と特質」、『帝国大学新聞』一九四七年八月二一日。『丸山眞男集』第三巻、岩波書店
——［1995b］「ジョン・ロックと近代政治原理」、『法哲学四季報』第三号、一九四九年八月。『丸山眞男集』第四巻、岩波書店
望月清司［1973］『マルクス歴史理論の研究』岩波書店
森田桐郎・望月清司［1974］『講座マルクス経済学1　社会認識と歴史理論』日本評論社
山田鋭夫［1985］『経済学批判の近代像』有斐閣
山田鋭夫・森田桐郎編著［1974］『講座マルクス経済学6・7　「経済学批判要綱」コメンタール（上・下）』日本評論社
山中隆次［1972］『初期マルクスの思想形成』新評論
山之内靖［1969］『マルクス・エンゲルスの世界史像』未来社

――――［2004］『受苦者のまなざし――初期マルクス再興』青土社
吉田文和［1987］『マルクス機械論の形成』北海道大学図書刊行会
良知力［1966］『ドイツ社会思想史研究』未来社
――――［1971a］『初期マルクス試論――現代マルクス主義の検討とあわせて』未来社
――――［1971b］『マルクスと批判者群像』平凡社
――――［1978］『向う岸からの世界史――一つの四八年革命史論』未来社
良知力編［1974］『資料ドイツ初期社会主義――義人同盟とヘーゲル左派』平凡社
良知力・廣松渉編［1986–2006］『ヘーゲル左派論叢』全四巻、御茶の水書房
李妍焱［2012］『中国の市民社会――動き出す草の根ＮＧＯ』岩波新書
レーニン［1957］「カール・マルクス」、『レーニン全集』第二一巻、大月書店
若森章孝［1993］『資本主義発展の政治経済学』関西大学出版部
渡辺孝次［1994］『時計職人とマルクス――第一インターナショナルにおける連合主義と集権主義』同文舘
渡辺憲正［2022］『『ドイツ・イデオロギー』の研究――初期マルクスのオリジナリティ』桜井書店
和田春樹［1975］『マルクス・エンゲルスと革命ロシア』勁草書房

初出一覧

序章　書き下ろし
第一章　「ロック――労働が所有権を基礎づける？」　市野川容孝・渋谷望編『労働と思想』堀之内出版、二〇一五年一月、四五―六〇頁
第二章　書き下ろし
第三章　「労働と所有の不正義――マルクス：貧困・疎外・奴隷制」　姜尚中・齋藤純一編『逆光の政治哲学――不正義から問い直す』法律文化社、二〇一六年四月、六五―七八頁
第四章　「贈与と分かち合い――グレーバー『負債論』をめぐって」　『情況』二〇一九年冬号「特集 グレーバー『負債論』を論じる」、二〇一九年一月、一五六―一六五頁
第五章　「アソシアシオン・個体的所有・貨幣」　季報『唯物論研究』第六一号「特集 アソシエーションの理論と実践」、一九九七年七月、八〇―八五頁
第六章　「「ファーガスンとマルクス」再考」　『アダム・スミスの会会報』第八五号、二〇一八年三月、七―一一頁、をもとにして大幅に加筆
第七章　「『経済学批判』序言――人間の社会と歴史についての一考察」　季報『唯物論研究』第一二〇号「特集 マルクスを読む」、二〇一二年八月、六九―七九頁
第八章　「資本主義の終わり方――『資本論』のポリフォニー」　『現代思想』二〇一七年五月増刊号「総特集 マルクスの思想――『資本論』一五〇年」、二〇一七年五月、三六―四五頁

第九章　「世界システム論とローザ」『思想』第一一四八号「特集　ローザ・ルクセンブルク――没後一〇〇年」、二〇一九年一二月、一二三―三七頁
第十章　「東ドイツにおける社会主義と市民社会――言説史の試み」『関西大学経済論集』第六七巻第三号、二〇一七年一二月、一三九―一五九頁
第十一章　「その後の〈市民社会〉論」季報『唯物論研究』第一五二号「特集　中間総括・市民社会論論争」、二〇二〇年八月、一一二―一二一頁
第十二章　書き下ろし

あとがき

私のマルクスとの出会いは、同世代の中ではけっして早いほうではなかったと思う。

高校生の時にすでにマルクスを読んだ、という友人を後で何人も知ることになるが、高校生時代の私は、友人と四人でバンドを組んでギターを弾きながら歌を歌っていて、本などあまり読まなかった。ただ、ハヤカワSFシリーズだけはその独特の装丁に惹かれて、安部公房や小松左京、さらにフィリップ・K・ディックなど次々に読んでいた。

私がはじめて読んだマルクスは城塚登訳の『経済学・哲学草稿』（岩波文庫）で、大学入学間もない一八歳のときだった。大学闘争の残り香のようなものを嗅ぎながら、上級生が指導する「自主ゼミ」と称するタバコ臭い集団の中で、「疎外された労働は、人間の類的存在を、すなわち自然をも人間の精神的な類的能力をも、彼にとって疎遠な本質とし、彼の個人的生存の手段としてしまう」といった文章の理解をめぐって、はてしない議論をしていた。しかし、一番切実に心に響いてきたのは、「人間を人間として、また世界にたいする人間の関係を人間的な関係として前提してみたまえ。そうすると、君は愛をただ愛とだけ、信頼をただ信頼とだけ、交換できるのだ」という、新婚時代のマルクスの初々しさを感じさせるロマンティックな文章だった。当時の日記に書き写した記憶がある。自分自身の生き方の問題と社会の在り方の問題とをつなげて考えるよう読者に促す、そういう迫力がマルクスの魅力だと思う。

一度読み始めてから後は早かった。経済学史のゼミに進んだ大学三年生の夏休みに、岡崎次郎訳の大月書店版『資本論』全三巻五分冊を読破し、四年生で高木幸二郎監訳の『経済学批判要綱』全五巻（大月書店、一九五八―六五年）を読み通した。この頃には、ゼミの指導教授である平田清明先生の教えもあって、原文を確認しながら翻訳を読む、という習慣が身についてきた。東ドイツのディーツ版『資本論』は名古屋の丸善ですぐに買えたが、稀覯本となっていた一九五三年のディーツ版『経済学批判要綱』をそのままコピー印刷した西ドイツの海賊版は、当時東京に住んでいた妹に神田のナウカ書店で買うように手紙で指示して手に入れた。ルイ・アルチュセールの序文のついたガルニエ・フラマリオン版のフランス語訳『資本論』は、平田ゼミで共同購入していた。

とはいえ、マルクスばかり読んでいたわけではない。高校生の時に本を読まなかった反動か、下宿にテレビがなかったからか、むさぼるように本を読んだ。刊行中の『吉本隆明全著作集』（勁草書房、一九六八―七五年）や『高橋和巳作品集』（河出書房新社、一九六九―七一年）、『埴谷雄高作品集』（河出書房新社、一九七一―八一年）は、新刊が出るたびに買い揃えた。手が届きやすかった筑摩全集類聚版（一九七一―七二年）の『森鷗外全集』、『夏目漱石全集』、『太宰治全集』も通読したし、新潮社の第三次『小林秀雄全集』（一九六七―六八年）を読む一方で、『竹内好評論集』全三巻（筑摩書房、一九六六年）や筑摩叢書版の竹内好訳『魯迅作品集』全三巻（一九六六年）も読んだ。一貫性のない雑読だと言われても仕方ないだろう。

国際版『マルクス・エンゲルス全集』（MEGA）の企画が公表され、その試作版（Probeband）が出版されたのは一九七二年だが、現物が日本に届いたのは翌年になってからだったように思う。それを見て、一大決心をしてナウカ書店で定期購入の予約をしたが、実際に第一部第一巻が出版されたのは、私が大学院に進んだ一九七五年になってからだった。大学院生の乏しい財布からすれば文字どおり散財と言っていい値段の買い物を、それから半世紀近く続けたことになる。しかし、この全集はいまだに完結していない。当初は二〇世紀中に完結するという触れ込みだったが、一九九〇年のドイツ再統一と一九九一年のソヴィエト連邦崩壊によって編集主体だったベルリンとモスクワのマルクス・エンゲルス研究所が消滅し、一時はMEGAそのものの消滅が危惧された。その後、アムステルダムの社会史国際研究所（IISG）が中心となって世界的規模で編集委員会が再編され、日本人研究者も多く編集に参加するようになり、それによって草稿や抜粋ノートなどの刊行が進んできたことは、本文で述べたとおりである。

＊

マルクスを読むこと、読み直すことは、私たち自身の未来のプロジェクトを読み取ることだ、と

「序章」で述べた。本文中で繰り返し指摘したように、マルクス自身の未来プロジェクトは、人間の「共同的存在（Gemeinwesen）」というあり方を前提とした、「協同／協働」に基づくものであり、それを彼は、英語では〈co-operative〉〈association〉、ドイツ語では〈Genossenschaft〉という言葉で表現していた。個々の生産の単位で「協同組合的生産（co-operative production）」を実現すること、そして国民的規模では「諸協同組合の連合体（united co-operative societies）」を実現することが、彼の目指したことだった。その意味で、マルクスは「コミュニスト」であると同時に「アソシエーショニスト」でもあった。問題は、それでは私たち自身がどのようにすれば「協同組合的生産」を具体化することができるのか、ということにある。

これも第四章で論じたように、デヴィッド・グレーバーは、私たちが家庭や仕事場で日々、「能力にしたがって任務を分配し、それを遂行するため必要なものを与え合うこと」を実行していると主張し、それを「基盤的コミュニズム（baseline communism）」あるいは「日常的コミュニズム（everyday communism）」と呼んだ。彼によれば、「わたしたちはみな、親しい友人のあいだではコミュニスト」なのである。これは、マルクスが人間の「共同的存在」と呼んだあり方を言い換えたものだとみてもいいだろう。

桜井英治は、最新の脳科学の研究に基づいて、互酬性が「人類のきわめて原始的な部分に由来している」のではないかと述べているが、レベッカ・ソルニット（Rebecca Solnit, 1961–）もまた著書『災害ユートピア』（原題は『地獄の中に建つ天国――災害の中で立ち上がる並外れた共同体』）で、一九〇六年のサンフランシスコ地震や一九一七年にカナダのハリファックスで起きた爆薬運搬船の爆発事故、一九八五年のメキシコシティ大地震や一九九四年のロサンゼルス近郊ノースリッジ地震などを例に挙げて、大きな災害が起きた際には被災した住民たちの自発的な「相互扶助（mutual aid）」が行われていることを明らかにし、そこに立ち上がる「特別な共同体（the Extraordinary Communities）」を「災害ユートピア（disaster utopia）」と名づけた。

ただしソルニットは、「災害においては市民社会（civil society）が勝利を収め、公的機関（existing institutions）が過ちを犯す」(Solnit 2010, p. 127. 一九四頁）のに対して、たいていの場合、その後に公的秩序が再建されると「相互扶助」も姿を消してしまうことを指摘し、「災害ユートピア自体は、わたしたちに可能性を模索させる理想主義的、またはかないモデル以上になることはめったにない」(p. 135. 二〇二頁）と述べている。そうだとすれば、私たちの「基盤的コミュニズム」は、緊急事態においては家庭や友人の範囲を超えて広がるのだが、日常生活においてそのような「コミュニズム／コミュニティ」の拡大を阻止しているのは、現に存在する公的な秩序維持のための諸装置、つまり地方自治体や国家だということになる。公的機関は何のために、そして誰のために存在するのか、現状はどのように変革することができるのか、もっとよく考えてみる必要がある。

しかし、私たちが実際に「力を合わせて仕事する」ことができる人間の規模はどれくらいなのだろうか。イギリスの進化人類学者ロビン・ダンバー（Robin Ian MacDonald Dunbar, 1947–）は、ゴリラやチンパンジーなどの霊長類三六種の大脳新皮質の量と観察された集団の平均サイズとの相関関係を調べ、現生人類（ホモ・サピエンス）の集団サイズを一五〇人程度と推定している。これが「ダンバー数（Dunbar's number）」と呼ばれるもので、一人の人間が相手を認知して安定的な関係を結べるのは一五〇人程度が上限だということである。この数は、狩猟採集社会で観察される集団サイズやSNS（ソーシャル・ネットワーキング・サービス）での「友だち」の範囲にほぼ合致するそうだ（Dunbar 1992, 1993）。

そうだとすると、一五〇人を超える規模の集団の場合、メンバーが文字どおりに「共同で仕事をする」のはかなり難しいということになる。〈cooperative〉は本来、参加者の自主性と自発性に基づいた民主的な組織のはずだが、現に存在する多くの生活協同組合などのように、数千人や数万人の規模になれば、組合員が直接に集まって自分たちのことを自分たちで決めるのは、物理的にも困難になる。その場合、これも多くの生活協同組合で見られるように、「総代会」という代議制的装置が必要となるだろう。

代議制というのは、一五〇人を超える人間集団が「民主主義」を維持するためには避けて通れない仕組みかもしれない。はたして他人を「代表する」ことはできるのか、というのが、代議制が抱える政治哲学的な根本問題だが、私たち自身の未来のプロジェクトを構築していくためには、この問題を考えることも避けて通れないだろう。マルクスに即して言えば、個々の現場で労働者協同組合を立ち上げたとして、そのうえで「諸協同組合の連合体（united co-operative societies）」をどう実現していくのか、という問題でもある。予定調和的な「ユートピア」主義に陥ることなく、しかしながら人間のもつ「共同的存在」性と「基盤的コミュニズム」を信頼しながら、文字どおり「土台」から仕組みを構築していくこと。それがマルクスの想定した未来のプロジェクトの実現方法になるはずだ。

私たちが自分自身の未来を形づくっていく際に、もう一つ忘れてはならないことがある。ドイツの職人たちが好んで口にする言葉に、「社会の真の価値は、そのなかのもっとも弱いメンバーをいかに守るかによって決まる」という言い回しがあるという（Wohlleben 2015, S. 24. 三一頁）。原文は〈Eine Kette ist nur so stark wie ihr schwächstes Glied.〉なので、直訳すれば「鎖の強さはその環の一番弱い部分に応じて決まる」ということになるだろう。マルクスが、かつての入会地（コモンズ）に入り込む「無産で、根源的な、最下層の大衆の権利」を『ライン新聞』で擁護した時の初心もまた、そのようなものだったはずである。職人たちの言葉の「社会」を「組織」と言い換えれば、どれほど小規模の組織についても同じことが言えるだろう。

*

本書は『マルクスを読む』（青土社、二〇〇一年）と『マルクスのアクチュアリティ――マルクスを再読する意味』（新泉社、二〇〇六年）に続く私の三冊目のマルクス論集である。前著と同様、この間にいくつかの雑誌の特集号や論文集などに掲載されたマルクス論を中心にして編集されたもので、前著に引き続いて新泉社編集部の安喜健人さんにお世話になった。今回も安喜さんのアドバイスにしたがってタイトルと編別構成を考え、第六章の初出原稿には大幅に加筆して引用を追加し、第十一章では、他の章と重複する部分を削除したうえで、論旨を補うために加筆を行った。序章、第二章、第十二章は新たに書き下ろしたものである。そのほかの章は、一冊の本としての体裁を整えるために引用の形式や注記を統一するなどの手を加えてあるが、内容的に大きな変更はない。
いろいろな意味で出版事情が厳しさを増すなか、本書がこのような形で出版できたのは、何よりも安喜健人さんの尽力のおかげである。改めて心から御礼申し上げます。

二〇二二年八月

植村邦彦

著者紹介

植村邦彦（うえむら・くにひこ）

1952年，愛知県生まれ．
1981年，一橋大学大学院博士課程修了（社会学博士）．
関西大学名誉教授．専門は社会思想史．
主　著　『隠された奴隷制』（集英社新書，2019年）
『ローザの子供たち，あるいは資本主義の不可能性
――世界システムの思想史』（平凡社，2016年）
『市民社会とは何か――基本概念の系譜』（平凡社新書，2010年）
『マルクスのアクチュアリティ――マルクスを再読する意味』
（新泉社，2006年）
『マルクスを読む』（青土社，2001年）

カール・マルクス　未来のプロジェクトを読む

2022年10月20日　初版第1刷発行©

著　者＝植村邦彦
発行所＝株式会社 新 泉 社
〒113-0034　東京都文京区湯島1－2－5　聖堂前ビル
TEL 03(5296)9620　FAX 03(5296)9621

印刷・製本　萩原印刷
ISBN978-4-7877-2205-8　C1010　Printed in Japan